**Hyacinthe Soraune**

**Evangile et poésie... Méditations pour tous.**

# ÉVANGILE ET POÉSIE...

## Recueil de poèmes chrétien.

Hyacinthe Soraune.

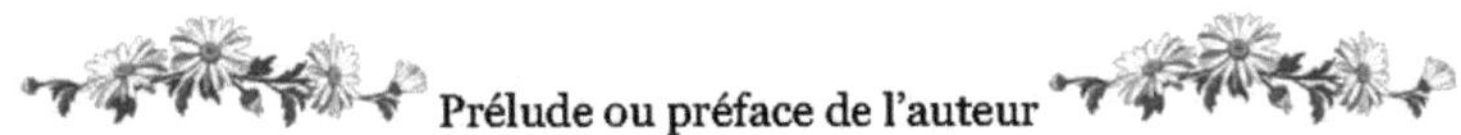

## Prélude ou préface de l'auteur

Il est écrit : « Car je n'ai point honte < je suis fier > de l'Évangile de Christ, car c'est la puissance de Dieu, pour le salut de tous ceux qui croient, [...] » (La Sainte Bible, Romains 1 : 16). Amen.

Merci, Seigneur, pour Ta Parole, si essentielle, irremplaçable, puisque « Toute Écriture est inspirée de Dieu, et utile pour enseigner, pour convaincre, pour corriger, pour instruire dans la justice, afin que l'homme de Dieu soit accompli et propre à toute bonne œuvre. »

Un auteur chrétien a déclaré, à juste titre : "La chair exige" comme on l'éprouve en ayant faim, soif, besoin de dormir... ou parfois, des envies de sexe, à vrai dire... alors que "l'esprit" et plus encor, devrions-nous écrire en majuscule : « l'Esprit », Lui, "produit" – c'est-à-dire de belles choses : œuvres fructueuses et réalisations profitables à tous égards, pour le prochain, soi-même, y compris au bénéfice de la chair...

Et que dire de la poésie ? Ô vous en savez bien... Un écrivain du dernier siècle, tenu pour l'un des plus illustres au panthéon des faux dieux de ce monde, osa affirmer : "La poésie c'est tout ce qu'il y a d'intime dans tout".

Encore un qui fut glorifié parmi les hommes et dont j'ignore si son œuvre est au Ciel reconnue, pour n'avoir vécu selon les normes de la foi au Dieu Qui nous juge... après tout, les artistes n'ont-ils souvent mille tentations, avec un train de vie dispendieux et d'une décadence à la mesure de l'inspiration et du génie d'une œuvre vantant hélas la beauté, les plaisirs, la mélodie des sens, souvent plus que la floraison et les fruits de l'esprit... « Hélas, mon Frère » aurait-on dit...

Payons-nous cependant le luxe de cette définition de l'internet, car il est avantageux de revenir au sens précis des termes (selon l'expression linguistique ou/et la théologie pour d'autres mots et concepts), comme en toute humilité, je m'y applique écrivant mes ouvrages.

Nous lisons donc : "La poésie est un genre littéraire très ancien aux formes variées, écrites généralement en vers mais qui admettent aussi la prose, et qui privilégient l'expressivité de la forme, les mots disant plus qu'eux-mêmes par leur choix (sens et sonorités) et leur agencement (rythmes, métrique, figures de style). Sa définition se révèle difficile et varie selon les époques, au point que chaque siècle a pu lui trouver une fonction et une expression différente, à quoi s'ajoute l'approche propre à la personnalité de chaque poète. "

Ainsi en savons-nous davantage de l'art poétique et de l'Évangile ou bonne nouvelle du salut en Jésus-Christ, offert en toute époque et tous lieux, jusqu'à la fin prochaine du temps de grâce, à quiconque veut bien croire de tout cœur aux mérites du Sauveur – nous libérant de nos péchés et partant, de la mort éternelle... Ce message dépasse tout particularisme ethnique, social, sexuel, etc.

On a parlé de *poésie comme d'une forme et pour le fond, de l'Évangile*, à moins qu'on s'amuse en arguant que tel un art de vivre ensemble, dans l'amour et la sainteté, la poésie au sens plus large est en Christ une fin en soi, un idéal de vivre au plein sens du terme...

Or je crois plus sage, aimant la poésie mais étant encore ici-bas, de la tenir pour moyen, seul *vecteur de ce qui doit la dépasser et transformer à salut*, comme on saisit la plume et la trempe en l'encre écarlate, l'aiguise et la conduit avec douceur... On ne peut se laisser diriger au gré des vents du monde, mais par et pour l'Esprit du Christ !

Si vous le voulez bien, on va parler de l'Évangile et de poésie, ayant chacun-e vocation éternelle... ce qui est plus sûr pour l'Évangile, suivant la promesse biblique – du moins relative au message non frelaté et à des serviteurs fidèles... En outre, pour la poésie, c'est aussi possible et bénéfique aux amoureux des belles lettres que nous sommes, dès lors que certains critères sont en vue et observés, selon ce qu'en dit le Seigneur...

Par l'inspiration reliant la plume au lecteur, laissera-t-on le suprême Poète nous entraîner, plus loin que les "limbes et délices", aux confins de ma propre personne, de la passion pour l'autre jusqu'au mystère de la divinité du Très-Haut et des bienfaits qu'Il nous réserve... ? .../...

.../...

Or mon amour pour l'Évangile ne m'invite-t-il à renoncer à quelque forme de poésie vantant la vanité, le vice, et qui compromette mon âme au risque réel que j'en perde *l'éternité* – vœu si cher aux poètes et "aficionados" qui la chérissent, pour en clamer des vers qu'ils n'ont écrits.

Je dois confesser à ce stade, que je préfère de loin lire la Bible et dans une moindre mesure, des passages écrits par d'autres mains, mais que me relisant, j'ai toujours un sentiment d'altérité, comme si c'était l'œuvre d'un-e autre et quand je dois la corriger à la sélection, à la frappe, à l'agencement des textes, toujours sur fond de louange instrumentale, alors je suis impitoyable et mon cœur jamais satisfait, pour avoir appréhendé la splendeur, le génie, la sainteté parfaite du Sauveur Qui m'inspire... et m'appelle à l'excellence, au dépassement de soi, à la fidélité à Sa voix bénissante, tout en acceptant ma personne – pour laquelle Il donna Sa vie – dans le kaléidoscope de mes particularismes allant de la rigueur, la plus haute espérance à la plus folle fantaisie, passant hélas par mes faiblesses, qu'Il redresse comme on tient la plume, quand par la main au-dessus du papier toujours propre, on souffle sur les scories de la mine en taillant son crayon...

Alors je me veux plus digne de Son appel, c'est-à-dire docile et transparent(e) à Son œuvre en mon être pécheur... Et je Lui dis merci, en écrivant l'histoire de ce qu'Il fait pour moi et d'autres, aujourd'hui encore, puis avec le lecteur, je partage ainsi mes prières à Son attention, le témoignage de Ses hauts faits – depuis avant la création, même l'époque de la Bible, jusqu'en l'éternité... Parmi Ses merveilles, ne compte-t-on la révélation de la sagesse qu'Il partage avec Sa victoire sur le mal : gloire à Jésus ! On parlera de *l'Évangile avec, par la plume et nos cœurs, le langage de la poésie* et si nous suivons le Seigneur, on en fera bien mieux qu'à présent, certes et pour toujours... !

L'Évangile, la poésie : oui, j'en suis sûr(e), on se comprend mieux... en communion de prière et j'implore le Ciel que ma plume touche et bénisse au fond des âmes ce qui "est en forme de Dieu", suivant l'expression du poète. Évangile et poésie donc, ne devraient-ils aller de pair... ?

Mais le lien d'amour entre eux deux : l'Éternel Dieu n'est-Il point le premier, le dernier et le meilleur de tous les artistes, en particulier des poètes... Le Texte sacré n'y fait-il même référence, comme vous le vérifierez par toute concordance sur l'internet, en Actes (des apôtres) 17 : 23-31 :

« [...] Ce que vous révérez sans le connaître, c'est ce que je vous annonce.

Le Dieu Qui a fait le monde et tout ce qui s'y trouve, étant le Seigneur du ciel et de la terre, n'habite point dans des temples faits de main d'homme ; Il n'est point servi par des mains humaines, comme s'Il avait besoin de quoi que ce soit, Lui Qui donne à tous la vie, la respiration, et toutes choses.

Il a fait que tous les hommes, sortis d'un seul sang, habitassent sur toute la surface de la terre, ayant déterminé la durée des temps et les bornes de leur demeure ; Il a voulu qu'ils cherchassent le Seigneur, et qu'ils s'efforçassent de Le trouver en tâtonnant, bien qu'Il ne soit pas loin de chacun de nous, car en Lui nous avons la vie, le mouvement, et l'être. C'est ce qu'ont dit aussi quelques-uns de vos poètes : De Lui nous sommes la race. Ainsi donc, étant la race de Dieu, nous ne devons pas croire que la divinité soit semblable à de l'or, à de l'argent, ou à de la pierre, sculptés par l'art et l'industrie de l'homme.

Dieu, sans tenir compte des temps d'ignorance, annonce maintenant à tous les hommes, en tous lieux, qu'ils aient à se repentir, parce qu'Il a fixé un jour où Il jugera le monde selon la justice, par l'homme qu'Il a désigné [Jésus-Christ], ce dont Il a donné à tous une preuve certaine en Le ressuscitant des morts. » Amen !

Lorsque le Seigneur te donne une mission pour Sa gloire, la réponse... au Créateur et Rédempteur de tous, à Celui Qui pallie tous manquements, comme Il l'a fait pour le bégaiement de Moïse etc., la réponse que j'ai faite et que tu feras par Sa grâce, n'est-elle due, d'avance : « Me voici, envoie-moi... » avait dit le prophète... ! Donc ne regarde à tes faiblesses, ou désirs d'autre chose...

Les sirènes de l'univers souterrain nous interpellent au malheur, mais si Ève au lieu de la perfidie du serpent, n'avait écouté que la voix du Christ et d'Adam – alors chargé de la conduire sur les pas du Seigneur et qui avait reçu Sa Loi – si Adam, pour sa part, avait préservé son alliance avec l'Époux fidèle, plutôt qu'obéi aux injonctions de la chair et voulu plaire à sa promise, on n'en serait pas là – aux prises avec les pièges et assauts du malin, alors, Ami(e), fais ce que dois... .../...

.../...

Fût-ce le matin tôt, tard le soir, selon toute aptitude et disponibilité, écris, va sur le terrain partager l'Évangile, travaille à Son service à l'église et ailleurs – sans négliger notre famille, qui est notre premier champ missionnaire et souvent le plus difficile...

Mais il ne faut pas fuir devant sa mission, tel Jonas qui dut implorer le Ciel au fond des entrailles du grand poisson, pour revoir la lumière après trois jours de jeûne et renaître à la vie, afin d'aller cette fois de bon gré partager l'Évangile, fût-ce à ses ennemis puisque « l'amour du Christ nous presse » et qu' « à Dieu rien n'est impossible » !

Qu'on ne se laisse arrêter par nos problèmes – d'estime de soi, de planning surchargé, de santé, voire financiers : voyez, je n'ai pas même, comme je m'efforce à l'expliquer, de moyens pour acheter mes livres – dont j'espère le coût le plus accessible à quiconque...

Or je bénis le Ciel d'avoir trouvé un éditeur gratuit, quand beaucoup d'enseignes éditoriales ayant pignon sur rue ou respectées dans le milieu chrétien ont fermé l'oreille à ma demande par mail de m'éditer à leur compte, quitte à se rembourser ensuite...

« Mâmon, prince de ce monde », avait dit le Maître... Ou comment le dieu de l'argent, du pouvoir voudrait faire impact, y compris sur la prédication du message de vie... Excusez ma franchise, à l'attention de ceux qui, lisant ce passage, pourraient y réfléchir, s'amender et faciliter le parcours à d'autres en pareilles circonstances, pour la bénédiction de tous...

J'aurais voulu faire fi de ces matérielles considérations : l'on peut par exemple employer les recettes d'œuvres chrétiennes – littéraires ou non – à l'acquittement des frais d'écolage en institution chrétienne au profit des plus jeunes en notre famille ou au règlement des factures afin d'avoir la paix avec tous créanciers, l'Évangile conseillant de n'avoir envers tous qu'une « dette d'amour ».

Mais enfin la Parole dissipe toute inquiétude et fausse pudeur, en vérité, selon qu'il est écrit en 1 Corinthiens 9 : 13-14 : « Ne savez-vous pas que ceux qui remplissent les fonctions sacrées sont nourris par le temple, que ceux qui servent à l'autel ont part à l'autel ? De même aussi, le Seigneur a ordonné à ceux qui annoncent l'Évangile de vivre de l'Évangile. »

Ô restons positifs, emplis de l'espérance qui, bienheureuse, ne se laisse affecter par les contingences et difficultés de la terre, mais nous conduit d'une main sûre, de la boue à nos pieds et des fausses oasis nous perdant ici-bas... à la réalité des trésors et bontés célestes !

Et je dois reconnaître que sans avoir vu de fruits encore de cette œuvre éditoriale, mon Maître et pourvoyeur – ô le meilleur patron qui soit – permet que je ne manque du nécessaire et continue à Le servir selon Son plan merveilleux, nous accordant à d'autres et moi-même l'énergie, les ressources utiles et surtout la bonne volonté à l'écriture, la frappe et la publication de cette œuvre à Sa gloire...

Cher Jésus, Bien-Aimé(e)s Lecteurs, à cette heure, je me sens comme Pierre de retour vers le Roi qu'il adore, Celui qu'il a renié, donc faible encor mais empli(e) de foi reconnaissante – pour avoir éprouvé l'amour et le pardon venus du Dieu de grâce...

L'Évangile est *salut*, c'est la Bonne Nouvelle de la vie qui se donne et que le Ciel accorde à toute créature – quels que soient ta couleur, l'origine de tes pères, le contenu du portefeuille et du carnet d'adresses, ce que tu ressens pour autrui et comment tu te vois toi-même...

Ô le Seigneur t'appelle en dépit de cela, à marcher sur Ses traces et İl te tend la main, İl sait te porter tout entièr(e) au passage d'étroits reliefs, à la traversée des déserts, des eaux denses et tumultueuses... et même par-delà la fournaise ardente, comme la Bible le précise au sujet des trois jeunes amis de Daniel, faits prisonniers à Babylone – qui voulait les contraindre à renier leur Dieu et Libérateur !

Qu'on ne se laisse gagner par la peur, la colère ou l'amertume en considérant où se trouvent nos pieds qui s'enfoncent, comme Pierre douta marchant sur l'eau, face à la tempête, mais par la foi avançons la tête vers le Ciel en fixant le regard sur Jésus, Que Pierre n'eut à prier longtemps ni de façon savante et Qui le secourut avant qu'il n'achève ce petit mot : « Seigneur, sauve-moi... »

.../...

.../...

Nous pouvons retrouver ce récit en Mathieu 14 : 22-33, comme il est judicieux de le vérifier par soi-même à l'exemple des Béréens et d'être ainsi touché(s) et enseigné(s) directement par la Parole, comme aucun intermédiaire ne peut le faire aussi bien – cette Parole par laquelle Dieu créa le monde, qu'Il exprima par les prophètes et apôtres, écrivains bibliques...

Par la voix du Christ Lui-même, l'Éternel nous offrit le sermon des béatitudes, en Matthieu 5 à 7 (comme un discours de politique générale, venu du seul postulant qui ne manque point à ses engagements), dont la prière du « Notre Père... »

Il nous donna les paraboles et par Christ, l'essentiel de l'Évangile, s'adressant y compris aux enfants, exclu(e)s de tous bords, aux petites gens et artisans de métiers manuels et déclara de la bouche du Rédempteur quand Il délivrait malades et possédés : « Ta foi t'a guéri(e), t'a sauvé(e) »

« Toute Écriture est inspirée » : la Bible est un tout, dont les pièces s'harmonisent en puzzle.

Jésus nous convie à Le suivre, depuis les temps immémoriaux, avant que chacun de nous naisse et dès le ventre maternel... pour cheminer en Christ et dans Sa main trouver refuge, un guide et un appui infaillible, Il nous appelle depuis la poussière terrestre et la fange du péché – auquel Il n'a pris part aucunement – jusqu'aux cimes éthérées de l'Éden, que Sa bonté partage...

« Mais, comme il est écrit, ce sont des choses que l'œil n'a point vues, que l'oreille n'a point entendues, et qui ne sont point montées au cœur de l'homme, des choses que Dieu a préparées pour ceux qui L'aiment. » (extrait de La Sainte Bible, 1 Corinthiens 9 : 2).

Ainsi le Ciel propose le salut et c'est ma liberté d'y répondre – que j'accepte ou rejette au recoin de l'oubli... Si j'ai choisi d'errer comme le fils prodigue sur les voies du malheur et de l'iniquité, le bon choix est que je daigne m'humilier, me reprendre et revenir au Père, implorant Sa clémence, alors que Lui m'attend sur le bord du chemin, me réservant cadeaux et accueil pour la fête...

L'Évangile est *santé*, où sévit le désordre, à cause de l'ignorance qui nous amène à négliger le corps, abuser de son potentiel, mal employé, ou l'avilir, par recherche d'émotions et plaisirs passagers, voire pernicieux...

L'Évangile est *ressource* où la pauvreté nous décime et surtout celle du manque de sagesse et de connaissance ; il est *joie de servir et d'aimer son prochain*, il accorde *lumière* au tréfonds de la honte et ouvre nos yeux mornes, face à la séduction du péché – que relaient parfois des médias cupides ou mal intentionnés, car financés ou orchestrés par des membres de cercles obscurs... qui sont eux aussi appelé(e)s tant qu'il en temps à se repentir, pour croître en la véritable lumière et gagner sans aucun mérite le salut du Christ, au Calvaire offert à l'humanité contrite et tout l'univers spectateur...

L'Évangile est *bonheur* où régnait la détresse... C'est la bonne nouvelle du don d'éternité à celles et ceux qui se croyaient condamné(e)s...

Pourquoi la poésie ? Et pourquoi pas, si c'est le talent qui est mien, le don même – utile à l'Église – qui peut enchanter le lecteur et l'amener aux pieds du Christ... !

Comme d'autres usent de dons divers : on a vu un sculpteur, sur fond de louange instrumentale, exposer le récit de la création en la Genèse tout en moulant ses personnages...

On voit *les moniteurs* et taties auprès des jeunes et aîné-e-s, *le diacre* s'activer à l'entretien et la décoration du temple, à la collecte des offrandes, dîmes et denrées dues aux nécessiteux, on voit *le trésorier* gérer (c'est-à-dire prévoir) et répartir les fonds selon notre libéralité ; on voit *le pasteur et l'ancien* instruire, assembler et que sais-je... *le ministère du bon samaritain* visiter les seniors, veufs, handicapé(e)s et les faibles du voisinage, pour leur apporter l'Évangile avec un panier de provisions et à l'écoute du nécessaire, proposer l'aide utile pour la lecture d'ouvrages chrétiens aux yeux vieillis ou fatigués, quelque(s) soin(s) du corps si possible, les travaux de la maison, le nettoyage du jardin, des plages ou autre site alors négligé...

On voit *le ministère des sœurs de Dorcas* apporter des courses à cette femme qui pourrait se décourager et pour faire vivre ses petits, être tentée de vendre ses charmes, qui sait, notamment dans les pays pauvres et d'autres régions où les structures sociales sont défaillantes... .../...

.../...

Tant de départements d'église, plusieurs personnes non affiliées s'activent et fructifient dans l'œuvre du Seigneur, selon les aptitudes et affinités de chacun-e, en fonction de l'appel qu'on a reçu dans le service... Comme le rappelle l'Écriture, qu'aucun ne se complexe ou méprise le prochain, car nous sommes tous organes utiles au corps et humblement disposé-e-s, je l'espère, à l'entraide.

Pour revenir à la poésie, un célèbre auteur déclara : "Et nos poèmes encore s'en iront sur la route des hommes, portant semence et fruit dans la lignée des hommes d'un autre âge."

Et comment n'avoir une pensée pour mon poète préféré, qui se disait "voyant" et côtoya hélas tant l'appel du Très-Haut que les tentations du malin – auquel il concéda consommation d'alcools et drogues et pratiques sexuelles illicites...

Que nous valent envolées et visions rimbaldiennes si l'on risque d'y perdre son âme et le bonheur qu'il y a, dès ici-bas à marcher sur la route étroite et s'abstenir de périlleuses expéditions où se trouve compromises et pour sûr affectées mes capacités mentales et physiques – ô combien nécessaires à l'expression même de mon art et la survie de ma personne... ?

On voit bien les chanteurs se priver d'eau glacée, d'épices et tout changement de température, on voit les sportifs renoncer à certains aliments et boissons mais plutôt s'astreindre à un régime qui d'emblée ne plaît à la chair mais profitable, primordial à sa course vers le succès...

Un autre auteur affirma : "Il n'y a ni regard, ni paysage, ni fait divers qui ne recèle le reste du monde, en toute propriété. [...] Le tout est d'approfondir même un murmure. [...] Tout poème est une mise en demeure."

Oui, mon Jésus revient : Il nous met en demeure d'entendre Son appel, afin que je choisisse de Le rejoindre en ce beau jour, montant sur les nuées célestes ou demeurer attaché(e) pour ma perte aux péchés de la terre... Or comme il en fut dit et fait du déluge, comme le feu du Ciel fondit sur Sodome et Gomorrhe détruites en un instant, de même cette terre sera ébranlée sur ses bases, pour avoir rejeté Christ et avec tous les méchants se faisant sourds au juste appel, périra hélas, par le feu, ainsi qu'en prévient l'Évangile...

Ce n'est pas de gaieté de cœur, mais suivant la nécessité et nos appels à la justice, à la délivrance face au mal, que le Seigneur exécutera cette sentence avant le jugement dernier – qui après mille ans, verra descendre avec Christ et Ses élu(e)s, la céleste Jérusalem et ressusciter les impies, pour qu'ils se coalisent hélas en vue de nous détruire et périssent du feu de Dieu.

C'est parce que le Seigneur nous aime qu'Il veut nous accorder Sa paix pure, entière et définitive, qui ne peut se fonder que sur l'équité entre tous et non cette guerre froide où l'on se tait par démagogie, dans la peur, par stratégie pour gagner plus ou pour préparer la riposte...

« Je vous donne Ma paix, dit Jésus, [...] pas comme le monde la donne. Que votre cœur ne se trouble point, et ne s'alarme point. » (Jean 14 : 27). La vraie paix éternelle vient de l'Esprit du Christ, unissant en leur diversité, tous les cœurs pour Sa gloire et par Sa sainte grâce !

Un autre écrivain nous laissa cette assertion comme une boutade : "On peut considérer l'homme comme un animal d'espèce supérieure qui produit des philosophies et des poèmes à peu près comme les vers à soie font leurs cocons et comme les abeilles font leurs ruches."

C'est amusant et assez vrai, puisque l'homme – et la femme – créé(s) à l'image du Très-Haut, outre les instincts qu'ils peuvent maîtriser, possèdent des facultés supérieures, et le libre arbitre y compris, face à leurs missions et aptitudes, car contrairement à la citation, j'ai le loisir de ne plus écrire, même si j'y aurais tout perdre, puisque « malheur à moi, dit Paul, si je n'annonce pas l'Évangile... » (La Sainte Bible, 1 Corinthiens 9 : 16).

Or la Bible fut qualifiée de "poème éternel" par un illustre auteur – dont par extraits, les œuvres poétiques et littéraires en leur ensemble sont enseignées en milieu éducatif, mais dont je ne puis souscrire à tout ce qu'il a écrit, de par ma foi chrétienne...

Toutefois, l'espoir est possible : l'apôtre Paul ne dit-il de certains poètes au sujet de Jésus que « nous sommes de Sa race »... .../...

.../...

Là aussi, d'aucuns, libres, utilisent la plume pour vanter les folies éphémères du monde ou tremper nos cœurs faibles en la sombre, étouffante encre du désespoir – parce que ça fait chic et c'est mignon parfois que d'avoir le spleen qui vous colle à la peau, surtout chez les gays, dirait-on...

Mais certes ayant connu cette état d'âme, à la fin, on s'en lasse, et il est tellement mieux de rire à la vie franchement, sans se lamenter toujours plus de choses dont on ne veut se défaire et dont on se plaint d'un côté, tout en les savourant de l'autre et se détruisant peu à peu...

Pardon pour la tirade, qu'elle ne vous semble dure : malgré moi, j'ai connu cette spirale et souhaite à tous d'en sortir ou de l'éviter, au possible... !

Le chant du cygne est mélodieux, mais ultime et funeste, il nous convie à la mort, car c'est celui de l'agonie, alors que d'autres voies m'appellent et se profilent à l'horizon, pour tous ceux désirant la vie – pas au sens où l'entend ce monde, mais comme la propose et garantit le Prince de la vie : Ô Christ, Qui créa le monde et du mal, de la mort nous rachète, comme Il en a seul le pouvoir et le désire plus que nous-mêmes... du fait de Son immense amour...

Ainsi l'artiste a-t-il la liberté de puiser son inspiration à l'écoute d'épaisses ténèbres : un chanteur moderne a bien confessé avoir lancé un hit que lui aurait dicté un "ange" (démon) pour "toucher une génération" et c'est devenu un tube, excepté que c'est de la musique mondaine qui glorifie la vie facile, le sexe en désordre, à outrance et d'autres nocives habitudes...

Mais la plume du Ciel s'élève droite et humble, elle puise en la source de vie l'origine et les contours de sa mission ; elle s'inspire du Christ ayant donné Sa vie, de Ses pieux serviteurs, coauteurs de la Bible, en Son Esprit de gloire... Ils, elles étaient comme nous : limité(e)s de toutes parts, calomnié.e.s bien souvent par leurs proches en premier, (assez) seul-e-s face à leur charge, soumis à tous impératifs mais volontaires, animé.e.s du zèle sacré – celui qui fait vibrer la plume !

J'aime ce(s) verset(s) de l'Écriture, clef du mystère devant l'insuffisance, les multiples défauts des hommes et femmes de l'Œuvre sainte, en comparaison des miracles dont ils surent se faire instruments et croyez-le, ce n'est pas fini...

Lisons donc, je vous prie, cet extrait, avec l'avidité curieuse du cœur qui se reconnaît en manque et l'air de gourmandise d'un amoureux de sa promise, au soir des noces, ou du bon mets qui s'offre à lui...

Ce passage est tiré d'Éphésiens 2 : 3-10 : « [...] nous vivions autrefois selon les convoitises de notre chair < notre conduite était dictée par les désirs d'hommes livrés à eux-mêmes >, accomplissant les volontés de la chair et de nos pensées < tout ce que notre corps et notre esprit nous poussaient à faire >, et nous étions par nature des enfants de colère, comme les autres.

Mais Dieu, Qui est riche en miséricorde, à cause du grand amour dont Il nous a aimés, nous qui étions morts par nos offenses, nous a rendus à la vie avec Christ (c'est par grâce que vous êtes sauvés) ; Il nous a ressuscités ensemble, et nous a fait asseoir ensemble dans les lieux célestes, en Jésus-Christ, afin de montrer dans les siècles à venir l'infinie richesse de Sa grâce par Sa bonté envers nous en Jésus-Christ.

Car c'est par la grâce que vous êtes sauvés, par le moyen de la foi. Et cela ne vient pas de vous, c'est le don de Dieu. Ce n'est point par les œuvres, afin que personne ne se glorifie. Car nous sommes Son ouvrage, ayant été créés en Jésus-Christ pour de bonnes œuvres, que Dieu a préparées d'avance, afin que nous les pratiquions. » Amen, alléluia, Seigneur... ce qui veut dire : nous T'attendons !

Et pour ne point le faire dans le farniente, frappant au lieu d'instruire nos camarades, tel le mauvais serviteur de la parabole, ou « se mordant les uns les autres » ou se laissant « appesantir par les excès du manger et du boire, et par les soucis de la vie, et que ce jour [de l'avènement du Roi] ne vienne sur vous à l'improviste » alors œuvrons, au mieux possible, à achever la mission, car si elle l'avait été, Jésus, osons le dire, serait déjà revenu...

Dieu sait que nous tardons et quand viendra l'issue, à cause de nos faiblesses et retards, mais de ceux-ci ne sommes-nous pourtant coupables... ? Oui, le cœur repentant, je veux encor tremper la plume et l'être entier dans le sang de l'Agneau, le feu de l'Esprit qui rayonne et purifie de nos souillures, car sans l'onction sacrée, l'âme du pécheur est égoïste et sombre – au point qu'en ma course folle ô souvent, je ne réalise à quel point j'ai tant besoin de Dieu... .../...

.../...

Parfois, une lecture, tel le mot d'un-e ami(e), peut bien m'ouvrir le cœur, éveiller nos consciences... !

La plume s'émerveille en contemplant le Ciel, s'emploie à raconter les hauts faits du Seigneur, exalter Ses enseignements et dénoncer le mal agissant aujourd'hui, elle se laisse aiguiser, saisir de main de Maître, ô courbe et se balance dans le vent de l'Esprit...

La plume est votre cœur et nos vies sont le livre que chacun-e veut écrire... mais si fière d'être *nègre* ô que mon âme expose ce qu'un tel n'a su dire, ce qui ferait du bien à l'autre qui n'osa, et à tous, je l'espère... J'ai appris et consens que désormais l'on dise "rédacteur anonyme" or en mon cas, nul ne prétend être auteur à ma place, mais j'attribue d'emblée le mérite de l'œuvre à Celui Qui l'inspire et soutient, et Qui pour notre bien, chante et montre Sa gloire... !

Puisse "Évangile et poésie..." participer à ennoblir, en Christ éclairer et bénir au possible ce qu'est la vie des personnes et institutions ayant bien voulu s'en servir et la (re)lire en profondeur, car la collection est *outil à la portée de tous*, sans prétention, mais ambitieuse par la foi...

Puisse "Évangile et poésie..." contribuer, par la grâce divine, à notre épanouissement à tous égards, nous mettre en connexion par l'Esprit pourvoyeur, pour un échange mutuel, purifier nos sentiers et magnifier aux yeux de ce monde l'Auteur de tout ce qui est bon, juste et vrai : Dieu, merci !

Et bien sûr, je voudrais conclure en priant pour mes lectrices et lecteurs, que l'Éternel nous multiplie au centuple les moyens investis dans cette œuvre et le temps consacré ; qu'elle vous serve en idée-cadeau, en lecture à voix haute à bénir vos familles, ami(e)s et voisins, l'agent d'impôts, collègue ou administrateur que l'on voudrait bien attendrir... je plaisante, et pourtant non, car autrement, comment faire passer l'Évangile, si l'on n'ose et se complaît dans les convenances...

Que cette lecture et sa méditation, par toute relecture, ne vous soit indifférente, comme on lit un roman à l'eau de rose – ce que je n'ai guère pratiqué et vous déconseille, pour sûr... C'est aussi ce que je pense de certains programmes d'écrans : spécialement des séries insensées, voire dangereuses, faisant perdre du temps précieux qu'on gagnerait à employer à vivre en famille, à quelque œuvre utile à notre église, à notre proche communauté, à mieux s'occuper de soi au plan physique et spirituel, notamment en lisant ou écoutant la Bible et autres livres exaltant l'Évangile...

Mais que cette expérience, renouvelée au possible, élargisse notre vision (comme au fil des années, j'ai eu pour cette publication, plaisir à me relire, malgré l'autocritique), remette en question nos stéréotypes et fausses certitudes (à vrai dire, tout ce qui n'est pas basé sur l'Évangile mais sur l'environnement médiatique, des convenances culturelles ou us patriotiques, parfois l'éducation parentale ou l'ignorance de l'entourage, des idées sur les choses et les gens dues à notre parcours ou nos manquements) pour nous ouvrir à la lumière et la charité véritables...

Les mots me manquent – comble pour un poète, mais dès lors, Dieu prend le relais et je sais que telle une plume, cette prière s'envole de mon faible encrier au puissant cœur du Roi d'amour !

Peut-être aurons-nous des épreuves, sans doute pour forger notre foi, nous amener à mûrir encore et réaliser qu'Il en est Un seul Qui dispose de ce qui me soit nécessaire et dans le chaos ambiant, ne me déçoive ô grand jamais...

« Nous savons, du reste, que toutes choses concourent au bien de ceux qui aiment Dieu, de ceux qui sont appelés selon Son dessein < conformément au plan divin >. »

(La Sainte Bible, Romains 8 : 28).

Amen. Maranatha < Ainsi soit-il. Jésus revient bientôt > !

 Sommaire du recueil : Évangile et poésie... 

Listing des poèmes, identifiés par leur(s) titre(s) ou début du premier vers...

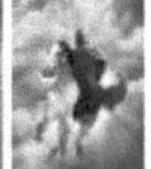

Le temps que Tu sois là...

Par bonheur, ma petite vie n'est pas ce dont Tu me crois digne,
Mais je sais qu'à de grandes choses Ta grâce, Ô Dieu, me destine.
J'aimerais chaque jour sentir que par ma main, s'est posée une pierre ;
Il me plairait aussi de recevoir, dans mes efforts, quelque encouragement sincère...

Le monde oublie que la considération n'est jamais de refus, Seigneur Christ,
Au-delà des mondes, élève ma personne jusqu'au(x) but(s) que Ton doigt seul fixe !
C'est le cœur gai et confiant que j'implore Ô Roi Magnanime
De me conserver Sa faveur et qu'à Ses ordres, je m'incline.

Amen < Qu'il en soit ainsi >.

Un pas vers l'harmonie

Bon courage, ami-e-s du Seigneur, veillez donc à garder le feu bien chaud, du fond de votre cœur
Jusqu'au creux du regard de l'autre et même à l'entour, au service du Dieu Qui nous inspire et réclame l'ardeur,
Jeunes gens, seniors, battez-vous : la froidure menace, au sein des couples mêmes et dans toute amitié suscite l'intérêt...
Halte au vice et à la superficialité : chacun pour soi mesure la troublante étendue de ses rêves déçus, ses espoirs et projets –
Sans regretter, hélas, qu'ils soient mis en partage auprès de l'être aimé, qu'on s'empresse souvent de connaître
Et flétrir par le feu de la chair, étranger à l'Esprit, chers petits, que la Loi sur nos pulsions prévale et qu'ainsi les convives se préparent à la fête !

Nous sommes dans l'antichambre, ajustant nos tenues, vérifiant avoir pris nos billets de passage, que nous restions en rang avant l'entrée au bal !
Vois, le rideau déjà, sur le décor s'entrouvre : Jésus n'a-t-Il percé le voile qui le cachait ? Tiens par le bras qui, pour la route, t'accompagne et vers l'auguste salle,
Esquisse un pas de danse... Ah ! sur le tapis rouge, on ne craint de chuter, puisque son doux velours rattrape nos fureurs et feutre nos blessures. Ne crains ni la misère ni l'âpre solitude :
Cette fois, l'après-fête ne te renverra pas au fond d'un studio noir où resteront les rêves et l'amer souvenir... Honore avec joie l'Hôte Qui, céans nous reçoit et assiste chacun, malgré l'épreuve rude...

Ami(e), prends courage : il faudrait que la vie n'ait tari les sources de ta joie, avant qu'elles ne viennent au cœur se déverser ! Sois prompt-e à respecter celui ou celle auquel le Seigneur te destine ;
Réjouis-toi de l'aimer à tous égards, selon les préceptes sacrés : que mon Dieu te console, également Sien t'exhorte, si l'avenir vous sépare... Mais si vous continuez ensemble sur Ses traces, Il sera vôtre alors, pardonne et ne t'obstine...

Louange au Dieu de grâce !

## Les lauriers de feu

Comme il tenait entre ses doigts le certificat de baptême,
Sa main vint à trembler au point que je la vis
Avec émotion, serrer bien fort ce précieux satisfecit,
Couronnant semaines de campagne et sa victoire sur la géhenne !

Car il avait choisi de ne pas succomber à la honte,
Mais de suivre, coûte que coûte, le Maître du refuge :
Le Dieu Qui règne sur son cœur et contre qui s'insurgent
Satan et ses démons, tel le fer de forge renie l'étang de fonte...

Ainsi notre petit refusa-t-il la cause du fils de perdition,
Et tenant en sa main, son certificat de baptême,
Il jeta sur sa vie un regard ébloui par un éclat suprême :
Celui de l'Esprit Saint, venu saluer l'Église et l'unir avec émotion !

Comme un alliage coulé au feu de toute épreuve, son âme
À mi-chemin entre l'homme et son Dieu, s'aiguisait à scinder bien et mal :
Puisant au chaudron de nos vaines folies, abhorrant le scandale,
Ce jeune converti partagerait en Christ ses rires et ses larmes...

## Rachat transcendental

La pieuse assemblée chante l'Universel et ne se lasse de clamer Sa grandeur infinie :
À genoux à Ses pieds, priant, elle s'émerveille que soient agréées les créations jolies
D'une Église au service du Rabbi... Cette communauté, d'une foi secourable, n'ayant de l'Éternel mesuré les talents
Déversés sur Son peuple, se sait en conscience ôtée de la poussière jusqu'au clair firmament !

Entendez-vous la louange et les acclamations qui ponctuent le message :
Voyez de nos fidèles non le sobre apparat, mais le paisible attrait de leur âme, à tout âge...
Frères et sœurs, meurtri(e)s par un temps de labeur dont Christ les délivre,
Viennent au saint sabbat communier au temple, autour du divin Livre.

Pourquoi ne pas ensemble s'asseoir et éprouver la bénédiction, en ce lieu offerte,
Pour avoir, de tous coins, glané les soupirs et prières... Que par l'Esprit, demeure alerte
À la Parole toute pensée ; que votre humble cœur se réjouisse au milieu de l'adoration :
Dieu, s'Il est honoré, dirige la séance et d'une assemblée pieuse attise l'émotion.

Gloire au Seigneur !

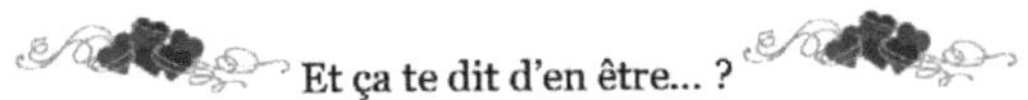

## Et ça te dit d'en être... ?

Je sais quel est le Dieu Qui contrôle ma vie ;
Partout, comme moi, d'autres L'adorent aussi :
Ìl a créé les hommes et même, tout ce qui vit !
Ìl règne encore au Ciel et sur Terre est venu, comme étant le Messie !

Je sais que d'aucuns disent qu'Ìl n'était qu'un simple homme,
Alors que d'autres vivent, Le croyant loin de nous, tel un Dieu sur Son trône...
Or la Bible m'enseigne qu'Ìl comprend nos faiblesses, mais réserve à chacun des élu(e)s sa couronne.
Tout-Puissant Créateur, pour nous Ìl S'est fait homme : en mourant à la Croix, c'est la vie qu'Ìl nous donne !

Et nous renaissons tels ces bambous de l'Asie, supportant la froidure, la coupe régulière ;
Dans la forêt chantante, nous repoussons uni(e)s, vigoureux par Sa grâce et désormais plus verts !
Tel système s'en prend, en toute intolérance, à tel individu, quelque groupe aimant Jésus, pratiquant la prière
En assemblée, ainsi que le dit la Parole... Mais malgré ces souffrances, le Corps du Christ demeure et nos persécuteurs, à moins de repentir, périront en enfer.

Vous l'avez entendu : le Seigneur nous appelle à confesser ce qui, en notre caractère ou dans notre passé,
Déshonore Sa Loi, car Sa bénédiction volontiers s'offre à tous, mais si loin du lieu saint et Son glorieux Royaume nous conduit le péché...
Réjouissons-nous du Christ, tenté seul au désert et vainqueur en prière, comme à Gethsémané, plus encor à la Croix,
Aux trois étapes-clefs de Son saint ministère, mené pour nous sauver, alors qu'on se souvient de Ses nombreux miracles, au lieu de foules nourries et enseignées, de ces témoins guéris au moyen de la foi...
Contemplons Ses merveilles à travers l'Écriture, ouvrons à Son amour nos cœurs humiliés par ce siècle cruel, remettons au Très-Haut tous espoirs et regrets... Ìl vient, alléluia !

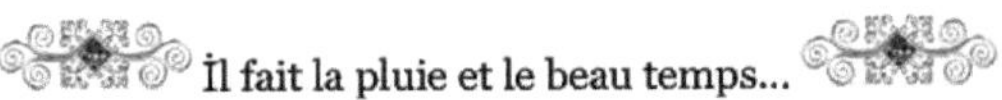

## Ìl fait la pluie et le beau temps...

Que la rosée recouvre la toison de mes songes ;
Que Ta grâce les porte, Ô Dieu, à floraison !
Que ma gorge s'abreuve au lait de Ta Parole, en mon sein rassasié d'une juste ration,
Ma foi de Tes bontés s'emplit, telle une éponge...

Moins avide à mesure que par Ta main nourrie,
Elle grandit en force et de douceur fleurit !
Ô Dieu, cette espérance souffle, venue de Toi,
Lorsque le trouble gronde, j'ai asile en Tes bras...

Mais quand tonne l'orage, surgi de Ta colère
Sur un peuple qui voue son âme à d'autres maîtres,
C'est encore Ta main que je sens secourable, au-dessus de mon être,
Pour retenir le flot de ces calamités, puis à mon cœur Ta voix souffle chants et prières.
*Gloire au Seigneur !*

Une créature de rêve, à qui fut la promesse...

**F**ormée de main divine, de la côte d'Adam qui se languissait d'elle,

**E**ve adorait le Roi aux côtés de son prince et regrettant leur faute,

**M**édita sur son sort, souffrant à l'avenir à cause d'un caprice et dans la tentation, pour avoir été sotte...

**M**alheureuse souvent, plus sérieuse envers ce qui lui semble juste, hélas en sa chair faible, quelquefois infidèle,

**E**tonnante à plaisir, la femme qu'un tel aime ou pourrait espérer est connue de Dieu seul, Qui lui pardonne en Christ, oyant son repentir, et toutes nous exhorte !

Citations bibliques (Genèse 3 : 15 et Apocalypse 12 : 1-18 et non cité : Éphésiens 5 : 25-33 ; Proverbes 18 : 22 ; Proverbes 5 : 18-21 et 31 : 10-31 ; 1 Corinthiens 7 : 1-17 ; Jean 8 : 1-12) :
« L'Éternel Dieu dit au serpent : Puisque tu as fait cela, tu seras maudit [...]
Je mettrai inimitié entre toi et la femme, entre ta postérité et sa postérité : celle-ci t'écrasera la tête, et tu lui blesseras le talon. »
« Un grand signe parut dans le ciel : une femme enveloppée du soleil, la lune sous ses pieds, et une couronne de douze étoiles sur sa tête. [...] Un autre signe parut encore dans le ciel ; et voici, c'était un grand dragon rouge, [...]. Sa queue entraînait le tiers des étoiles du ciel, et les jetait sur la terre. Le dragon se tint devant la femme qui allait enfanter, afin de dévorer son enfant, lorsqu'elle aurait enfanté.
Elle enfanta un Fils, Qui doit paître toutes les nations avec une verge de fer. Et son enfant fut enlevé vers Dieu et vers Son trône. Et la femme s'enfuit dans le désert, où elle avait un lieu préparé par Dieu, afin qu'elle y fût nourrie [...] Et il y eut guerre dans le ciel. Michel et Ses anges combattirent contre le dragon. Et le dragon et ses anges combattirent, mais ils ne furent pas les plus forts, et leur place ne fut plus trouvée dans le ciel.
Et il fut précipité, le grand dragon, le serpent ancien, appelé le diable et Satan, celui qui séduit toute la terre, il fut précipité sur la terre, et ses anges furent précipités avec lui.
Et j'entendis dans le ciel une voix forte qui disait : Maintenant le salut est arrivé, et la puissance, et le règne de notre Dieu, et l'autorité de Son Christ ; car il a été précipité, l'accusateur de nos frères, celui qui les accusait devant notre Dieu jour et nuit.
Ils l'ont vaincu à cause du sang de l'Agneau et à cause de la parole de leur témoignage, et ils n'ont pas aimé leur vie jusqu'à craindre la mort.
C'est pourquoi réjouissez-vous, cieux, et vous qui habitez dans les cieux. Malheur à la terre et à la mer ! car le diable est descendu vers vous, animé d'une grande colère, sachant qu'il a peu de temps.
Quand le dragon vit qu'il avait été précipité sur la terre, il poursuivit la femme qui avait enfanté l'enfant mâle.
Et les deux ailes du grand aigle furent données à la femme, afin qu'elle s'envolât au désert, vers son lieu, où elle est nourrie un temps, des temps, et la moitié d'un temps, loin de la face du serpent.
Et, de sa bouche, le serpent lança de l'eau comme un fleuve derrière la femme, afin de l'entraîner par le fleuve.
Et la terre secourut la femme, et la terre ouvrit sa bouche et engloutit le fleuve que le dragon avait lancé de sa bouche.
Et le dragon fut irrité contre la femme, et il s'en alla faire la guerre aux restes de sa postérité, à ceux qui gardent les commandements de Dieu et qui ont le témoignage de Jésus. »

Gloire au Seigneur de l'univers !

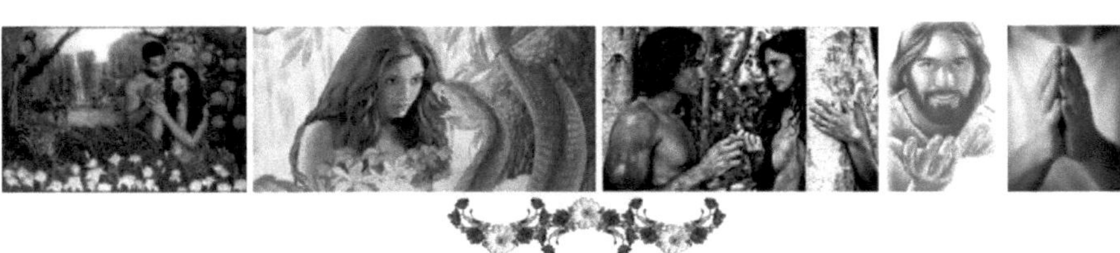

## Hommage à l'inqualifiable Maître...

N'est-İl pas merveilleux ce Dieu Qui m'aime et vit,
Dans l'immense univers comme au cœur de l'atome :
Que ma volonté, en tout temps, à la Sienne soit unie
Et que mes prières portent sur ce que Sa main donne...

Gloire à Christ, Ô Toi Qui n'es que Lumière, d'avoir daigné
Souffrir que je marche à Ton ombre en essuyant Tes pas :
Sauf l'amour qui est Tien, je ne saurais connaître aucune satiété,
Puisqu'hélas, j'ai reçu la grâce et piétiné l'offrande, plusieurs fois...

N'est-İl pas bienveillant d'ouvrir mes yeux, sans cesse,
À la douce auréole dont mon âme est drapée,
Qui du monde me voile les vaines tentatives... Que chaque geste
Ou parole qui de moi sortirait, recèle encor Sa semence d'éternité.

Gloire à Celui Qui vient et porte en ma prière, ô frères bien-aimés, l'espoir
De tout mon cœur ! Que mes aspirations, plutôt que s'envoler
Au gré de nos caprices, résonnent comme souffle chantant la brise du soir :
Qu'elles soient, par la grâce du Dieu Qui les inspire, légères et élevées !

Amen < Ainsi soit-il >...

    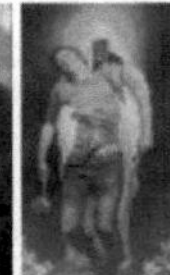

## La mesure infligée

Que le monde me blâme, si mon Dieu me comprend !
Mon âme est un joyau d'or, soufflé par le feu : poli dans la souffrance,
İl a été serti, voyez, de perles vives que sont larmes de sang
Dont l'éclat, affranchi de ses impuretés, scintille en éclosant sa précieuse semence.

Mais le monde s'acharne et lance ses scories, qui voudraient s'attacher
Au bord de ma parure : l'ennemi jette la pénombre, pour voiler mes couleurs...
C'est le faisceau de mes pépites qu'hélas mais en vain, il veille à atténuer :
İnséré parmi les joyaux d'une triomphale couronne, ainsi se pavane mon cœur !

S'il reluit du fond des ténèbres, à la pure lumière, il voit en souffrant s'écouler
De cet or qui peut emplir son doux écrin : que le monde me blâme
Alors, pour receler en ma nature, quelques filets de bruine et poussières d'insanité,
Car de ces scories Dieu me lave et sculpte, chaque jour, en Son moule, mon âme...

## De croire et vivre en Christ…

La mort voulut nous rompre, couvrant de son linceul l'humanité déchue par l'effet du péché,
Elle est venue nous voir en nos soirs de misère, saisir dès le matin le faible qui s'éveille, à toute heure de nos jours,
Régner sur cette terre. Et voici quand tu dors, que tu ries, ne songe au lendemain, viendra-t-elle nous chercher…
Même si tu prépares tes effets, tes papiers, ne crains-tu cet instant où surgit la faucheuse ? Elle ne parle mais happe sans scrupule, sans amour…

Non, nous sommes des hommes et Jésus nous fit dieux pareils à Son image*. On veut se rebeller contre le dur dictat
De ce monde et la mort et le péché d'abord… Qu'importe : la faucheuse n'a-t-elle le dernier mot, qui pour nous vaut silence et odieuse folie ;
Toutefois, quand la mort libère des douleurs le martyr, le malade qui souffrent, le peuple las du tyran oppresseur, n'est-elle mieux acceptée – telle part à nos vies ?
Alors le corps sommeille, l'esprit retourne à Dieu Qui l'avait insufflé ; il n'est œuvre possible, ni regret ni de purge et si l'on n'a vécu en Christ, point de rachat.

La Bible a bien tout dit : *mieux vaut un chien vivant qu'un lion mort***… Ainsi, loin des marbres onéreux et des fleurs qui se fanent, des gloires éphémères et viles tentations, vivons pieusement ;
Qu'on s'endorme en Son temps si le Ciel l'a voulu : c'est le mal qui prend l'homme et le diable, à la tête des méchants qui s'ignorent ou le servent en conscience, a transformé ce monde en un champ de ruines,
Comme il a ravagé de Job le patriarche, famille et possessions – sous le regard de Dieu Qui soutenait notre homme et retint la férule du méchant adversaire. Puissions-nous résister à sa fureur maligne,
Par la fidélité en l'Éternel, Qui sait au mieux quand le repos doit couronner nos œuvres et retenir d'un plus grand péril pour nos âmes ceux qu'Il rappelle à Lui, à revoir en Son temps…

Citations bibliques (Psaume 82 ;* *Ecclésiaste 9 : 3-6 ; 2 Corinthiens 4 : 1-7 ; 1 Corinthiens 15 : 47-58 ; Jérémie 2 : 11 et 16 : 19-21 ; et non cités : * Genèse 1 : 26-27, Colossiens 1 : 15-20 et 3 : 10, 1 Thessaloniciens 4 : 13-18) : « Dieu Se tient dans l'assemblée de Dieu ; Il juge au milieu des dieux. Jusques à quand jugerez-vous avec iniquité, Et aurez-vous égard à la personne des méchants ?
Rendez justice au faible et à l'orphelin, Faites droit au malheureux et au pauvre, Sauvez le misérable et l'indigent, Délivrez-les de la main des méchants. Ils n'ont ni savoir ni intelligence, Ils marchent dans les ténèbres ; Tous les fondements de la terre sont ébranlés.
J'avais dit : Vous êtes des dieux, Vous êtes tous des fils du Très-Haut.
Cependant vous mourrez comme des hommes, Vous tomberez comme un prince quelconque.
Lève-Toi, Ô Dieu, juge la terre ! Car toutes les nations T'appartiennent. »

* *« Ceci est un mal parmi tout ce qui se fait sous le soleil, c'est qu'il y a pour tous un même sort ; aussi le cœur des fils de l'homme est-il plein de méchanceté, et la folie est dans leur cœur pendant leur vie ; après quoi, ils vont chez les morts. Car, qui est excepté ? Pour tous ceux qui vivent il y a de l'espérance ; et même un chien vivant vaut mieux qu'un lion mort. »
« Les vivants, en effet, savent qu'ils mourront ; mais les morts ne savent rien, et il n'y a pour eux plus de salaire, puisque leur mémoire est oubliée. Et leur amour, et leur haine, et leur envie, ont déjà péri ; et ils n'auront plus jamais aucune part à tout ce qui se fait sous le soleil. »

« Ainsi, puisque tel est le ministère que Dieu nous a confié dans Sa bonté, nous ne perdons pas courage.
Nous rejetons les intrigues et les procédés indignes < choses honteuses qui se font en secret >.
Nous ne recourons pas à la ruse et nous ne falsifions pas < nous n'altérons pas > la Parole de Dieu. Au contraire, en faisant connaître < en publiant > la vérité, nous nous en remettons devant Dieu au jugement de tout homme < nous nous recommandons à toute conscience d'homme devant Dieu >.
Et si notre Évangile < est encore > demeure « voilé », il ne l'est que pour ceux qui vont à la perdition < périssent >, pour les incrédules. …/…

.../...
Le dieu de ce monde < siècle > a aveuglé leur esprit < intelligence > et les empêche ainsi de voir briller la lumière de la Bonne Nouvelle qui fait resplendir < l'éclat que projette l'Évangile de > la gloire du Christ, Lui Qui est l'image de Dieu.
Ce n'est pas nous-mêmes que nous mettons en avant dans notre prédication, c'est le Seigneur Jésus-Christ. Nous-mêmes, nous sommes vos serviteurs à cause de Jésus.
En effet, le même Dieu Qui, un jour, a dit : Que la lumière brille du sein des ténèbres, a Lui-même brillé dans notre cœur pour y faire resplendir la connaissance de la gloire de Dieu qui rayonne du visage de Jésus-Christ.
Mais ce trésor, nous le portons dans les vases faits d'argile que nous sommes, pour que ce soit la puissance extraordinaire de Dieu qui se manifeste, et non notre propre capacité. »

« Le premier homme, tiré de la terre, est terrestre ; le second homme est du ciel. Tel est le terrestre, tels sont aussi les terrestres ; et tel est le céleste, tels sont aussi les célestes.
Et de même que nous avons porté l'image du terrestre, nous porterons aussi l'image du céleste.
Ce que je dis, frères, c'est que la chair et le sang ne peuvent hériter le royaume de Dieu, et que la corruption n'hérite pas l'incorruptibilité.
Voici, je vous dis un mystère : nous ne mourrons pas tous, mais tous nous serons changés, en un instant, en un clin d'œil, à la dernière trompette. La trompette sonnera, et les morts ressusciteront incorruptibles, et nous, nous serons changés.
Car il faut que ce corps corruptible revête l'incorruptibilité, et que ce corps mortel revête l'immortalité.
Lorsque ce corps corruptible aura revêtu l'incorruptibilité, et que ce corps mortel aura revêtu l'immortalité, alors s'accomplira la parole qui est écrite : La mort a été engloutie dans la victoire.
Ô mort, où est ta victoire ? Ô mort, où est ton aiguillon ?
L'aiguillon de la mort, c'est le péché ; et la puissance du péché, c'est la loi.
Mais grâces soient rendues à Dieu, Qui nous donne la victoire par notre Seigneur Jésus-Christ !
Ainsi, mes frères bien-aimés, soyez fermes, inébranlables, travaillant de mieux en mieux à l'œuvre du Seigneur, sachant que votre travail ne sera pas vain dans le Seigneur. »

« Y a-t-il une nation qui change ses dieux, Quoiqu'ils ne soient pas des Dieux ? Et Mon peuple a changé sa gloire contre ce qui n'est d'aucun secours ! »
« Éternel, ma force et mon appui, mon refuge au jour de la détresse ! Les nations viendront à Toi des extrémités de la terre, Et elles diront : Nos pères n'ont hérité que le mensonge, de vaines idoles, qui ne servent à rien.
L'homme peut-il se faire des dieux, qui ne sont pas des dieux ? -
C'est pourquoi voici, Je leur fais connaître, cette fois, Je leur fais connaître Ma puissance et Ma force ; Et ils sauront que Mon Nom est l'Éternel. »

Honneur au Trois fois Saint < Elohim, Le Dieu pluriel : cf. Genèse 1 : 26 >.

## Le joyeux plumetis

Translucides, les boules plastifiées ou de verre, que nous vend le commerce,
Ternissent avec le temps... Mais jamais ne se brise l'astre si radieux
Qui brille en nos cœurs d'hommes, par sa douce lumière et nous rend bienheureux !
Cet éclat doit jaillir des âmes ténébreuses : c'est le mal qu'en elles, sans crainte, il transperce...

Boules de peu de gloire, d'autres montrent des édifices à échelle réduite, des sujets animés
Pour un si bref instant : quand les plumetis blancs reviennent au sol, sans cesse,
Il n'est plus de vie, en cette eau morne – où rien ne bouge, si ce n'est par nos mains fatiguées !
À nouveau, l'ennui guette et l'image immobile est noyée de fadeur, jusqu'à ce qu'on la presse...

Entre deux doigts agiles, l'eau donne quelques bulles, amenant l'illusion de l'effervescence éclairée :
Même un petit enfant se lasse du jouet, qui ne peut plus longtemps duper son innocence...
C'est heureux : je connais une boule éternelle d'où l'eau renaît à flots, d'une si pure essence,
Baignée d'or pailleté venant à double sens : c'est le cœur que Dieu offre avec gratuité ! .../...

.../...

Citations bibliques (Genèse 1 : 1-19 ; Malachie 4 : 1-2 ou 3 : 19-21 ; Apocalypse 21 : 18-24) :
« Au commencement, Dieu créa les cieux et la terre. [...] l'Esprit de Dieu Se mouvait au-dessus des eaux.
Dieu dit : Que la lumière soit ! Et la lumière fut. Dieu vit que la lumière était bonne ; et Dieu sépara la lumière d'avec les ténèbres. Dieu appela la lumière jour, et Il appela les ténèbres nuit. Ainsi, il y eut un soir, et il y eut un matin : ce fut le premier jour. [...]
La terre produisit de la verdure, [...]. Dieu vit que cela était bon. Ainsi, il y eut un soir, et il y eut un matin : ce fut le troisième jour. Dieu dit : Qu'il y ait des luminaires dans l'étendue du ciel, pour séparer le jour d'avec la nuit ; [...] signes pour marquer les époques, les jours et les années ; [...] pour éclairer la terre. Et cela fut ainsi.
Dieu fit les deux grands luminaires, le plus grand luminaire pour présider au jour, et le plus petit luminaire pour présider à la nuit ; il fit aussi les étoiles.
Dieu les plaça dans l'étendue du ciel, pour éclairer la terre, pour présider au jour et à la nuit, et pour séparer la lumière d'avec les ténèbres. Dieu vit que cela était bon.
Ainsi, il y eut un soir, et il y eut un matin : ce fut le quatrième jour. »

« [...] Tous les hautains et tous les méchants seront comme du chaume ; Le jour qui vient les embrasera, Dit l'Éternel des armées, Il ne leur laissera ni racine ni rameau.
Mais pour vous qui craignez Mon Nom, Se lèvera Le soleil de la justice [Jésus-Christ], Et la guérison sera sous Ses ailes ; [...]»
« La muraille était construite en jaspe, et la ville était d'or pur, semblable à du verre pur. Les fondements de la muraille de la ville étaient ornés de pierres précieuses de toute espèce [...] Les douze portes étaient douze perles ; chaque porte était d'une seule perle. La place de la ville était d'or pur, comme du verre transparent. [...]
La ville n'a besoin ni du soleil ni de la lune pour l'éclairer ; car la gloire de Dieu l'éclaire, et l'Agneau est son flambeau. Les nations marcheront à sa lumière, et les rois de la terre y apporteront leur gloire. »

Majesté au Sauveur du monde !

## Le murmure des cantiques

Mes poèmes sont autant de prières
Que mon cœur élève en Ton Nom !
Moi, dont le vouloir et le faire
Sont en Ton pouvoir, Roi de Sion...

À profusion, Tu déclines, par le jeu de ma fantaisie,
Ces mots et rimes au son qui danse !
Des vérités subtiles et éprouvées par Ton Esprit
S'offrent à mon âme éclairée, avec une réelle évidence.

Ainsi lecteurs et auditeurs jouissent d'émotions en partage !
Comme je trouve l'apaisement dans l'expression de cette foi,
Car à la fin de la dictée, l'inspiration, sans autre choix,
Laisse un répit à Ta servante, qui n'en est pas l'auteur si sage...

Tel un livre ouvert, mes poèmes sont faits de chants et de prières
Par lesquels, Seigneur des mondes, j'apprends à T'adorer
En témoignant de cette abnégation, Ô Messie, notre Frère
Qui T'incline – par tous moyens en Dieu – à nous Le révéler !

De diverse tonalité mais d'une même symphonie, ces mots sont autant de mystères,
Que n'en recèle la vie par Christ, Qui m'est, par-dessus tout, si cher...

Amen < Ainsi soit-il >.

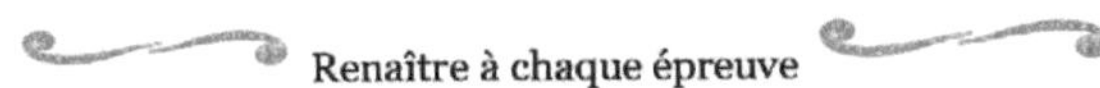

## Renaître à chaque épreuve

Ô l'enfant que je suis, quelquefois, se croit grande :
Il me prend des accès d'humeur et de passion,
Lorsque me submerge impétueusement le flot de l'émotion,
En mon cœur affaibli, qui devrait à Dieu se donner en offrande.

L'enfant plutôt trépigne à voir cet horizon
Qui s'assombrit, souvent... À chercher dans la faute, un plaisir subreptice,
Il perd de vue la source de sa consolation,
D'une main rude, il essuie l'essence du bonheur et sombre dans le vice...

Ô l'enfant que je suis n'a pas voulu ce mal, qui semblable à un piège,
Emprisonne sa vie ! Avant que se resserre l'étau qui vibre encor,
L'enfant se débat, frêle, tout prêt à succomber à cet élan si fort...
Mais au cœur des prières, le messager de Dieu voit ma peine et l'abrège.

Merci, mon Roi !

## Le troupeau et le Maître

Que suis-je sans Ta grâce, Ô Dieu... Dans ma misère,
J'ai cherché, tant de fois, le chemin du salut,
Sillonnant les voies sombres, j'ai épuisé en vain les circuits de la terre :
À présent fatigué(e), je demande que Tu panses mon cœur, déçu.

Comment puis-je en ce monde réclamer un miracle,
Alors qu'ici-bas, Ton amour est par nous tous bafoué... ?
Que dire de Ta sainte justice : au Calvaire, par un massacre,
Les ennemis de l'Homme n'ont-ils pas Jésus élevé...

Ô je suis, sans Ta grâce, tel un agneau fragile, mais le poil maculé
Par l'ombre de mes fautes : à tout va, je trébuche et la chute facile,
Bien souvent se répète, par les ruses de Satan, qui nous jette au fossé !
Or plus fort que le diable, le Christ, Fils de Dieu, à nos vies donne asile...

Et la brebis entend en son sein, le Berger Qui l'appelle :
Elle court à travers prés, danse entre les rochers, guidée d'une main sûre !
Certes, risquant la chute, si des champs elle écoute le dangereux murmure,
Elle sait, toutefois, regagner les sentiers chers au Pasteur fidèle.

Gloire au Sauveur !

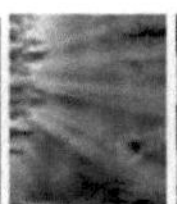

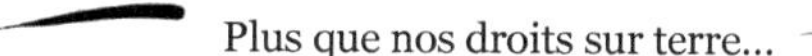

Plus que nos droits sur terre...

**M**alheur à l'homme qui naît dans cet univers ; or malgré nos conquêtes, en connaissez-vous d'autres...

**É**perdu quand il meurt, à peine ressurgit-il que sa main se soulève contre sa nourricière

**P**our abuser d'elle-même, sa bouche l'empoisonne en flot d'insanités et reproches, alors que tantôt, certes, il s'en faisait l'apôtre,

**H**ypocrite et petit en d'autres circonstances, l'homme en dignité pèse aussi peu que son ombre et mérite l'enfer.

**I**déal, que n'as-tu pris forme en son esprit et incarné sa chair, au lieu qu'il se vide et sombre avec le temps ?

**B**ien éphémère et riche en contradictions, la créature a dénigré la main céleste qui pourvoit dans sa grâce divine à tous besoins ;

**O**ubliant les péchés de ceux qui s'en repentent, l'Esprit cache au fin fond des mers le souvenir de nos iniquités,

**S**celle nos âmes encor dans l'onction de feu, par le sang de l'Agneau, pour la gloire du Christ – baume des cœurs chagrins,

**Co**mme on dirait aussi l'inverse, en vérité : c'est le Consolateur Qui nous montre le Maître – Ô Jésus, le bon juge, sait lire encor plus loin que ma sincérité !

**Ho**mme de tous statut, perspective, origine, apprends que le Seigneur Qui est, était, sera le même, attend que tu Lui donnes,

**E**tincelle de vie, ton cœur et le restant de tes jours, pour gagner le bonheur en toute éternité : le voyage est payé, prends ta place en ce train, vite ! avant qu'il ne file...

**T**éméraire à courir vers le but, tu regrettes pour ton infirmité, pécheur, de n'avoir pas accueilli notre roi, dans Son humilité... Or Jésus te pardonne,

**Ho**nteux tel que tu es, du fait de toute apparence, ton histoire et ta nature même oh ! plaident contre toi, mais Tu renonces à tout par amour pour ton Maître et donnes tout ainsi au menteur plus avide.

Citations bibliques (2 Samuel 9 : 3-4 et 7-8 ; 2 Samuel 4 : 1, 4 et 16 : 3-4 ; 2 Samuel 19 : 25-30) :
« Le roi dit : N'y a-t-il plus personne de la maison de Saül, pour que j'use envers lui de la bonté de Dieu ? Et Tsiba répondit au roi : Il y a encore un fils de Jonathan, perclus des pieds.
Le roi lui dit : Où est-il ? [...]
David lui dit : Ne crains point, car je veux te faire du bien à cause de Jonathan, ton père. Je te rendrai toutes les terres de Saül, ton père, et tu mangeras toujours à ma table. Il se prosterna, et dit : Qu'est ton serviteur, pour que tu regardes un chien mort, tel que moi ? [...]»

« Lorsque le fils de Saül apprit qu'Abner était mort à Hébron, ses mains restèrent sans force, et tout Israël fut dans l'épouvante. [...]
Jonathan, fils de Saül, avait un fils perclus des pieds ; et âgé de cinq ans lorsqu'arriva de Jizréel la nouvelle de la mort de Saül et de Jonathan ; sa nourrice le prit et s'enfuit, et, comme elle précipitait sa fuite, il tomba et resta boiteux ; son nom était Mephiboscheth. »

« Le roi dit : Où est le fils de ton maître ? Et Tsiba répondit au roi : Voici, il est resté à Jérusalem, car il a dit : Aujourd'hui la maison d'Israël me rendra le royaume de mon père. .../...

.../...
Le roi dit à Tsiba : Voici, tout ce qui appartient à Mephiboscheth est à toi. Et Tsiba dit : Je me prosterne ! Que je trouve grâce à tes yeux, ô roi mon seigneur ! [...] »

« Lorsqu'il se rendit au-devant du roi à Jérusalem, le roi lui dit : Pourquoi n'es-tu pas venu avec moi, Mephiboscheth ?
Et il répondit : Ô roi mon seigneur, mon serviteur m'a trompé, car ton serviteur, qui est boiteux, avait dit : Je ferai seller mon âne, je le monterai, et j'irai avec le roi.
Et il a calomnié ton serviteur auprès de mon seigneur le roi. Mais mon seigneur le roi est comme un ange de Dieu. Fais ce qui te semblera bon.
Car tous ceux de la maison de mon père n'ont été que des gens dignes de mort devant le roi mon seigneur ; et cependant tu as mis ton serviteur au nombre de ceux qui mangent à ta table. Quel droit puis-je encore avoir, et qu'ai-je à demander au roi ?
Le roi lui dit : A quoi bon toutes tes paroles ? Je l'ai déclaré : Toi et Tsiba, vous partagerez les terres. Et Mephiboscheth dit au roi : Qu'il prenne même le tout, puisque le roi mon seigneur rentre en paix dans sa maison. »
Ci-dessous, citations bibliques (Ésaïe 32 : 17 ; Luc 15 : 11-32) :
« L'œuvre de la justice sera la paix, Et le fruit de la justice le repos et la sécurité pour toujours. »
« Il dit encore : Un homme avait deux fils. Le plus jeune dit à son père : Mon père, donne-moi la part de bien qui doit me revenir. Et le père leur partagea son bien.
Peu de jours après, le plus jeune fils, ayant tout ramassé, partit pour un pays éloigné, où il dissipa son bien en vivant dans la débauche. Lorsqu'il eut tout dépensé, une grande famine survint dans ce pays, et il commença à se trouver dans le besoin. [...] Etant rentré en lui-même, il se dit : Combien de mercenaires chez mon père ont du pain en abondance, et moi, ici, je meurs de faim ! [...] Et il se leva, et alla vers son père. Comme il était encore loin, son père le vit et fut ému de compassion, il courut se jeter à son cou et le baisa.
Le fils lui dit : Mon père, j'ai péché contre le ciel et contre toi, je ne suis plus digne d'être appelé ton fils.

Mais le père dit à ses serviteurs : Apportez vite la plus belle robe, et l'en revêtez ; mettez-lui un anneau au doigt, et des souliers aux pieds.
Amenez le veau gras [symbole de sacrifice : pur, persévérant dans la marche, Christ fondant joie et communion], et tuez-le. Mangeons et réjouissons-nous ; car mon fils que voici était mort, et il est revenu à la vie ; il était perdu, et il est retrouvé. Et ils commencèrent à se réjouir.
Or, le fils aîné était dans les champs. Lorsqu'il revint et approcha de la maison, [...] Il se mit en colère, et ne voulut pas entrer. Son père sortit, et le pria d'entrer.
Mais il répondit à son père : Voici, il y a tant d'années que je te sers, sans avoir jamais transgressé tes ordres, et jamais tu ne m'as donné un chevreau pour que je me réjouisse avec mes amis.
Et quand ton fils est arrivé, celui qui a mangé ton bien avec des prostituées, c'est pour lui que tu as tué le veau gras !
Mon enfant, lui dit le père, tu es toujours avec moi, et tout ce que j'ai est à toi ; mais il fallait bien s'égayer et se réjouir, parce que ton frère que voici était mort et qu'il est revenu à la vie, parce qu'il était perdu et qu'il est retrouvé. »

Amen. Maranatha < Ainsi soit-il. Reviens, Seigneur Jésus >!

*Secours dans la détresse**

L'évidence est qu'Il vit, nous observe et revient !
J'avais un enfant mâle, né si doux et si beau,
Mais il tomba malade ; il y eut cet incident :
On dut l'aimer avec ses tares et tous fardeaux.

C'était sans doute ainsi qu'on le chérirait mieux,
Dans sa nature même aigrie par le péché –
Ô petit être faible et par Ta grâce, heureux...
L'Éternel, Toi Qui vis, vient bientôt nous chercher.
.../...

.../...
Ah ! nos cœurs las soupirant après Ton retour,
Pour ne plus endurer ces émois d'ici-bas, nous voir défigurés
Par le temps, les tracas... Et toutefois, voici qu'éclate Ton amour
Au détour des cascades, au seuil des précipices, apte à nous relever !

Citations bibliques (Psaume 46 : 2-4 ; Jérémie 31 : 1-12 ; Sophonie 3 : 14-20 ; Ésaïe 54 : 10 ; Cantique des cantiques 8 : 6 ; Luc 7 : 18-23 ; Matthieu 12 : 13-23 ; 1 Corinthiens 6 : 19-20 et 15 : 53 ; 2 Corinthiens 11 : 30 < avec 10 : 17 et 11 : 18 > ; Luc 14 : 11-15 ; Ésaïe 35 : 1-10 ; Ésaïe 63 : 7-9 ; Michée 4 : 6-7 ; Jude 1 : 20-25 et non cités : Jean 5 : 1-15 et Tite 1 : 13-14 ; Actes 3 : 1-21) : *« Dieu est pour nous un refuge et un appui, Un secours qui ne manque jamais dans la détresse. C'est pourquoi nous sommes sans crainte quand la terre est bouleversée, Et que les montagnes chancellent au cœur des mers, Quand les flots de la mer mugissent, écument, se soulèvent jusqu'à faire trembler les montagnes.»
« En ce temps-là, dit l'Éternel, Je serai le Dieu de toutes les familles d'Israël, Et ils seront Mon peuple. Ainsi parle l'Éternel : Il a trouvé grâce dans le désert, Le peuple de ceux qui ont échappé au glaive ; Israël marche vers son lieu de repos.
De loin l'Éternel Se montre à moi : Je t'aime d'un amour éternel ; C'est pourquoi Je te conserve Ma bonté. Je te rétablirai encore, et tu seras rétablie, Vierge d'Israël !
Tu auras encore tes tambourins pour parure, Et tu sortiras au milieu des danses joyeuses. Tu planteras encore des vignes sur les montagnes de Samarie ; Les planteurs planteront, et cueilleront les fruits.
Car le jour vient où les gardes crieront sur la montagne d'Éphraïm : Levez-vous, montons à Sion, vers l'Éternel, notre Dieu ! Car ainsi parle l'Éternel : Poussez des cris de joie sur Jacob, Éclatez d'allégresse à la tête des nations ! Élevez vos voix, chantez des louanges, et dites : Éternel, délivre Ton peuple, le reste d'Israël !
Voici, Je les ramène du pays du septentrion, Je les rassemble des extrémités de la terre ; Parmi eux sont l'aveugle et le boiteux, La femme enceinte et celle en travail ; C'est une grande multitude, qui revient ici. Ils viennent en pleurant, et Je les conduis au milieu de leurs supplications ; Je les mène vers des torrents d'eau, Par un chemin uni où ils ne chancellent pas ; Car Je suis un père pour Israël, Et Éphraïm est mon premier-né.
Nations, écoutez la parole de l'Éternel, Et publiez-la dans les îles lointaines ! Dites : Celui Qui a dispersé Israël le rassemblera, Et Il le gardera comme le berger garde son troupeau. Car l'Éternel rachète Jacob, Il le délivre de la main d'un plus fort que lui.
Ils viendront, et pousseront des cris de joie sur les hauteurs de Sion; Ils accourront vers les biens de l'Éternel, Le blé, le moût, l'huile, Les brebis et les bœufs ; Leur âme sera comme un jardin arrosé, Et ils ne seront plus dans la souffrance. »
« Pousse des cris de joie, fille de Sion ! Pousse des cris d'allégresse, Israël ! Réjouis-toi et triomphe de tout ton cœur, fille de Jérusalem ! L'Éternel a détourné tes châtiments, Il a éloigné ton ennemi ; Le roi d'Israël, l'Éternel, est au milieu de toi ; Tu n'as plus de malheur à éprouver.
En ce jour-là, on dira à Jérusalem : Ne crains rien ! Sion, que tes mains ne s'affaiblissent pas ! L'Éternel, ton Dieu, est au milieu de toi, comme un héros qui sauve ; Il fera de toi sa plus grande joie ; Il gardera le silence dans Son amour ; Il aura pour toi des transports d'allégresse.
Je rassemblerai ceux qui sont dans la tristesse, [...] L'opprobre pèse sur eux. Voici, en ce temps-là, J'agirai contre tous tes oppresseurs ; Je délivrerai les boiteux et Je recueillerai ceux qui ont été chassés, Je ferai d'eux un sujet de louange et de gloire [...] En ce temps-là, Je vous rassemblerai ; Car Je ferai de vous un sujet de gloire et de louange Parmi tous les peuples de la terre, Quand Je ramènerai vos captifs sous vos yeux, Dit l'Éternel. »

« Quand les montagnes s'éloigneraient, Quand les collines chancelleraient, Mon amour ne s'éloignera point de toi, Et Mon alliance de paix ne chancellera point, Dit l'Éternel, Qui a compassion de toi. »
« Mets-Moi comme un sceau sur ton cœur, Comme un sceau sur ton bras ; Car l'amour est fort comme la mort, [...] Une flamme de l'Éternel. »

« Jean fut informé de toutes ces choses par ses disciples. Il en appela deux, et les envoya vers Jésus, pour Lui dire : Es-Tu Celui Qui doit venir, ou devons-nous en attendre un autre ?
Arrivés auprès de Jésus, ils dirent : Jean-Baptiste nous a envoyés vers Toi, pour dire : Es-tu Celui Qui doit venir, ou devons-nous en attendre un autre ? À l'heure même, Jésus guérit plusieurs personnes de maladies, d'infirmités, et d'esprits malins, et Il rendit la vue à plusieurs aveugles. Et Il leur répondit : Allez rapporter à Jean ce que vous avez vu et entendu : les aveugles voient, les boiteux marchent, les lépreux sont purifiés, les sourds entendent, les morts ressuscitent, la bonne nouvelle est annoncée aux pauvres.
Heureux celui pour qui Je ne serai pas une occasion de chute ! »

« Alors Il [Jésus] dit à l'homme : Étends ta main. Il l'étendit, et elle devint saine comme l'autre. .../...

.../...
Les pharisiens sortirent, et ils se consultèrent sur les moyens de Le faire périr. Mais Jésus, l'ayant su, S'éloigna de ce lieu. Une grande foule Le suivit. İl guérit tous les malades, et İl leur recommanda sévèrement de ne pas le faire connaître, afin que s'accomplît ce qui avait été annoncé par Ésaïe, le prophète : Voici Mon serviteur que J'ai choisi, Mon bien-aimé en Qui Mon âme a pris plaisir. Je mettrai Mon Esprit sur Lui, Et İl annoncera la justice aux nations.
İl ne contestera point, İl ne criera point, Et personne n'entendra Sa voix dans les rues.
İl ne brisera point le roseau cassé, Et İl n'éteindra point le lumignon qui fume, Jusqu'à ce qu'il ait fait triompher la justice. Et les nations espéreront en Son Nom.
Alors on Lui amena un démoniaque aveugle et muet, et İl le guérit, de sorte que le muet parlait et voyait. Toute la foule étonnée disait : N'est-ce point là le Fils de David ? »

« Ne savez-vous pas que votre corps est le temple du Saint-Esprit Qui est en vous, Que vous avez reçu de Dieu, et que vous ne vous appartenez point à vous-mêmes ? Car vous avez été rachetés à un grand prix. Glorifiez donc Dieu dans votre corps et dans votre esprit, qui appartiennent à Dieu. »
« Ce que je dis, frères, c'est que la chair et le sang ne peuvent hériter le royaume de Dieu, et que la corruption n'hérite pas l'incorruptibilité. Voici, je vous dis un mystère : nous ne mourrons pas tous, mais tous nous serons changés, en un instant, en un clin d'œil, à la dernière trompette.
La trompette sonnera, et les morts ressusciteront incorruptibles, et nous, nous serons changés. Car il faut que ce corps corruptible revête l'incorruptibilité, et que ce corps mortel revête l'immortalité. »

« S'il faut se glorifier < non selon la chair, mais dans le Seigneur >, c'est de ma faiblesse que je me glorifierai ! »

« Car quiconque s'élève sera abaissé, et quiconque s'abaisse sera élevé.
İl [Jésus] dit aussi à celui qui L'avait invité : Lorsque tu donnes à dîner ou à souper, n'invite pas tes amis, ni tes frères, ni tes parents, ni des voisins riches, de peur qu'ils ne t'invitent à leur tour et qu'on ne te rende la pareille. Mais, lorsque tu donnes un festin, invite des pauvres, des estropiés, des boiteux, des aveugles. Et tu seras heureux de ce qu'ils ne peuvent pas te rendre la pareille ; car elle te sera rendue à la résurrection des justes.
Un de ceux qui étaient à table, après avoir entendu ces paroles, dit à Jésus : Heureux celui qui prendra son repas dans le royaume de Dieu ! »

« Le désert et le pays aride se réjouiront ; La solitude s'égaiera, et fleurira comme un narcisse ; Elle se couvrira de fleurs, et tressaillira de joie, Avec chants d'allégresse et cris de triomphe ; La gloire du Liban lui sera donnée, La magnificence du Carmel et de Saron. İls verront la gloire de l'Éternel, la magnificence de notre Dieu.
Fortifiez les mains languissantes, Et affermissez les genoux qui chancellent ; Dites à ceux qui ont le cœur troublé : Prenez courage, ne craignez point ; Voici votre Dieu, la vengeance viendra, La rétribution de Dieu ; İl viendra Lui-même, et vous sauvera.
Alors s'ouvriront les yeux des aveugles, s'ouvriront les oreilles des sourds ; Alors le boiteux sautera comme un cerf, Et la langue du muet éclatera de joie. Car des eaux jailliront dans le désert, Et des ruisseaux dans la solitude [...] İl y aura là un chemin frayé, une route, Qu'on appellera la voie sainte ; Nul impur n'y passera ; elle sera pour eux seuls ; Ceux qui la suivront, même les insensés, ne pourront s'égarer. Sur cette route, point de lion ; Nulle bête féroce ne la prendra, Nulle ne s'y rencontrera ; Les délivrés y marcheront. Les rachetés de l'Éternel retourneront, Ils iront à Sion avec chants de triomphe, Et une joie éternelle couronnera leur tête ; L'allégresse et la joie s'approcheront, La douleur et les gémissements s'enfuiront. »

« Je publierai les grâces de l'Éternel, les louanges de l'Éternel, D'après tout ce que l'Éternel a fait pour nous [...] selon Ses compassions et la richesse de Son amour. İl avait dit : Certainement ils sont Mon peuple, Des enfants qui ne seront pas infidèles ! Et İl a été pour eux un Sauveur. Dans toutes leurs détresses ils n'ont pas été sans secours, Et l'ange qui est devant Sa face les a sauvés ; İl les a Lui-même rachetés, dans Son amour et Sa miséricorde, Et constamment İl les a soutenus et portés, aux anciens jours. »

« En ce jour-là, dit l'Éternel, Je recueillerai les boiteux, Je rassemblerai ceux qui étaient chassés, [...] Des boiteux Je ferai un reste, De ceux qui étaient chassés une nation puissante ; Et l'Éternel régnera sur eux, à la montagne de Sion, Dès lors et pour toujours. »
« Pour vous, bien-aimés, vous édifiant vous-mêmes sur votre très sainte foi, et priant par le Saint-Esprit, maintenez-vous dans l'amour de Dieu, en attendant la miséricorde de notre Seigneur Jésus-Christ pour la vie éternelle. [...] Or, à Celui Qui peut vous préserver de toute chute et vous faire paraître devant Sa gloire irrépréhensibles et dans l'allégresse, à Dieu seul, notre Sauveur, par Jésus-Christ notre Seigneur, soient gloire, majesté, force et puissance, dès avant tous les temps, et maintenant, et dans tous les siècles ! Amen ! »

 Un Berger et divers troupeaux 

     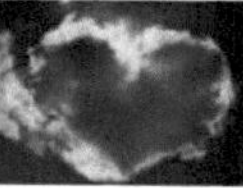 

Merci à toi, mon Frère, parce que tu t'es fait l'instrument de Sa grâce,
En ma faveur : je croyais, dans ce monde, une cause perdue et s'attristait ma face !,
Rien – ni le temps, ni le lieu, ni les matérielles ressources – ne semblai(en)t favorable(s),
Car j'œuvrais pour l'Église, loin de mon assemblée ; or Dieu avait placé une personne aimable,
Irradiant l'horizon, sur mon chemin de brume : merci au Père céleste, pour cet Amour, que je ressasse...

Dans le mugissement de l'ombre...

Émergeant des flots de l'angoisse, il a perdu son dieu de paille !
L'homme, égaré entre les rochers, par un des mythes qui nous assaillent,
S'était fait prendre et maintenant captif, il causait à son dieu fragile :
Il pestait contre lui, puis revenait, plein de remords, à une attitude docile...

L'idole, certes, put s'envoler : quel diable l'habitait... ? Or la reconstruire
Sans cesse, ô lui parler dans le silence ou la regarder, lui sourire
Consolait ce pauvre homme seul, comme ont fait des tribus entières,
Autour d'un édifice animé de nos mythes, quelque ouvrage d'artiste(s) enrobé de mystère...

C'était un dieu fragile que l'homme vénérait ; lui voyait bien agir
Sur tous l'usure du temps, y compris sur l'idole qu'il fallait embellir,
Avec application, pour aller jusqu'au bout d'une dévotion du néant inspirée :
Quand malgré ses efforts, l'homme perdit l'idole, il voulut du vrai Dieu enfin se rapprocher.

*Gloire au Seigneur !*
Références bibliques : non citées, Exode 20 : 4-5 ; Lévitique 19 : 4 et 26 : 1 ; Ésaïe 44 : 8-25 ; Ézéchiel 14 : 6, 18 : 6, 20 : 7, 18, 36 : 25 et 37 : 23 ; 1 Corinthiens 5 : 11, 10 : 7 et 14 ; et ci-après, 1 Jean 5 : 21 : « Nous savons aussi que le Fils de Dieu est venu, et qu'Il nous a donné l'intelligence pour connaître le Véritable ; et nous sommes dans le Véritable, en Son Fils Jésus-Christ. C'est Lui Qui est le Dieu véritable, et la vie éternelle. Petits enfants < mes chers enfants >, gardez-vous des idoles. »

 Jésus, mon Tout...

*Sauveur victorieux* : si humble est Ce cher cœur et si grande est Son âme que je m'inspire en apprenti(e) de cette sage discipline...

*Emmanuel consolateur* : Son affection prévenante égale Sa compassion envers les petits d'homme, accablés de soucis et de vaines querelles.

*Christ éducateur* : à Tes paroles sur la Loi aucun homme ne put répliquer ; Tu fis voir comme le jugement divin tient compte des personnes et seul sondes les cœurs...

*Ô Jésus guérisseur* : Tu combles les affligé(e)s, délivres les malades et réalises pour Tes racheté(e)s le grand miracle de la foi !

*Christ fidèle au Saint Père* : si humble est Ce cher cœur et si grande est Son âme qu'à Dieu seul Il voue éternelle allégeance, pour le salut de l'humanité gratifiée !

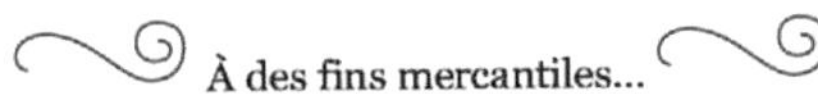

## À des fins mercantiles...

Ȋls ont trouvé déjà le vaccin qui en sauve et n'ont pas hésité
À tuer pour le brevet – des cobayes, des témoins gênants et l'auteur vrai
De cette découverte qu'il faut s'approprier... Ce qui nous satisfait,
Quand nos cœurs considèrent les valeurs d'ici-bas, plaît-il foncièrement au Dieu d'éternité ?

Que n'ont-ils fait, voyons, pour plus de sous, mon frère :
Ȋls vendent du poison à prix fort en taisant ce qui s'y dissimule
Et quand la vérité éclate au grand jour, paient quelques compensations, sans scrupule –
Sachant qu'ils en ont tout de même empoché davantage ! Et l'alimentation, la santé, tous secteurs font partie des affaires...

Alors le profit règne et quel respect des normes – à l'instar du sportif avide en sa pratique de produits non encor prohibés,
Mais dopants... La précaution n'est pas toujours de mise et la notion de bien, de mal si relative aux circonstances, hélas
Au regard de qui juge, aux moyens, attributs de qui semble jugé... Mais quand Dieu tranchera, quand Ȋl paraît, nul n'ose tricher devant Sa face !
D'ores et déjà, soyons, par Sa grâce, conformes à Sa Loi sainte, honnêtes, aimants envers autrui – qu'il ne faut abuser.

Bien-aimés, Ȋl revient – le standard du mieux-faire, la vérité de l'être, la science et l'art d'aimer :
Que nos yeux et nos cœurs s'éclairent à Sa Parole, délaissant les ténèbres de nos œuvres passées, d'erreurs
Et préjugés qui détruisent à l'entour... Combien la négligence et l'abstention* sont-elles causes de tant d'horreurs :
Ami(s), changeons enfin d'attitude et d'optique – voyant plus haut que nos regrets et habitudes, l'espoir de tout changer.

* Citations bibliques (Jacques 4 : 13-17 et Luc 12 : 16-21) : « À vous maintenant, qui dites : Aujourd'hui ou demain nous irons dans telle ville, nous y passerons une année, nous trafiquerons, et nous gagnerons ! Vous qui ne savez pas ce qui arrivera demain ! car, qu'est-ce que votre vie ? Vous êtes une vapeur qui paraît pour un peu de temps, et qui ensuite disparaît. Vous devriez dire, au contraire : Si Dieu le veut, nous vivrons, et nous ferons ceci ou cela. Mais maintenant vous vous glorifiez dans vos pensées orgueilleuses. C'est chose mauvaise que de se glorifier de la sorte. Celui donc qui sait faire ce qui est bien, et qui ne le fait pas, commet un péché. »

« Et Ȋl [Jésus] leur dit cette parabole : Les terres d'un homme riche avaient beaucoup rapporté. Et il raisonnait en lui-même, disant : Que ferai-je ? car je n'ai pas de place pour serrer ma récolte. Voici, dit-il, ce que je ferai : j'abattrai mes greniers, j'en bâtirai de plus grands, j'y amasserai toute ma récolte et tous mes biens ; et je dirai à mon âme : Mon âme, tu as beaucoup de biens en réserve pour plusieurs années ; repose-toi, mange, bois, et réjouis-toi.
Mais Dieu lui dit : Ȋnsensé ! cette nuit même ton âme te sera redemandée ; et ce que tu as préparé, pour qui cela sera-t-il ? Ȋl en est ainsi de celui qui amasse des trésors pour lui-même, et qui n'est pas riche pour Dieu. »

Béni soit le Nom d'Élohim < Trois fois Saint > !

## *Plus haut, par des chemins étroits*...*

Que mon esprit soit libre et que mon âme vive à toujours combattant
Pour les valeurs miennes : je ne me veux esclave de pensées, de systèmes,
Enfermé(e) dans un dogme, réitérant rituels dont m'échappe le sens et d'un même
Vieux cœur entretenant faiblesses que les gens minimisent, fatigué(e) des plaisirs et clubs, au demeurant...
.../...

.../...
Si j'adhère à un cercle, en ayant fait le tour, que mon être s'élève et n'y soit asservi, .../...
Mais s'oblige d'abord à la fidélité – envers soi, envers ceux que l'amour* reconnaît, pour toute créature,
En vérité, puisque le pire criminel du fait de quelque tare, n'est-il point mon semblable et de même nature,
Qu'on dit vile et croit forte – alors qu'on a tous besoin d'aide et de conseil... Je veux croître en sagesse et chérir cette vie !

Pas en ses contingences, injustices et malheurs mais par le potentiel de l'influx, de chacun, n'est-elle précieux mystère,
Qui crie au doux poitrail de l'enfant en éveil, et même sous les fers du prisonnier rebelle jusqu'au dernier râle
De l'humain sommeillant – complexe et douloureuse, la vie s'écoule et danse des fluides à nos rêves... C'est hélas, tant de mal
Qu'on se cause à vouloir mouler, l'imposer telle. Aimons volontiers, ne voudra-t-on connaître Son auteur et garant, notre Sauveur et Père...

* Mot inspiré d'une formule latine : Ad augusta, per angusta < vers les sommets par voie resserrée >.
Citations bibliques (1 Jean 4 : 7-11, 15-21 ; Jean 1 : 9-13 ; Matthieu 22 : 34-40 ; Lévitique 19 : 1-19 ; Proverbes 18 : 9 ; Marc 8 : 34-36 et non cités : Jean 3 : 27-36, 5 : 17-40 et 6 : 44-51 ; 1 Corinthiens 8 : 2-3) :
« Bien-aimés, aimons nous les uns les autres ; car l'amour est de Dieu, et quiconque aime est né de Dieu et connaît Dieu. Celui qui n'aime pas n'a pas connu Dieu, car Dieu est amour.
L'amour de Dieu a été manifesté envers nous en ce que Dieu a envoyé Son Fils unique dans le monde, afin que nous vivions par Lui.
Et cet amour consiste, non point en ce que nous avons aimé Dieu, mais en ce qu'Il nous a aimés et a envoyé Son Fils comme victime expiatoire pour nos péchés.
Bien-aimés, si Dieu nous a ainsi aimés, nous devons aussi nous aimer les uns les autres. »

« Celui qui confessera que Jésus est le Fils de Dieu, Dieu demeure en lui, et lui en Dieu.
Et nous, nous avons connu l'amour que Dieu a pour nous, et nous y avons cru. Dieu est amour ; et celui qui demeure dans l'amour demeure en Dieu, et Dieu demeure en lui.
Tel Il est, tels nous sommes aussi dans ce monde : c'est en cela que l'amour est parfait en nous, afin que nous ayons de l'assurance au jour du jugement.
La crainte n'est pas dans l'amour, mais l'amour parfait bannit la crainte < véritable chasse la peur > ; car la crainte suppose un châtiment < la peur implique une punition, cause de la peine, porte avec elle du tourment >, et celui qui craint n'est pas parfait dans l'amour < accompli dans la charité >.
Pour nous, nous l'aimons, parce qu'Il nous a aimés le premier. Si quelqu'un dit : J'aime Dieu, et qu'il haïsse < déteste > son frère, c'est un menteur ; car celui qui n'aime pas son frère qu'il voit, comment peut-il aimer Dieu qu'il ne voit pas ? Et nous avons de Lui ce commandement : que celui qui aime Dieu aime aussi son frère.»

« Cette lumière [Jésus-Christ] était la véritable lumière, qui, en venant dans le monde, éclaire tout homme.
Elle était dans le monde, et le monde a été fait par elle, et le monde ne l'a point connue < ne L'a pas reconnu >.
Elle est venue chez les siens, et les siens ne l'ont point reçue < Il est venu chez Lui, et les Siens ne L'ont pas accueilli. >.
Mais à tous ceux qui l'ont reçue, à ceux qui croient en son nom, elle a donné le pouvoir de devenir enfants de Dieu, lesquels sont nés, non du sang, ni de la volonté de la chair, ni de la volonté de l'homme, mais de Dieu. »

« Les pharisiens, ayant appris qu'Il [Jésus] avait réduit au silence les sadducéens, se rassemblèrent, et l'un d'eux, docteur de la loi, lui fit cette question, pour l'éprouver : Maître, quel est le plus grand commandement de la loi ?
Jésus lui répondit : Tu aimeras le Seigneur, ton Dieu, de tout ton cœur, de toute ton âme, et de toute ta pensée. C'est le premier et le plus grand commandement.
Et voici le second, qui lui est semblable : Tu aimeras ton prochain comme toi-même.
De ces deux commandements dépendent toute la loi et les prophètes. »

« L'Éternel parla à Moïse, et dit : Parle à toute l'assemblée des enfants d'Israël, et tu leur diras : Soyez saints, car Je suis saint, Moi, l'Éternel, votre Dieu.
Chacun de vous respectera sa mère et son père, et observera Mes sabbats. Je suis l'Éternel, votre Dieu. .../...

.../...
Vous ne vous tournerez point vers les idoles, et vous ne vous ferez point des dieux de fonte. [...]
Quand vous ferez la moisson dans votre pays, tu laisseras un coin de ton champ sans le moissonner < tu ne couperas pas les épis jusqu'aux bords de ton champ >, et tu ne ramasseras pas ce qui reste à glaner.
Tu ne cueilleras pas non plus les grappes restées dans ta vigne, et tu ne ramasseras pas les grains qui en seront tombés. Tu abandonneras cela au pauvre et à l'étranger. Je suis l'Éternel, votre Dieu.
Vous ne déroberez point, et vous n'userez ni de mensonge ni de tromperie les uns envers les autres. Vous ne jurerez point faussement par Mon nom, car tu profanerais le Nom de ton Dieu. Je suis l'Éternel.
Tu n'oppprimeras < n'exploiteras > point ton prochain, et tu ne raviras < prendras > rien par violence. Tu ne retiendras point jusqu'au lendemain le salaire du mercenaire < la paie d'un salarié >.
Tu ne maudiras point un sourd, et tu ne mettras devant un aveugle rien qui puisse le faire tomber ; car tu auras la crainte de ton Dieu. Je suis l'Éternel.
Tu ne commettras point d'iniquité dans tes jugements : tu n'auras point égard à la personne du pauvre, et tu ne favoriseras point la personne du grand, mais tu jugeras ton prochain selon la justice.
Tu ne répandras point de calomnies < Tu n'iras point ça et là médisant > parmi ton peuple. Tu ne t'élèveras point contre le sang de ton prochain < tu ne porteras pas atteinte à la vie de ton prochain par un faux témoignage >. Je suis l'Éternel.
Tu ne haïras point ton frère dans ton cœur ; tu auras soin de reprendre ton prochain, mais tu ne te chargeras point d'un péché à cause de lui.
Tu ne te vengeras point, et tu ne garderas point de rancune < de ressentiment > contre les enfants de ton peuple. Tu aimeras ton prochain comme toi-même. Je suis l'Éternel. Vous observerez Mes lois. »

« Puis, ayant appelé la foule avec Ses disciples, Il [Jésus] leur dit : Si quelqu'un veut venir après Moi, qu'il renonce à lui-même, qu'il se charge de sa croix, et qu'il Me suive. Car celui qui voudra sauver sa vie la perdra, mais celui qui perdra sa vie à cause de Moi et de la bonne nouvelle la sauvera. Et que sert-il à un homme de gagner tout le monde, s'il perd son âme ? »
*Gloire à l'Éternel des armées !*

Coutume de quelques-uns*

Voyez ce temple, ami(e)s : quoi qu'il s'y soit passé,
Les mains qui l'ont bâti, à Dieu l'ont consacré –
De ces mains travailleuses et qui prient et s'unissent
Pour poser sur le roc** cette sainte bâtisse.

Élevée vers les cieux, plus haut que notre terre
Où règne le péché, au-dessus de l'abîme et l'enfer,
Par-delà nos limites et peurs, le temple nous accueille
Aux saintes convocations, de son faîte jusqu'au seuil...

En tout lieu, que nos cœurs à l'adoration s'adonnent
En révérence à Dieu, Son sanctuaire et soutenant les hommes,
Nos frères, car n'est-il bon d'honorer d'un Seigneur les enfants
Bien-aimés... ? Entre nous, demeurons cordiaux, obéissants.

Que dire du dehors ? Qu'ils nous voient au saint lieu,
Au sabbat, d'autres jours, aussi souvent que libre et heureux,
Tout mon être, avec toi, avec eux pourra y communier :
Tous s'en trouvent béni(e)s, mais qu'au lieu du retour*, l'on ne cesse d'aimer...

* De retour chez soi, revenant au foyer ou poursuivant sa route, ailleurs...
Citations bibliques (Exode 25 : 1-9 ; Lévitique 19 : 30 ou 26 : 2 ; Psaumes 63 : 2-5 et 150 : 1-6 ; Hébreux 10 : 23-39 ; 1 Corinthiens 9 : 13-14 ; Actes 2 : 41-42 ; Psaume 133 et non cité : Deutéronome 14 : 25) : « L'Éternel parla à Moïse, et dit : Parle aux enfants d'Israël. Qu'ils M'apportent une offrande ; .../...

.../...
vous la recevrez pour Moi de tout homme qui la fera de bon cœur. [...] Ils Me feront un sanctuaire, et J'habiterai au milieu d'eux. Vous ferez le tabernacle et tous ses ustensiles d'après le modèle que Je vais te montrer. »

« Vous observerez Mes sabbats, et vous révérerez Mon sanctuaire. Je suis l'Éternel. »

« Ô Dieu ! Tu es Mon Dieu, Je te cherche ; mon âme a soif de Toi, mon corps soupire après Toi, Dans une terre aride, desséchée, sans eau. Ainsi je Te contemple dans le sanctuaire, Pour voir Ta puissance et Ta gloire. Car Ta bonté vaut mieux que la vie : mes lèvres célèbrent Tes louanges. Je Te bénirai donc toute ma vie, J'élèverai mes mains en Ton Nom. »
« Louez l'Éternel ! Louez Dieu dans Son sanctuaire ! Louez-Le dans l'étendue, où éclate Sa puissance ! Louez-Le pour Ses hauts faits ! Louez-Le selon l'immensité de Sa grandeur !
[...] Que tout ce qui respire loue l'Éternel ! Louez l'Éternel ! »

*« Retenons fermement la profession de notre espérance, car Celui Qui a fait la promesse est fidèle. Veillons les uns sur les autres, pour nous exciter à la charité et aux bonnes œuvres.
N'abandonnons pas notre assemblée, comme c'est la coutume de quelques-uns ; mais exhortons-nous réciproquement, et cela d'autant plus que vous voyez s'approcher le jour.
Car, si nous péchons volontairement après avoir reçu la connaissance de la vérité, il ne reste plus de sacrifice pour les péchés, mais une attente terrible du jugement et l'ardeur d'un feu qui dévorera les rebelles.
Celui qui a violé la loi de Moïse meurt sans miséricorde, sur la déposition de deux ou de trois témoins ; de quel pire châtiment pensez-vous que sera jugé digne celui qui aura foulé aux pieds le Fils de Dieu, qui aura tenu pour profane le sang de l'alliance, par lequel il a été sanctifié, et qui aura outragé l'Esprit de la grâce ?
Car nous connaissons Celui Qui a dit : À Moi la vengeance, à Moi la rétribution ! et encore : Le Seigneur jugera Son peuple. C'est une chose terrible que de tomber entre les mains du Dieu vivant.
Souvenez-vous de ces premiers jours, où, après avoir été éclairés, vous avez soutenu un grand combat au milieu des souffrances, d'une part, exposés comme en spectacle aux opprobres et aux tribulations < publiquement aux injures et persécutions, mauvais traitements >, et de l'autre, vous associant à ceux dont la position était la même.
En effet, vous avez eu de la compassion pour les prisonniers, et vous avez accepté avec joie l'enlèvement de vos biens, sachant que vous avez des biens meilleurs et qui durent toujours.
N'abandonnez donc pas votre assurance < confiance, fermeté >, à laquelle est attachée une grande rémunération < qui est porteuse d'une grande récompense >.
Car vous avez besoin de persévérance < patience >, afin qu'après avoir accompli la volonté de Dieu, vous obteniez ce qui vous est promis. Encore un peu, un peu de temps : Celui Qui doit venir viendra, et Il ne tardera pas.
Et Mon juste vivra par la foi ; mais, s'il se retire, Mon âme ne prend pas plaisir en lui.
Nous, nous ne sommes pas de ceux qui se retirent < reviennent en arrière > pour se perdre, mais de ceux qui ont la foi < croient > pour sauver < conserver > leur âme. »

**« Ceux qui Me disent : Seigneur, Seigneur ! n'entreront pas tous dans le royaume des cieux, mais celui-là seul qui fait la volonté de Mon Père Qui est dans les cieux.
Plusieurs Me diront en ce jour-là : Seigneur, Seigneur, n'avons-nous pas prophétisé par Ton Nom ? N'avons-nous pas chassé des démons par Ton Nom ? Et n'avons-nous pas fait beaucoup de miracles par Ton Nom ?
Alors Je leur dirai ouvertement : Je ne vous ai jamais connus, retirez-vous de Moi, vous qui commettez l'iniquité < Allez-vous-en, éloignez-vous de Moi, vous qui pratiquez le mal ! >. C'est pourquoi, quiconque entend ces paroles que Je dis et les met en pratique, sera semblable à un homme prudent qui a bâti sa maison sur le roc.
La pluie est tombée, les torrents sont venus, les vents ont soufflé et se sont jetés contre cette maison : elle n'est point tombée, parce qu'elle était fondée sur le roc.
Mais quiconque entend ces paroles que Je dis, et ne les met pas en pratique, sera semblable à un homme insensé qui a bâti sa maison sur le sable. La pluie est tombée, les torrents sont venus, les vents ont soufflé et ont battu cette maison : elle est tombée, et sa ruine a été grande. Après que Jésus eut achevé ces discours, la foule fut frappée de Sa doctrine ; car Il enseignait comme ayant autorité, et non pas comme leurs scribes. »

« Ne savez-vous pas que ceux qui remplissent les fonctions sacrées sont nourris par le temple, que ceux qui servent à l'autel ont part à l'autel ? De même aussi, le Seigneur a ordonné à ceux qui annoncent l'Évangile de vivre de l'Évangile. »
« Ceux qui acceptèrent Sa parole furent baptisés ; et, en ce jour-là, le nombre des disciples s'augmenta d'environ trois mille âmes. Ils persévéraient dans l'enseignement des apôtres, dans la communion fraternelle, dans la fraction du pain, et dans les prières. » .../...

.../...
« Voici, oh! qu'il est agréable, qu'il est doux Pour des frères de demeurer ensemble !
C'est comme l'huile précieuse qui, répandue sur la tête, Descend sur la barbe, sur la barbe d'Aaron, Qui descend sur le bord de ses vêtements.
C'est comme la rosée de l'Hermon, Qui descend sur les montagnes de Sion; Car c'est là que l'Éternel envoie la bénédiction, La vie, pour l'éternité. »

Louange à El-Shaddaï < Le Tout-Puissant > !

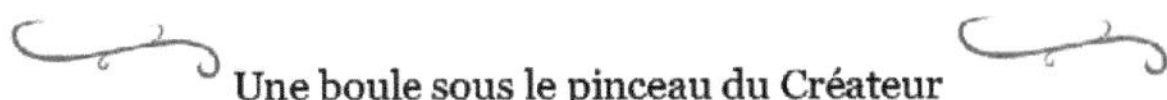

## Une boule sous le pinceau du Créateur

Tout près de ma maison, le voisin peint en vert tous les murs de la sienne,
Jusqu'aux portes du ciel et même à sa clôture : on dirait qu'il imprime sur sa grande demeure
La marque de son nom, affichant en contraste avec notre déveine,
La superbe mondaine de ses vains attributs, donnant à croire que l'argent fait le bonheur...

Mais voilà, dans ma case, il y a la paix de Dieu, les bons fruits de l'amour et le feu de l'Esprit,
Qui préside à nos jours d'abondance et de peine et nous laisse en l'espoir de meilleurs lendemains,
Par la louange et l'étude, l'offrande et la prière, nous partageons un hymne à la gloire du Christ :
C'est le chant des douleurs offert au Dieu des cieux, Qui fit pleuvoir la manne, quand un peuple avait faim !

Ô voulez-vous entendre nos cantiques du soir : ôde de gratitude en hommage au grand Roi, pour la vie, la pitance
Et pour notre salut... Voyez le petit frère supporté par l'aîné(e), qui l'aide à ses devoirs, tandis que son cadet l'embrasse en souriant.
Même à l'entrée des lieux, une portée de chats réserve un doux accueil à leurs ami(e)s et maîtres : avec nous voulez-vous oublier la souffrance ?
Car non loin de ma case, l'éclat de ces peintures a pâli bien trop vite ; que sont ces fioritures sous un soleil de plomb : parlons-en franchement...

Le voisin peint en vert ce qui ne saurait vivre : mes ami.e.s, le béton le plus dur et les fines voilures, les boiseries vernies et la pure faïence
Brûlent sous le feu de l'enfer, se consument en cendres et jamais ne renaissent ! C'est de vive couleur que Dieu revêt nos âmes : j'ai prêché l'Évangile au(x) voisin(s) si longtemps
Que j'ai vu le soleil se coucher sur la grâce et venir par la foi, l'aube des temps nouveaux. Hélas, en son cœur d'homme, je n'ai vu qu'apparence,
Au lieu de grandeur, jamais il n'a porté nos habits de misère au sommet de la route et risqué de salir le velours de l'auto, ni offert de goûter à nos maigres enfants...

Mais quand viendra Jésus, je dirai de cet homme qu'il a choisi le vert pour enduire son palais, comme est libre chacun de nous en vérité ;
J'avais les feuilles d'arbres en ma toiture frêle et l'espoir que l'orage épargnerait nos vies ; j'entrevoyais, d'un vert plus tendre encor, la jaspe de nos rêves
Au parfum de promesse : celle ornée de diamants qu'on réserve aux élu-e-s, foulant le cœur en joie les célestes allées – de nos pieds qui trimèrent par les jours d'impiété, servirent au(x) ministère(s) et savourent à présent, la venue annoncée d'une éternelle trêve...
Aussi puis-je saluer en paix tous mes voisins, sans mal ni convoitise, qu'ils me répondent ou non, mon cœur reste sans haine et prêt à les aider...

Oui, quand viendra Jésus, je ne saurais plaider en faveur de ceux qui ont exposé sans honte, le vert de leurs parures,
Dans l'oubli de la mort qui frappait non loin d'eux : s'étend l'ombre verdâtre, à présent sur eux-mêmes, et l'étau de justice couvre nos faibles voix.
Comment clamerions-nous que leur place est au Ciel, tandis que nos voisins ici-bas fréquentés, ont négligé de voir la vanité du monde, regardant s'effriter leurs fières devantures ? .../...

.../...

D'omission en péché puis de refus en crime, ils ont longé les voies de l'âpre perdition, mais vous qui écoutez l'histoire de la terre, laisserez-vous le Christ vous guider par la foi...

Citations bibliques (Proverbes 10 : 22, 17 : 1, 21 : 12-13 et 28 : 6 ; Luc 16 : 19-32 ; Proverbes 22 : 22-23 et 9 ; Proverbes 19 : 16-17 ; Ecclésiaste 11 : 1-12, 6 ; Luc 21 : 1-4 ; Job 31 : 16-28, 36 : 15-16 et 42 : 10 ; Psaumes 41 : 2 et 113 : 4-9 et non cités : Zacharie 7 :10 ; 1 Rois 17 : 8-16 ; Psaumes 9 : 19, 14 : 6, 34 : 7 et 116 : 6 ; 1 Rois 17 : 8-16 ; Psaumes 9 : 19, 14 : 6, 34 : 7 et 116 : 6 ; Ésaïe 42 : 1-8 et Luc 4 : 18) :
« C'est la bénédiction de l'Eternel qui enrichit, Et Il ne la fait suivre d'aucun chagrin. »
« Mieux vaut un morceau de pain sec, avec la paix, Qu'une maison pleine de viandes, avec des querelles. »
« Le juste considère la maison du méchant ; L'Éternel précipite les méchants dans le malheur.
Celui qui ferme son oreille au cri du pauvre criera lui-même et n'aura point de réponse. »
« Mieux vaut le pauvre qui marche dans son intégrité, Que celui qui a des voies tortueuses et qui est riche. »

« Il y avait un homme riche, qui était vêtu de pourpre et de fin lin, et qui chaque jour menait joyeuse et brillante vie. Un pauvre, nommé Lazare, était couché à sa porte, couvert d'ulcères, et désireux de se rassasier des miettes qui tombaient de la table du riche ; et même les chiens venaient encore lécher ses ulcères. Le pauvre mourut, et il fut porté par les anges dans le sein d'Abraham. Le riche mourut aussi, et il fut enseveli. Dans le séjour des morts, il leva les yeux ; et, tandis qu'il était en proie aux tourments, il vit de loin Abraham, et Lazare dans son sein.
Il s'écria : Père Abraham, aie pitié de moi, et envoie Lazare, pour qu'il trempe le bout de son doigt dans l'eau et me rafraîchisse la langue ; car je souffre cruellement dans cette flamme. Abraham répondit : Mon enfant, souviens-toi que tu as reçu tes biens pendant ta vie, et que Lazare a eu les maux pendant la sienne ; maintenant il est ici consolé, et toi, tu souffres. D'ailleurs, il y a entre nous et vous un grand abîme, afin que ceux qui voudraient passer d'ici vers vous, ou de là vers nous, ne puissent le faire.
Le riche dit : Je te prie donc, père Abraham, d'envoyer Lazare dans la maison de mon père; car j'ai cinq frères. C'est pour qu'il leur atteste ces choses, afin qu'ils ne viennent pas aussi dans ce lieu de tourments. Abraham répondit : Ils ont Moïse et les prophètes ; qu'ils les écoutent.
Et il dit : Non, père Abraham, mais si quelqu'un des morts va vers eux, ils se repentiront.
Et Abraham lui dit : S'ils n'écoutent pas Moïse et les prophètes, ils ne se laisseront pas persuader quand même quelqu'un des morts ressusciterait. »

« Ne dépouille pas le pauvre, parce qu'il est pauvre, Et n'opprime pas le malheureux à la porte ; Car l'Éternel défendra leur cause, Et Il ôtera la vie à ceux qui les auront dépouillés. »

« L'homme dont le regard est bienveillant sera béni, Parce qu'il donne de son pain au pauvre. »
« Celui qui garde ce qui est commandé garde son âme ; Celui qui ne veille Pas sur sa voie mourra. Celui qui a pitié du pauvre prête à l'Éternel, Qui lui rendra selon son œuvre. »

« Jette ton pain sur la face des eaux, car avec le temps tu le retrouveras ; donnes-en une part à sept et même à huit, car tu ne sais pas quel malheur peut arriver sur la terre. [...]
Dès le matin sème ta semence, et le soir ne laisse pas reposer ta main ; car tu ne sais point ce qui réussira, ceci ou cela, ou si l'un et l'autre sont également bons. »

« Jésus, ayant levé les yeux, vit les riches qui mettaient leurs offrandes dans le tronc. Il vit aussi une pauvre veuve, qui y mettait deux petites pièces. Et Il dit : Je vous le dis en vérité, cette pauvre veuve a mis plus que tous les autres ; car c'est de leur superflu que tous ceux-là ont mis des offrandes dans le tronc, mais elle a mis de son nécessaire, tout ce qu'elle avait pour vivre. »

« Heureux celui qui s'intéresse au pauvre ! Au jour du malheur l'Éternel le délivre ; »

« Si j'ai refusé aux pauvres ce qu'ils demandaient, Si j'ai fait languir les yeux de la veuve, Si j'ai mangé seul mon pain, Sans que l'orphelin en ait eu sa part, Moi qui l'ai dès ma jeunesse élevé comme un père, Moi qui dès ma naissance ai soutenu la veuve ; Si j'ai vu le malheureux manquer de vêtements, L'indigent n'avoir point de couverture, Sans que ses reins m'aient béni, Sans qu'il ait été réchauffé par la toison de mes agneaux ; Si j'ai levé la main contre l'orphelin, Parce que je me sentais un appui dans les juges ; Que mon épaule se détache de sa jointure, Que mon bras tombe et qu'il se brise ! [...] Si j'ai mis dans l'or ma confiance, Si j'ai dit à l'or : Tu es mon espoir; Si je me suis réjoui de la grandeur de mes biens, De la quantité des richesses que j'avais acquises ; [...] Et si mon cœur s'est laissé séduire en secret, [...] C'est encore un crime que doivent punir les juges, Et j'aurais renié le Dieu d'en-Haut ! »
.../...

.../...
« Mais Dieu sauve le malheureux dans sa misère, Et c'est par la souffrance qu'Il l'avertit.
Il te retirera aussi de la détresse, Pour te mettre au large, En pleine liberté < loin de toute contrainte, sans rien pour te gêner >, Et ta table sera chargée de mets succulents < d'aliments savoureux >. »
« L'Éternel rétablit Job dans son premier état < ancienne condition >, quand Job eut prié pour ses amis ; et l'Éternel lui accorda le double de tout ce qu'il avait possédé. »

« Une femme d'entre les femmes des fils des prophètes cria à Elisée, en disant : Ton serviteur mon mari est mort, et tu sais que ton serviteur craignait l'Éternel ; or le créancier < voilà, l'homme qui lui avait prêté de l'argent > est venu pour prendre mes deux enfants et en faire ses esclaves.
Élisée lui dit : Que puis-je faire pour toi ? Dis-moi, qu'as-tu à la maison ? Elle répondit : Ta servante n'a rien du tout à la maison qu'un vase d'huile.
Et il dit : Va demander au dehors des vases chez tous tes voisins, des vases vides, et n'en demande pas un petit nombre. Quand tu seras rentrée, tu fermeras la porte sur toi et sur tes enfants ; tu verseras dans tous ces vases, et tu mettras de côté ceux qui seront pleins.
Alors elle le quitta. Elle ferma la porte sur elle et sur ses enfants ; ils lui présentaient les vases, et elle versait. Lorsque les vases furent pleins, elle dit à son fils : Présente-moi encore un vase. Mais il lui répondit : Il n'y a plus de vase. Et l'huile s'arrêta. Elle alla le rapporter à l'homme de Dieu, et il dit : Va vendre l'huile, et paie ta dette ; et tu vivras, toi et tes fils, de ce qui restera. »

« L'Éternel est élevé au-dessus de toutes les nations, Sa gloire est au-dessus des cieux.
Qui est semblable à l'Éternel, notre Dieu ? Il a Sa demeure en haut ; Il abaisse les regards Sur les cieux et sur la terre.
De la poussière Il retire le pauvre, Du fumier Il relève l'indigent, Pour les faire asseoir avec les grands, Avec les grands de son peuple. Il donne une maison à celle qui était stérile, Il en fait une mère joyeuse au milieu de ses enfants. Louez l'Éternel ! »

Merci, Jésus !

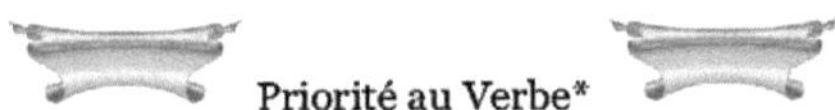

## Priorité au Verbe*

Jeûnant pour Toi, Seigneur, j'apprends à rendre grâces
À Ton saint ministère, pour la moindre douceur – pour le souffle du vent,
La rosée dont je rince mon palais assoiffé, l'énergie dont, présent,
Tu me combles, la Parole à entendre ou lire et Ton Esprit à Qui je cède place...

Oui, quand la chair à mesure de notre volonté, consent à se restreindre alors
C'est le bonheur : plus léger, on écoute la voix qui s'offre à nous comme enfouie
Au tréfonds de l'âme pécheresse mais vidée de soi-même et de plus désireuse, à la merci
Fervente et serviable de Qui l'a créée, régénère et veut sauver encor...

L'Éternel, Tu es là, mon eau vive et le pain qui sait nourrir mon être – par un chat, un oiseau,
Comme on l'a vu déjà, nous portant la pitance ou par la bienfaisance de la fratrie d'église
Ou par ce que je gagne, quand cela m'est donné. Mais s'il faut bien tenir, au-delà de la chair, qu'on se le dise,
Ami(e), Lui Yahvé-Jiré supplée à nos besoins, car au salut pourvoit tel, de tous Ses bienfaits, croyons-y, le plus beau.

Citations bibliques (Psaume 147 : 12-19 ; Ésaïe 58 : 1-14 ; Luc 4 : 1-4 ; Marc 2 : 18-20 ; Matthieu 17 : 14-21 et 6 : 14-18 et non cités : Ésaïe 4 : 1-4 ; Deutéronome 8 : 1-6 ; Jean 4 et 6 : 48-51 ; 1 Corinthiens 10 : 17) :
* « Jérusalem, loue l'Éternel ; Sion, loue ton Dieu. [...] C'est Lui Qui envoie Sa parole sur la terre, et Sa parole court avec beaucoup de vitesse. [...] Il déclare Ses paroles à Jacob, et Ses statuts et Ses ordonnances à Israël. »

« Crie à plein gosier, ne te retiens pas, Elève ta voix comme une trompette, Et annonce à Mon peuple ses iniquités, À la maison de Jacob ses péchés !
Tous les jours ils Me cherchent, Ils veulent connaître Mes voies ; Comme une nation qui aurait pratiqué la justice Et n'aurait pas abandonné la loi de son Dieu, Ils Me demandent des arrêts de justice, Ils désirent l'approche de Dieu.
.../...

.../...
- Que nous sert de jeûner, si Tu ne le vois pas ? De mortifier notre âme, si Tu n'y as point égard ?
- Voici, le jour de votre jeûne, vous vous livrez à vos penchants < vous traitez vos affaires, vous cherchez votre plaisir >, Et vous traitez durement tous vos mercenaires < vous exploitez tous vos ouvriers, vous exigez durement tout ce en quoi vous tourmentez les autres >. Voici, vous jeûnez pour disputer et vous quereller, Pour frapper méchamment du poing ; Vous ne jeûnez pas comme le veut ce jour, Pour que votre voix soit entendue en-Haut. Est-ce là le jeûne auquel Je prends plaisir, Un jour où l'homme humilie son âme ? Courber la tête comme un jonc, Et se coucher sur le sac et la cendre, Est-ce là ce que tu appelleras un jeûne, Un jour agréable à l'Éternel ? Voici le jeûne auquel Je prends plaisir : Détache les chaînes de la méchanceté, Dénoue les liens de la servitude, Renvoie libres les opprimés, Et que l'on rompe toute espèce de joug ; Partage ton pain avec celui qui a faim, Et fais entrer dans ta maison les malheureux sans asile ; Si tu vois un homme nu, couvre-le, Et ne te détourne Pas de ton semblable. Alors ta lumière poindra comme l'aurore < jaillira, éclora comme l'aube du jour >, Et ta guérison germera promptement < ta restauration, ton rétablissement s'opérera bien vite > ; ta justice marchera devant toi, Et la gloire de l'Éternel t'accompagnera < sera ton arrière-garde >.
Alors tu appelleras, et l'Éternel répondra ; tu crieras, et Il dira : Me voici ! Si tu éloignes du milieu de toi le joug < si tu ôtes du milieu de toi la contrainte, l'oppression >, Les gestes menaçants et les discours injurieux, Si tu donnes ta propre subsistance à celui qui a faim, Si tu rassasies l'âme indigente < si tu réponds aux besoins de l'opprimé >, ta lumière se lèvera sur l'obscurité, Et tes ténèbres seront comme le midi.
L'Éternel sera toujours ton guide, Il rassasiera ton âme dans les lieux arides, Et Il redonnera de la vigueur à tes membres ; tu seras comme un jardin arrosé, Comme une source dont les eaux ne tarissent pas.
Les tiens rebâtiront sur d'anciennes ruines, tu relèveras des fondements antiques ; On t'appellera réparateur des brèches, celui qui restaure < redresse > les chemins < demeures en ruine >, qui rend le pays habitable.
Si tu retiens ton pied pendant le sabbat, Pour ne pas faire ta volonté en Mon saint jour, Si tu fais du sabbat tes délices, Pour sanctifier l'Éternel en Le glorifiant, Et si tu L'honores en ne suivant point tes voies, En ne te livrant pas à tes penchants et à de vains discours, Alors tu mettras ton plaisir en l'Éternel, Et Je te ferai monter sur les hauteurs du pays, Je te ferai jouir de l'héritage de Jacob, ton père ; Car la bouche de l'Éternel a parlé. »

« Jésus, rempli du Saint-Esprit, revint du Jourdain, et Il fut conduit par l'Esprit dans le désert, où Il fut tenté par le diable pendant quarante jours. Il ne mangea rien durant ces jours-là, et, après qu'ils furent écoulés, Il eut faim. Le diable Lui dit : Si Tu es Fils de Dieu, ordonne à cette pierre qu'elle devienne du pain.
Jésus lui répondit : Il est écrit : L'Homme ne vivra pas de pain seulement. »

« Les disciples de Jean et les pharisiens jeûnaient. Ils vinrent dire à Jésus : Pourquoi les disciples de Jean et ceux des pharisiens jeûnent-ils, tandis que Tes disciples ne jeûnent point ?
Jésus leur répondit : Les amis de l'Époux peuvent-ils jeûner pendant que l'Époux est avec eux ? Aussi longtemps qu'ils ont avec eux l'Époux, ils ne peuvent jeûner.
Les jours viendront où l'Époux leur sera enlevé, et alors ils jeûneront en ce jour-là. »

« Lorsqu'ils furent arrivés près de la foule, un homme vint se jeter à genoux devant Jésus, et dit : Seigneur, aie pitié de mon fils, qui est lunatique, et qui souffre cruellement ; il tombe souvent dans le feu, et souvent dans l'eau. Je l'ai amené à Tes disciples, et ils n'ont pas pu le guérir. Race incrédule et perverse, répondit Jésus, jusques à quand serai-Je avec vous ? Jusques à quand vous supporterai-Je ? Amenez-le-moi ici.
Jésus parla sévèrement au démon, qui sortit de lui, et l'enfant fut guéri à l'heure même.
Alors les disciples s'approchèrent de Jésus, et Lui dirent en particulier : Pourquoi n'avons-nous pu chasser ce démon ? C'est à cause de votre incrédulité, leur dit Jésus. Je vous le dis en vérité, si vous aviez de la foi comme un grain de sénevé < même aussi petite qu'une graine de moutarde >, vous diriez à cette montagne : Transporte-toi d'ici là, et elle se transporterait ; rien ne vous serait impossible. Mais cette sorte de démon ne sort que par la prière et par le jeûne. »
« Si vous pardonnez aux hommes leurs offenses, votre Père céleste vous pardonnera aussi ; mais si vous ne pardonnez pas aux hommes, votre Père ne vous pardonnera pas non plus vos offenses.
Lorsque vous jeûnez, ne prenez pas un air triste, comme les hypocrites, qui se rendent le visage tout défait, pour montrer aux hommes qu'ils jeûnent. Je vous le dis en vérité, ils reçoivent leur récompense.
Mais quand tu jeûnes, parfume ta tête et lave ton visage, afin de ne pas montrer aux hommes que tu jeûnes, mais à ton Père Qui est là dans le lieu secret ; et ton Père, Qui voit dans le secret, te le rendra. »

Gloire au Tout-Puissant !

Ah ! Si tu voulais à Christ te consacrer...

Ne regarde à ta perte, ô chèr(e) enfant de Dieu,
Mais que s'ouvrent plutôt les voies de délivrance
À même de mener tes pas droit vers les Cieux.
Fuis les péchés et maints périls que le diable te lance...

Cher petit brin d'incandescence, porte debout, bien haut, le flambeau
De la Parole et du témoignage de Christ. Ne laisse pas, même dans le temple,
L'ennemi te tromper par d'odieux subterfuges... Revigore ta flamme, grave le divin sceau
Mis en ton cœur, dans ta vie, à jamais ! Ainsi la peur s'effrite et tous les démons tremblent...

Ainsi verras-tu la sœur ou le frère en ami(e), sans arrière-pensée(s) ;
Que Jésus daigne sacrifier tes penchants les plus vils, sur l'autel de Sa grâce
En hommage au Saint Père ! Qu'à ton humble requête, Il dépose la paix et la félicité
Dans la corbeille à Son service qu'est devenue ton âme offerte : que s'incline ta face... !

Amen < Ainsi soit-il >.

Dans l'attente des Noces...

Le bonheur est au Ciel : nul n'en connaît ici.
Veux-tu quelque habit neuf ou chose de valeur... ?
Convoitons-nous le luxe et les plaisirs du cœur
Ou pour en jouir, meilleure qualité de vie...

Oui, je veux la santé – à défaut de jeunesse,
Puisqu'elle n'est éternelle... Et la paix de l'esprit
Ne saurait s'acheter, ni la réputation, l'amour, les vrai(e)s ami(e)s ;
Que valent distractions, argent, sans allégresse...

Plusieurs ont des moyens à ne savoir qu'en faire
Et davantage désirent acquérir plus de biens,
Accroître son pouvoir, mais que doit souhaiter le chrétien,
Parmi tous, face aux divers excès, sensations nouvelles : soyons clairs.

Qu'on nous dise : encor en ce bas-monde, doit-on en prendre mœurs,
En emprunter les normes, en goûter les plaisirs, par souci d'imiter
Ou se faire bien voir par quelque(s) congénère(s) ? Doit-on se démarquer
Plutôt de ces usages, de telles nuisances, y soumettre nos cœurs...

Or la Bible proclame que chacun est esclave de qui il tient pour maître –
Sont-ce les dieux de ce monde : argent, sexe , pouvoir qu'il a dénaturés,
Ou bien le Créateur, l'Esprit vivant du Ciel, où s'éleva la croix pour nous sauver...
Alors choisissons la Parole qui insuffle la vie, régénère et si loin des viles turpitudes, nous invite à la fête !

Honneur à l'Emmanuel < Dieu parmi nous, en Jésus-Christ et Son Esprit > !

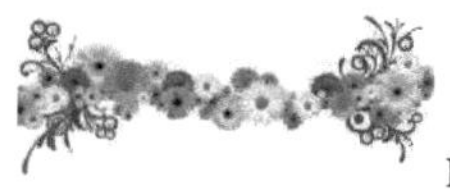 

## Rimes sans nom

Des larmes de bonheur, le sourire d'un enfant, un frisson d'émotion :
C'est ça, le sentiment de Dieu !
Les yeux s'ouvrant émerveillés à la lecture de Sa Parole,
La brise du soir après sabbat*, l'entrée des officiants en chaire...
Voyez... le sentiment de Dieu, sentez-le par-delà vos sens,
Humez le parfum de joie pure : de nouveaux baptisé-e-s nous rejoignent !

Nous formons bataillons au service du Tout-Puissant, nous sommes
Des semailles en fleur, de vivants édifices, des anges en puissance,
Mais si misérable avant notre rachat, la nature des cœurs transcendée par le Christ
Ìmplore le salut de Ses mains rédemptrices : nous saignons à Sa sainte image,
Souvent offensé-e-s par le monde et ses impiétés... Ìl bat encore au fond de nous,
L'espoir de lendemains meilleurs, quand triomphera l'équité ! Que vienne la paix entre frères !
Ma prière s'élève vers Toi, Créateur : restaure sans cesse, en mon âme, le sentiment de Dieu...

Amen. Maranatha < Ainsi soit-il. Jésus, le Seigneur, revient bientôt > !

Citations bibliques (Exode 20 : 8-11, 31 : 15 et ci-après, Lévitique 23 : 1-3, Romains 11 : 25-27 et Actes 10 : 34-36) : « L'Éternel parla à Moïse, et dit : Parle aux enfants d'Ìsraël, et tu leur diras : Les fêtes de l'Éternel, que vous publierez, seront de saintes convocations. Voici quelles sont mes fêtes.
On travaillera six jours ; mais le septième jour est le sabbat, le jour du repos : il y aura une sainte convocation.
Vous ne ferez aucun ouvrage : c'est le sabbat de l'Éternel, dans toutes vos demeures. »

« En vous approchant de Lui, Qui est la pierre vivante rejetée des hommes, mais choisie de Dieu, et précieuse,
Vous aussi, comme des pierres vivantes, vous êtes édifiés, pour être une maison spirituelle
< un temple spirituel >, une sacrificature sainte < un groupe de prêtres consacré à Dieu, un saint sacerdoce >,
afin d'offrir des sacrifices spirituels agréables à Dieu < qu'Ìl pourra accepter favorablement >, par Jésus-Christ.
C'est pourquoi il est dit dans l'Écriture : Voici, Je pose en Sion une pierre angulaire, choisie,
précieuse ; et qui croira en elle, ne sera point confus < ne connaîtra jamais le déshonneur >. »

« Car je ne veux pas, frères, que vous ignoriez ce mystère, afin que vous ne vous regardiez point comme sages, c'est qu'une partie d'Ìsraël est tombée dans l'endurcissement, jusqu'à ce que la totalité des païens < l'ensemble des non-Juifs, la plénitude des nations > soit entrée < dans le peuple de Dieu, dans l'Église >. Et ainsi tout Ìsraël sera sauvé, selon qu'il est écrit : Le libérateur viendra de Sion, Et Ìl détournera de Jacob les impiétés < infidélités, toute désobéissance > ; Et ce sera Mon alliance avec eux, Lorsque J'ôterai < J'effacerai > leurs péchés. »

« Alors Pierre prit la parole et dit : « En vérité, je reconnais que Dieu ne fait pas de favoritisme < de différence entre les hommes, n'a point d'égard à l'apparence des personnes >, et que dans toute nation celui qui Le craint < Le révère > et qui pratique la justice < celui qui fait ce qui est juste > Lui est agréable.
Ìl a envoyé Sa parole aux Ìsraélites en leur annonçant la paix par Jésus-Christ, Qui est le Seigneur de tous. »

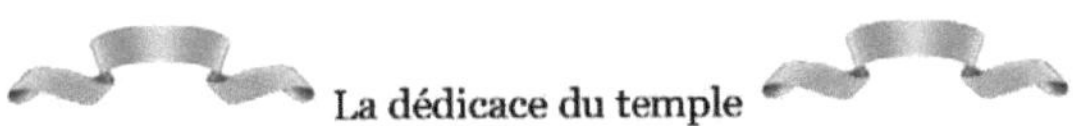

## La dédicace du temple

Dans l'auditoire, une sœur n'avait pas résisté à la lecture des préceptes
Que donne la Parole à Ses hommes sanctifiés, puis l'ambiance de fête
Fut noyée de ses larmes, dans le fond de son cœur, comme de Christ le sang,
Coulant sur Son linceul, baigna de gravité un simple vêtement...

Dans le soir qui s'approche, le ciel s'assombrit, mais plus encor, la sœur
Voit-elle s'avancer, en son âme, l'Étoile qui reluit, suscitant le bonheur !
Oui, la joue humide, en silence, elle ressent la paix de la maison de Dieu :
Après les soubresauts de la peine endormie, son regard à nouveau s'éclaire de tous feux !

C'est la lumière interne du temple, qui s'éveille, pour sa dédicace,
Ayant réuni frères et invité-e-s : soyons d'allégresse au combat, fidèles et pugnaces !
À chaque sainte convocation, ayons le bon zèle à venir, y servir, ne restant chez soi
Ou tout autre lieu de ce monde, mais en famille et avec tous, qu'on y communie dans la foi...

Dans la salle en prière, la révérence était de mise et la joie partagée !
Nous savions qu'un peu plus, la tête du serpent se verrait écrasée ;
La sœur avait mué en chant d'espoir ses pleurs, qui à nos esprits
Rappelant le précieux sacrifice, telle une onction, Ô Christ, libèrent des soucis.

Citation biblique (Psaumes 26 : 6-12 et 133 : 1-3) :
« Je lave mes mains dans l'innocence, Et je vais autour de Ton autel, Ô Éternel !
Pour éclater en actions de grâces, Et raconter toutes Tes merveilles.
Éternel ! j'aime le séjour de Ta maison, Le lieu où Ta gloire habite.
N'enlève pas mon âme avec les pécheurs, Ma vie avec les hommes de sang, Dont les mains sont criminelles Et la droite pleine de présents !
Moi, je marche dans l'intégrité ; Délivre-moi et aie pitié de moi !
Mon pied est ferme dans la droiture : je bénirai l'Éternel dans les assemblées. »

« Voici, oh! qu'il est agréable, qu'il est doux Pour des frères de demeurer ensemble !
C'est comme l'huile précieuse qui, répandue sur la tête, Descend sur la barbe, sur la barbe d'Aaron, qui descend sur le bord de ses vêtements.
C'est comme la rosée de l'Hermon, qui descend sur les montagnes de Sion ; Car c'est là que l'Éternel envoie la bénédiction, La vie, pour l'éternité. »

Honneur au Saint d'Israël !

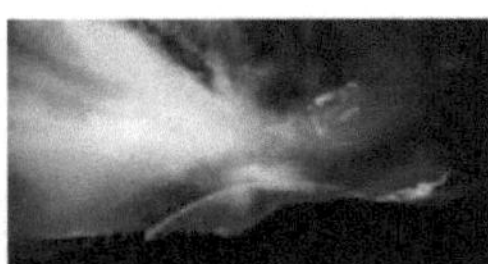   

## ♡♡♡ Le contraste éternel ♡♡♡

La blancheur dorée du Sinaï inonde les cœurs voués à Jésus,
Tandis que l'homme, à l'ombre, sommeille en sa misère !
Le feu sacré autour des danses, réjouit les enfants du salut,
Que ne sauraient aimer les fils du diable et de la chair...

L'infidèle, hélas, ne voit-il que par ses yeux de convoitise ? .../...

…/…
Le corps, dominant sur son être, lui impose ses appétits :
Ce qu'il reste de l'âme abjure les lois et bienfaits de l'Esprit ;
Il ne perçoit la sainteté de la Parole ainsi transmise.

Mais autour du feu, la douceur s'étend aux fidèles
Qui, célébrant, par psaumes et chants, le Dieu de lumière incarné,
Laissent se répandre l'amour et professent la vérité
À l'homme, de sa torpeur tiré par la louange à son oreille.

Hélas, l'impie demeure au sol : pour son malheur, il ne veut croire…
Les réjouissances à ses côtés, n'ont aucun parfum de saveur ;
Des flammes, zébrant le Ciel, il ne ressent pas la chaleur !
Or dans les hauteurs du Sinaï, les fils du Dieu vivant proclament la victoire.

Gloire au Sauveur du monde !

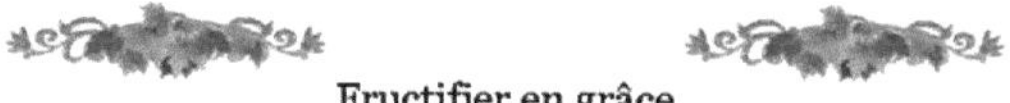

Fructifier en grâce

Je vis tel Benjamin, racheté de l'enfer, en rejeton béni,
Adulé de mes pairs, jalousé par mes frères, honni pour mes péchés d'autrefois,
Je demeure un membre d'Israël, tribu parmi les douze, héritier du grand Roi,
Mais voilà que gâtée, elle s'est corrompue, tournant à la folie.

La violence et la honte ont connu mes pensées, oui, vicié nos actes, hélas,
Dans l'irrespect de la dignité moindre, on a blessé sœurs, frères et violé le droit.
Ah ! Joseph le cadet, n'a-t-il été vendu, mené sous d'autres cieux, mais vainqueur par la foi…
Or malgré ses mérites, il a subi la peine et l'injustice amère… Moi, je frappe et menace !

Si je veux, je me sers et pourquoi s'en priver… ? Je réclame et saccage, sans retenue je prends.*
Oh ! Combien de croyants prétendus tels se meurent, en nous semblant debout, pour cause des péchés dont ils se gavent encor ;
Pour ma part, j'ai été châtié par le Très-Haut, qui par Ses fils m'a fait poursuivre et corriger : ne pouvant prendre femme, sauf la compassion que montra le Dieu fort,
À moins de Sa clémence, j'aurais perdu ma place au rang des saints élu-e-s et si ce n'est Sa grâce, que j'accueille à plaisir, j'étais mis à l'écart des noces et sacrements.

Toi qui m'écoutes, frère, ou qui lis ce poème, rappelle combien ma tribu s'entêta à laisser croître en elle ô vile turpitude, jusqu'à ma punition, qui coûta cher à tous :
Repens-toi de ces œuvres dont rougit tout honneur. Au troisième jour, la justice et la foi ont donné la victoire aux armées d'Israël, comme au tombeau du Christ
Tressaillirait la vie Qui vient nous relever. Alléluia ! mon frère, ô sœur qui te perdais
Par derrière la vigne : il te faut en sortir et servir vaillamment à la cause de l'église.
Par l'Esprit du Dieu Saint, honorons le rachat opéré à grand prix en faveur de nos âmes ; oui, dans la réjouissance, lavés de nos souillures, tels des gamins dans l'eau, donnons cours au partage et buvons à la source** !

Citations bibliques (Philippiens 2 : 3-8 et Marc 10 : 42-45 ; Genèse 12 : 1-3 ; Juges 1 : 15 ; 1 Timothée 6 : 6 et Apocalypse 21 : 5-7 ; Genèse 35 : 16-19 et 42 : 4 et43 : 28-31, 34 et 45 : 13-15, 22 ; Deutéronome 33 : 12 ; Psaume 68 : 27-30 ; Actes 13 : 20-23 ; Philippiens 3 : 4-8 ; Exode 23 : 20-22 ; Amos 7 : 2 ; Psaume 103 : 1-7 ; Jérémie 50 : 20 ; 1 Jean 1 : 9 ; Apocalypse 7 : 4-10 et non cités : Juges 1 : 21 et 20 : 3-48 ; Juges 21 : 1-23 ; 1 Samuel 9 : 16-17 et 21 ; Matthieu 18 : 35) : * « Ne faites rien par esprit de parti ou par vaine gloire, mais que l'humilité vous fasse regarder les autres comme étant au-dessus de vous-mêmes.
Que chacun de vous, au lieu de considérer ses propres intérêts, considère aussi ceux des autres.
…/…

…/…
Ayez en vous les sentiments qui étaient en Jésus-Christ, Lequel, existant en forme de Dieu, n'a point regardé comme une proie à arracher d'être égal avec Dieu, mais S'est dépouillé Lui-même, en prenant une forme de serviteur, en devenant semblable aux hommes ; et ayant paru comme un simple homme, Il S'est humilié Lui-même, Se rendant obéissant jusqu'à la mort, même jusqu'à la mort de la croix.
C'est pourquoi aussi Dieu L'a souverainement élevé, et Lui a donné le Nom Qui est au-dessus de tout nom, afin qu'au Nom de Jésus tout genou fléchisse dans les cieux, sur la terre et sous la terre < s'agenouillent tous les êtres célestes, terrestres et infernaux >, et que toute langue confesse que Jésus-Christ est Seigneur, à la gloire de Dieu le Père. »

« Jésus les appela, et leur dit : Vous savez que ceux qu'on regarde comme les chefs des nations < ceux qui sont réputés gouverner > les tyrannisent, et que les grands les dominent < usent d'autorité sur elles >.
Il n'en est pas de même au milieu de vous. Mais quiconque veut être grand parmi vous, qu'il soit votre serviteur ; et quiconque veut être le premier parmi vous, qu'il soit l'esclave de tous.
Car le Fils de l'homme est venu, non pour être servi, mais pour servir et donner Sa vie comme la rançon de plusieurs < en rançon pour beaucoup >. »

« L'Éternel dit à Abram : Va-t'en de ton pays, de ta patrie, et de la maison de ton père, dans le pays que Je te montrerai.
Je ferai de toi une grande nation, et Je te bénirai ; Je rendrai ton nom grand, et tu seras une source de bénédiction < pour d'autres >.
Je bénirai ceux qui te béniront, et Je maudirai ceux qui te maudiront ; et toutes les familles de la terre seront bénies en toi. »
« Elle lui répondit : Fais-moi un présent, car tu m'as donné une terre du midi ; donne-moi aussi des sources d'eau. Et Caleb lui donna les sources supérieures et les sources inférieures. »
** « C'est, en effet, une grande source de gain que la piété avec le contentement ; »

« Et Celui Qui était assis sur le trône dit : Voici, Je fais toutes choses nouvelles. Et Il dit : Écris ; car ces paroles sont certaines et véritables.
Et Il me dit : C'est fait ! Je suis l'alpha et l'oméga, le commencement et la fin. À celui qui a soif Je donnerai de la source de l'eau de la vie, gratuitement.
Celui qui vaincra héritera ces choses ; Je serai son Dieu, et il sera Mon fils. »

« Ils partirent de Béthel ; et il y avait encore une certaine distance jusqu'à Éphrata, lorsque Rachel accoucha. Elle eut un accouchement pénible ; et pendant les douleurs de l'enfantement, la sage-femme lui dit : Ne crains point, car tu as encore un fils !
Et comme elle allait rendre l'âme, car elle était mourante, elle lui donna le nom de Ben Oni < fils de ma douleur > ; mais le père l'appela Benjamin < fils de ma main droite, de la fortune >.
Rachel mourut, et elle fut enterrée sur le chemin d'Éphrata, qui est Bethléhem. »

« Jacob n'envoya point avec eux Benjamin, frère de Joseph, dans la crainte qu'il ne lui arrivât quelque malheur. »
« Ils répondirent : Ton serviteur, notre père, est en bonne santé ; il vit encore. Et ils s'inclinèrent et se prosternèrent. Joseph leva les yeux ; et, jetant un regard sur Benjamin, son frère, fils de sa mère, il dit : Est-ce là votre jeune frère, dont vous m'avez parlé ? Et il ajouta : Dieu te fasse miséricorde, mon fils ! Ses entrailles étaient émues pour son frère, et il avait besoin de pleurer ; il entra précipitamment dans une chambre, et il y pleura. Après s'être lavé le visage, il en sortit ; et, faisant des efforts pour se contenir, il dit : Servez à manger. »
« Joseph leur fit porter des mets qui étaient devant lui, et Benjamin en eut cinq fois plus que les autres. Ils burent, et s'égayèrent avec lui. »
« Racontez à mon père toute ma gloire en Égypte, et tout ce que vous avez vu ; et vous ferez descendre ici mon père au plus tôt. Il [Joseph] se jeta au cou de Benjamin, son frère, et pleura ; et Benjamin pleura sur son cou. Il embrassa aussi tous ses frères, en pleurant. Après quoi, ses frères s'entretinrent avec lui. Il leur donna à tous des vêtements de rechange, et il donna à Benjamin trois cents sicles d'argent et cinq vêtements de rechange. »

« Sur Benjamin il dit : C'est le bien-aimé de l'Éternel, Il habitera en sécurité auprès de lui ; L'Éternel le couvrira toujours, Et résidera entre ses épaules. »
« Bénissez Dieu dans les assemblées, Bénissez le Seigneur, descendants d'Israël !
Là sont Benjamin, le plus jeune, qui domine sur eux, Les chefs de Juda et leur troupe, Les chefs de Zabulon, les chefs de Nephthali. Ton Dieu ordonne que tu sois puissant ; Affermis, Ô Dieu, ce que Tu as fait pour nous ! De Ton temple Tu règnes sur Jérusalem ; Les rois T'apporteront des présents. […] » …/…

.../...

« Après cela, durant quatre cent cinquante ans environ, Il leur donna des juges, jusqu'au prophète Samuel. Ils demandèrent alors un roi. Et Dieu leur donna, pendant quarante ans, Saül, fils de Kis, de la tribu de Benjamin ; puis, l'ayant rejeté, Il leur suscita pour roi David, auquel Il a rendu ce témoignage : J'ai trouvé David, fils d'Isaï, homme selon Mon cœur, qui accomplira toutes Mes volontés. C'est de la postérité de David que Dieu, selon Sa promesse, a suscité à Israël un Sauveur, Qui est Jésus. »

« Moi aussi [Paul], cependant, j'aurais sujet de mettre ma confiance en la chair. Si quelque autre croit pouvoir se confier en la chair, je le puis bien davantage, moi, circoncis le huitième jour, de la race d'Israël, de la tribu de Benjamin, Hébreu né d'Hébreux ; quant à la loi, pharisien [...] Mais ces choses qui étaient pour moi des gains, je les ai regardées comme une perte, à cause de Christ. [...] je regarde [toutes choses] comme de la boue, afin de gagner Christ. »

« Voici, J'envoie un ange devant toi, pour te protéger en chemin, et pour te faire arriver au lieu que J'ai préparé. Tiens-toi sur tes gardes en sa présence, et écoute sa voix ; ne lui résiste point, parce qu'il ne pardonnera pas vos péchés, car Mon Nom est en lui.
Mais si tu écoutes sa voix, et si tu fais tout ce que je te dirai, Je serai l'ennemi de tes ennemis et l'adversaire de tes adversaires. »

« Je dis : Seigneur Éternel, pardonne donc! Comment Jacob subsistera-t-il ? Car il est si faible ! »

« Mon âme, bénis l'Éternel ! Que tout ce qui est en moi bénisse Son saint Nom !
Mon âme, bénis l'Éternel, Et n'oublie aucun de Ses bienfaits !
C'est Lui Qui pardonne toutes tes iniquités, Qui guérit toutes tes maladies ; [...]
L'Éternel fait justice, Il fait droit à tous les opprimés. Il a manifesté Ses voies à Moïse, Ses œuvres aux enfants d'Israël. »
« En ces jours, en ce temps-là, dit l'Éternel, On cherchera l'iniquité d'Israël, et elle n'existera plus, Le péché de Juda, et il ne se trouvera plus ; Car Je pardonnerai au reste que J'aurai laissé. »
« Si nous confessons nos péchés, Il [Jésus-Christ] est fidèle et juste pour nous les pardonner, et pour nous purifier de toute iniquité. »

« Et j'entendis le nombre de ceux qui avaient été marqués du sceau, cent quarante-quatre mille, de toutes les tribus des fils d'Israël : [...] de la tribu de Benjamin, douze mille marqués du sceau.
Après cela, je regardai, et voici, il y avait une grande foule, que personne ne pouvait compter, de toute nation, de toute tribu, de tout peuple, et de toute langue. Ils se tenaient devant le trône et devant l'Agneau, revêtus de robes blanches, et des palmes dans leurs mains.
Et ils criaient d'une voix forte, en disant : Le salut est à notre Dieu Qui est assis sur le trône, et à l'Agneau. »

Honneur au Saint Rédempteur d'Israël !

Bienvenue, homme de Dieu, te voici dans ton temple – puisses-tu y garder paix et joie de servir,
Y trouver à la grâce du Christ ce qu'il faut pour tenir bon le temps nécessaire, et grandir à Son image sainte,
Ô mon frère, qu'Il bénisse toi-même, famille et ministère et recevoir Lui seul l'écho de tes soucis, pourvoir à tous besoins et apaiser nos craintes...
Vois cette église vide en la désolation, la musique est trop forte et le péché constant ; l'Esprit est à la porte : il nous faut le saisir.

Je L'ai vu dans les cieux, le vent, certains regards, des actes et des prêches, la beauté des décors,
Il est encor là, reste et ne nous abandonne à l'ombre du silence, ni de l'hypocrisie – que dénonçait Jésus...
Ô gloire au seul Sauveur Qui mieux que nos richesses, amitiés et appuis, délivre un cœur contrit et donne le salut ! .../...

.../...
Qu'on ne vienne au saint lieu parader et servir, qu'on exhorte le faible et l'aide en vérité, que le péché recule et s'humilie le fort...
Pasteur, c'est ma prière : qu'ici ne soit ta croix ; pour un autre, elle le fut – cette église était autre or telle que devenue,
En vaudrait-elle la peine... Donc il te faut poursuivre ton ministère en grâce, prudent, ferme et fidèle, sans parti pris,
Mon frère, que tes autres enfants – de même nos églises – comblent ton ministère et qu'à cause de nous, tu ne cherches répit
Si ce n'est en Dieu seul, Qui des cieux nous regarde. Que chacun purifie ses voies et se repente, afin qu'un plus grand nombre communie dans la foi et soient de saints élu(e)s.

Citations bibliques (Matthieu 6 : 2-8, 16-18, 15 : 7, 22 : 18 ; Matthieu 23 : 13-15, 23, 25 et 27-39) :
« Lors donc que tu fais l'aumône, ne sonne pas de la trompette devant toi, comme font les hypocrites dans les synagogues et dans les rues, afin d'être glorifiés par les hommes. Je vous le dis en vérité, ils reçoivent leur récompense.
Mais quand tu fais l'aumône, que ta main gauche ne sache pas ce que fait ta droite,
afin que ton aumône se fasse en secret ; et ton Père, Qui voit dans le secret, te le rendra.
Lorsque vous priez, ne soyez pas comme les hypocrites, qui aiment à prier debout dans les synagogues et aux coins des rues, pour être vus des hommes. Je vous le dis en vérité, ils reçoivent leur récompense.
Mais quand tu pries, entre dans ta chambre, ferme ta porte, et prie ton Père Qui est là dans le lieu secret ; et ton Père, Qui voit dans le secret, te le rendra.
En priant, ne multipliez pas de vaines paroles, comme les païens, qui s'imaginent qu'à force de paroles ils seront exaucés. Ne leur ressemblez pas ; car votre Père sait de quoi vous avez besoin, avant que vous le Lui demandiez. [...]
Lorsque vous jeûnez, ne prenez pas un air triste, comme les hypocrites, qui se rendent le visage tout défait, pour montrer aux hommes qu'ils jeûnent. Je vous le dis en vérité, ils reçoivent leur récompense. Mais quand tu jeûnes, parfume ta tête et lave ton visage, afin de ne pas montrer aux hommes que tu jeûnes, mais à ton Père Qui est là dans le lieu secret ; et ton Père, Qui voit dans le secret, te le rendra. »

« Hypocrites, Ésaïe a bien prophétisé sur vous, quand il a dit :
Ce peuple M'honore des lèvres, Mais son cœur est éloigné de Moi.
C'est en vain qu'ils M'honorent, en enseignant des préceptes qui sont des commandements d'hommes. »

« Jésus, connaissant leur méchanceté, répondit : Pourquoi Me tentez-vous, hypocrites? »

« Quiconque s'élèvera sera abaissé, et quiconque s'abaissera sera élevé.
Malheur à vous, scribes et pharisiens hypocrites ! parce que vous fermez aux hommes le royaume des cieux ; vous n'y entrez pas vous-mêmes, et vous n'y laissez pas entrer ceux qui veulent entrer.
Malheur à vous, scribes et pharisiens hypocrites ! parce que vous dévorez les maisons des veuves, et que vous faites pour l'apparence de longues prières ; à cause de cela, vous serez jugés plus sévèrement.
Malheur à vous, scribes et pharisiens hypocrites ! parce que vous courez la mer et la terre pour faire un prosélyte ; et, quand il l'est devenu, vous en faites un fils de la géhenne deux fois plus que vous. [...] »

« Malheur à vous, scribes et pharisiens hypocrites ! parce que vous payez la dîme de la menthe, de l'aneth et du cumin, et que vous laissez ce qui est plus important dans la loi, la justice, la miséricorde et la fidélité : c'est là ce qu'il fallait pratiquer, sans négliger les autres choses.
Malheur à vous, scribes et pharisiens hypocrites ! parce que vous nettoyez le dehors de la coupe et du plat, et qu'au-dedans ils sont pleins de rapine et d'intempérance.
Malheur à vous, scribes et pharisiens hypocrites ! parce que vous ressemblez à des sépulcres blanchis, qui paraissent beaux au dehors, et qui, au dedans, sont pleins d'ossements de morts et de toute espèce d'impuretés.
Vous de même, au dehors, vous paraissez justes aux hommes, mais, au-dedans, vous êtes pleins d'hypocrisie et d'iniquité.
Malheur à vous, scribes et pharisiens hypocrites ! parce que vous bâtissez les tombeaux des prophètes et ornez les sépulcres des justes,
et que vous dites : Si nous avions vécu du temps de nos pères, nous ne nous serions pas joints à eux pour répandre le sang des prophètes.
Vous témoignez ainsi contre vous-mêmes que vous êtes les fils de ceux qui ont tué les prophètes. .../...

.../...
Comblez donc la mesure de vos pères. Serpents, race de vipères ! comment échapperez-vous au châtiment de la géhenne ?
C'est pourquoi, voici, Je vous envoie des prophètes, des sages et des scribes. Vous tuerez et crucifierez les uns, vous battrez de verges les autres dans vos synagogues, et vous les persécuterez de ville en ville, afin que retombe sur vous tout le sang innocent répandu sur la terre, depuis le sang d'Abel le juste jusqu'au sang de Zacharie, fils de Barachie, que vous avez tué entre le temple et l'autel.
Je vous le dis en vérité, tout cela retombera sur cette génération.
Jérusalem, Jérusalem, qui tues les prophètes et qui lapides ceux qui te sont envoyés, combien de fois ai-Je voulu rassembler tes enfants, comme une poule rassemble ses poussins sous ses ailes, et vous ne l'avez pas voulu !
Voici, votre maison vous sera laissée déserte ;
car, Je vous le dis, vous ne Me verrez plus désormais, jusqu'à ce que vous disiez : Béni soit Celui Qui vient au Nom du Seigneur ! »

Que le Nom du Tout-Puissant soit exalté !

La ressource est en Toi

Quand le fardeau pour moi s'avère enfin trop lourd –
Et que Dieu me pardonne : voyez-vous d'être mère
Est ma plus grande épreuve et un bonheur d'amour –
Je me console, songeant que je ne savais pas, mais Toi, céleste Père...

Oui, omniscient Seigneur, Maître de l'univers et Rédempteur du monde, Tu connaissais
De l'homme tout le mal et l'horreur, à quel point nos offenses, ô combien le péché
Avaient terni l'image de Ta présence en nous et Ton projet béni : pour l'exemple, s'il Te plaît,
Conduis-moi à saisir comment pour quoi, Bon Créateur, Tu nous as tant aimés...

Alors que je supporte les humeurs de chacun et veille à maintenir ce foyer dans la paix,
En l'heureuse observance de Ta Sainte Parole, il me tarde, Ô Jésus, Frère
Et Roi serviteur, que Tu reviennes afin qu'en Ton juste repos, je savoure à jamais
Ta grâce inqualifiable... Or s'il faut poursuivre en Ton œuvre ma route, que je Te laisse faire.

Amen. Maranatha < Ainsi soit-il. Le Seigneur Jésus revient bientôt > !

Tout pour et par le Ciel...

L'Ancien, poursuis ton œuvre – aux laïcs l'avenir !
Mais à toujours honore le pasteur, l'oint, le Chef,
Que ton zèle seconde en toute humilité, avec le feu – dois-je dire –
De la vérité claire, au service du Roi que seul nos cœurs élèvent.
L'enseignant, prie, écoute, ô docteur de la Loi, assemble les disciples .../...

…/…
Au Ciel, sois connecté, afin que la Parole s'exprime à travers toi ;
De péché, de justice convaincs, glorifiant par l'Esprit et le cœur, le Roi des rois –
Jésus reste l'unique Maître et que nulle doctrine n'égare Ses sujets : sois ferme et disponible.

Ô le diacre, sois bon, joyeux de servir, car plurielle est la tâche que te confie la Bible :
Tu nourriras nos âmes, entouré par les femmes, les jeunes et quiconque veut bien fortifier tes rangs ;
Secours le vieux, le faible et rassurant l'enfant, guide-les vers le temple, que tu rends accueillant
Par ta main inlassable, ta créativité et ton art de servir, qui pourvoient à nos manques – sachons t'être sensibles…

En ton département, ami(e), montre l'exemple honorant la Parole – Ô le Dieu Qui nous voit et comble dans Sa grâce,
Exauçant ta prière, t'enseignera comment porter bon fruit, en Sa saison et les multiplier, l'église satisfaire
En Son Nom, pour Sa gloire… Apôtre, viens bâtir, souffre en ton ministère de quelque ingratitude et pose en Christ la pierre
De nobles fondations, réalise l'ouvrage matériel, l'édifice – invisible, si ce n'est par la foi – pour lequel Dieu t'envoie, puis l'ayant fait, t'efface.

Comme Philippe, ami(e-s), acceptons bien d'agir aidant tel à comprendre, posant des actes pieux, s'adonnant à la tâche
Avec force et amour, mais au premier plan manifestons le Christ, Qui seul nous qualifie et récolte en partage à Ses heureux convives, dont tu es comme tous, si nous le désirons… Hélas, on court les rues, perd nos talents et se refuse, par nos fantaisies maladives,
À s'interrompre et méditer même en œuvrant au quotidien, à venir au banquet de fêtes en ayant réservé sa place, à croire et grandir sans relâche…

Évangéliste, prends bien garde : un autre convoite le feu qui t'anime et veut t'abuser. Par la tentation ne trébuche, mais marchons droit,
Debout dans le chemin qui nous conduit par la lumière à l'éternelle joie et paix de la Cité que ton cœur vante et va rejoindre… Ô sois parfait,
Tel mon Père céleste et ton juge, ah ! ne caressons le péché, mais qu'à travers nous, soit l'image à chérir du Dieu Qui appelle tous sans rejet.
Toi Qui naquis dans l'assemblée mais gagne à vraiment Le connaître, autant que le pécheur trompé par les faux conducteurs, l'impie ayant du vice fait se loi, ami tous croissons avec foi !

Berger, sois pur, nourris Son peuple – à l'instar du Maître éternel qui nous conduit aux pâturages, protège et sustente à plaisir. Montre-nous dévotion, efforts avant la fête,
Demeurant aimant et impartial, sur la discipline intraitable et si tu gardes le secret d'une tare à vite combler, abstiens-toi d'accorder l'honneur et le fardeau d'un ministère
Au pécheur que tu suis, mon frère, résiste aux pressions et chantage ; ô prêche claire vérité, pense à encourager les pauvre et visiter les affligés. Et que la vie d'église ne fasse de l'enfer
Par quelque indifférence, mensonges et déceptions, les damnés que nous sommes – toutefois en Jésus rachetés pour l'Eden. Voici, je t'ai donné le message – qu'on l'écoute, obéisse – de quelle autorité au sein du Corps de Christ ? Celle de l'Éternel, dont je suis le prophète !

Citations bibliques (1 Corinthiens 12 : 1-31 et 13 : 1-3, 12-13 ; Colossiens 3 : 1-17) :
« Pour ce qui concerne les dons spirituels, je ne veux pas, frères, que vous soyez dans l'ignorance. Vous savez que, lorsque vous étiez païens, vous vous laissiez entraîner vers les idoles muettes, selon que vous étiez conduits.
C'est pourquoi je vous déclare que nul, s'il parle par l'Esprit de Dieu, ne dit : Jésus est anathème < maudit > ! et que nul ne peut dire : Jésus est le Seigneur ! si ce n'est par le Saint Esprit.
Il y a diversité de dons, mais le même Esprit ; diversité de ministères, mais le même Seigneur ;
diversité d'opérations, mais le même Dieu Qui opère tout en tous.
Or, à chacun la manifestation de l'Esprit est donnée pour l'utilité commune < le bien de tous >. […] …/…

.../...
Un seul et même Esprit opère toutes ces choses, les distribuant à chacun en particulier comme Il veut.
Car, comme le corps est un et a plusieurs membres, et comme tous les membres du corps, malgré leur nombre, ne forment qu'un seul corps, ainsi en est-il de Christ.
Nous avons tous, en effet, été baptisés dans un seul Esprit, pour former un seul corps, soit Juifs, soit Grecs, soit esclaves, soit libres, et nous avons tous été abreuvés d'un seul Esprit.
Ainsi le corps n'est pas un seul membre, mais il est formé de plusieurs membres.
Si le pied disait : Parce que je ne suis pas une main, je ne suis pas du corps - ne serait-il pas du corps pour cela ?
Et si l'oreille disait : Parce que je ne suis pas un œil, je ne suis pas du corps, - ne serait-elle pas du corps pour cela ? Si tout le corps était œil, où serait l'ouïe ? S'il était tout ouïe, où serait l'odorat ?
Maintenant Dieu a placé chacun des membres dans le corps comme Il a voulu.
Si tous étaient un seul membre, où serait le corps ? Maintenant donc il y a plusieurs membres, et un seul corps.
L'œil ne peut pas dire à la main : Je n'ai pas besoin de toi ; ni la tête dire aux pieds : Je n'ai pas besoin de vous.
Mais bien plutôt, les membres du corps qui paraissent être les plus faibles sont nécessaires ;
et ceux que nous estimons être les moins honorables du corps, nous les entourons d'un plus grand honneur.
Ainsi nos membres les moins honnêtes reçoivent le plus d'honneur,
tandis que ceux qui sont honnêtes n'en ont pas besoin. Dieu a disposé le corps de manière à donner plus d'honneur à ce qui en manquait, afin qu'il n'y ait pas de division dans le corps, mais que les membres aient également soin les uns des autres.
Et si un membre souffre, tous les membres souffrent avec lui ; si un membre est honoré, tous les membres se réjouissent avec lui.
Vous êtes le corps de Christ, et vous êtes ses membres, chacun pour sa part.
Et Dieu a établi dans l'Église premièrement des apôtres, secondement des prophètes, troisièmement des docteurs, ensuite ceux qui ont le don des miracles, puis ceux qui ont les dons de guérir, de secourir, de gouverner, de parler diverses langues.
Aspirez aux dons les meilleurs. Et je vais encore vous montrer une voie par excellence.
Quand je parlerais les langues des hommes et des anges, si je n'ai pas la charité, je suis un airain qui résonne, ou une cymbale qui retentit.
Et quand j'aurais le don de prophétie, la science de tous les mystères et toute la connaissance, quand j'aurais même toute la foi jusqu'à transporter des montagnes, si je n'ai pas la charité, je ne suis rien.
Et quand je distribuerais tous mes biens pour la nourriture des pauvres, quand je livrerais même mon corps pour être brûlé, si je n'ai pas la charité, cela ne me sert de rien. [...]
Car nous voyons maintenant au travers d'un verre < miroir >, obscurément, mais alors nous verrons face à face ; maintenant je connais en partie, mais alors je connaîtrai à fond comme aussi j'ai été connu.
Or maintenant ces trois choses demeurent : la foi, l'espérance, l'amour ; mais la plus grande de ces choses, c'est l'amour. »

« Si donc vous êtes ressuscités avec Christ, cherchez les choses d'en-Haut, où Christ est assis à la droite de Dieu.
Affectionnez-vous aux choses d'en-Haut, et non à celles qui sont sur la terre.
Car vous êtes morts, et votre vie est cachée avec Christ en Dieu.
Quand Christ, votre vie, paraîtra, alors vous paraîtrez aussi avec Lui dans la gloire.
Faites donc mourir les membres qui sont sur la terre, l'impudicité < inconduite, immoralité sexuelle >, l'impureté, les passions, les mauvais désirs, et la cupidité < avarice, soif de posséder >, qui est une idolâtrie.
C'est à cause de ces choses que la colère de Dieu vient sur les fils de la rébellion < hommes désobéissants >, parmi lesquels vous marchiez autrefois, lorsque vous viviez dans ces péchés.
Mais maintenant, renoncez à toutes ces choses, à la colère, à l'animosité < irritation>, à la méchanceté, à la calomnie < médisance >, aux paroles déshonnêtes < grossièretés > qui pourraient sortir de votre bouche.
Ne mentez pas les uns aux autres, vous étant dépouillés du vieil homme < que vous étiez autrefois > et de ses œuvres < manières d'agir >, et ayant revêtu l'homme nouveau, qui se renouvelle, dans la connaissance, selon l'image de Celui Qui l'a créé.
Il n'y a ici ni Grec ni Juif, ni circoncis ni incirconcis, ni barbare ni Scythe, ni esclave ni libre ; mais Christ est tout et en tous.
Ainsi donc, comme des élus de Dieu, saints et bien-aimés, revêtez-vous d'entrailles de miséricorde < sentiments de compassion >, de bonté < d'ardente bienveillance >, d'humilité, de douceur, de patience.
Supportez-vous les uns les autres, et, si l'un a sujet de se plaindre de l'autre, pardonnez-vous réciproquement. De même que Christ vous a pardonné, pardonnez-vous aussi.
Mais par-dessus toutes ces choses revêtez-vous de la charité < l'amour >, qui est le lien de la perfection.
.../...

.../...
Et que la paix de Christ, à laquelle vous avez été appelés pour former un seul corps, règne dans vos cœurs. Et soyez reconnaissants.
Que la parole de Christ habite parmi vous abondamment ; instruisez-vous et exhortez-vous les uns les autres en toute sagesse, par des psaumes, par des hymnes, par des cantiques spirituels, chantant à Dieu dans vos cœurs sous l'inspiration de la grâce.
Et quoi que vous fassiez, en parole ou en œuvre, faites tout au Nom du Seigneur Jésus, en rendant par Lui des actions de grâces < exprimant par Lui votre reconnaissance > à Dieu le Père. »

Honneur à l'Éternel !

## Défauts et tolérance...

Un jeune homme voulait que son épouse et sœur en Christ s'habillât, se chaussât et même se coiffât selon sa convenance :
Elle accepta de mettre les tenues qu'il choisit, soucieuse de lui plaire et s'adaptant au mieux à ses nouveaux costumes,
Recevant compliments de lui et à l'entour, la semaine durant, se trouvant à son goût, plus fringante au travail, selon bonne coutume.
Certes, l'image compte – élégante et correcte, elle inspire confiance ; on n'en doit rester là : en Christ elle ne vaut pieuse obéissance.

Vint un jour de sabbat, rejoignant sa chorale, elle voulut porter le pagne et le foulard prévus à cet effet,
Or Monsieur s'en plaignit, d'un regard dédaigneux considérant sa femme, qu'il ne jugea coquette assez pour la sortir,
Négligée, vieillissante ou bien que sais-je encor... Il eut mine attachée sur le chemin du temple et ne put s'en réjouir.
Écoute, petit prince, aujourd'hui, disait-elle, qu'agir selon l'Esprit dans le Corps de l'Église soit la priorité, comprends-le, c'est mon souhait.

Je continue ma route, acceptant tes conseils, tant qu'ils sont inspirés, mais le Christ est mon Chef, qu'Il demeure le tien... Veille à la sainteté,
Dans la douce harmonie, bien plus qu'à l'apparence et ne laisse fantasmes attrister mon esprit : Jésus m'a libérée ! Puissions-nous Le servir à l'aise,
Ô petit ange, il nous faut exister dans la paix et l'amour, pour le temps qu'il nous reste, vivre heureux en disciples et qu'il ne t'en déplaise,
Accepter de saisir ce qui nous semble étrange, en relativisant nos écarts de valeurs... L'essentiel est commun, qui nous unit au Ciel – notre Yahvé-Jiré...

Gloire au Seigneur !

P.S. : Même inspirée de faits réels, cette composition ne présente pas de portée autobiographique.

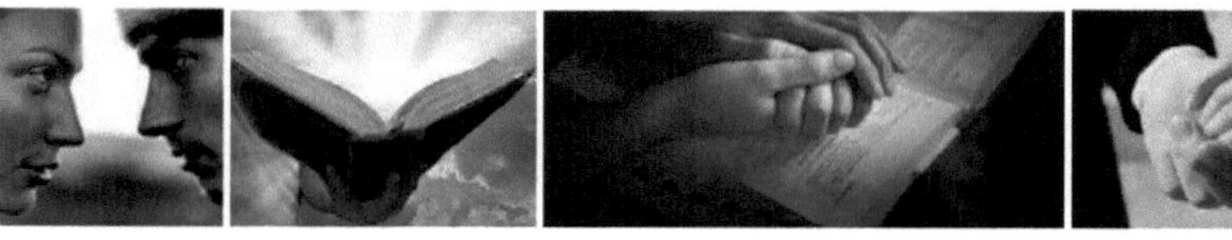

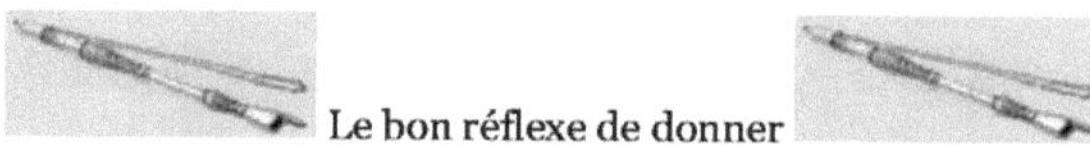

## Le bon réflexe de donner

Une chemise à trous pour modeste parure et deux bras de culotte à peine couvraient son corps –
Ce petit corps d'enfant, amaigri par la faim, n'a pas su retenir sa joie ni ses efforts,
Lorsqu'il s'est agi de venir m'accueillir au parvis de l'église avec un doux sourire et les bras grands ouverts...
Alors je n'ai pas vu son habit misérable, ni la fine semelle de ses souliers aux pieds recouverts de poussière,
Mais j'ai saisi la fleur qu'il tendait à ma main.
Habitués à souffrir, son ventre ne quémande un geste alimentaire, ni sa joue la tendresse or si l'Esprit de Dieu vous étreint,
Sœur ou Frère, si tu laisses la grâce adoucir ton cœur d'Homme,
Ne confesseras-tu que tes bontés diverses envers ce malheureux – comme ces mots d'amour au jour de ton baptême, sont part de ton destin...

Gloire au Seigneur !

Citation biblique (Matthieu 25 : 31-46 dont extrait ci-après) : « Lorsque le Fils de l'homme [Jésus-Christ] viendra dans Sa gloire, avec tous les anges, Il S'assiéra sur le trône de Sa gloire.
Toutes les nations seront assemblées devant Lui. Il séparera les uns d'avec les autres, comme le berger sépare les brebis d'avec les boucs ; et Il mettra les brebis à Sa droite, et les boucs à Sa gauche.
Alors le roi dira à ceux qui seront à Sa droite : Venez, vous qui êtes bénis de Mon Père ; prenez possession du royaume qui vous a été préparé dès la fondation du monde. Car J'ai eu faim, et vous M'avez donné à manger ; J'ai eu soif, et vous M'avez donné à boire; J'étais étranger, et vous M'avez recueilli ; J'étais nu, et vous M'avez vêtu ; j'étais malade, et vous M'avez visité ; J'étais en prison, et vous êtes venus vers Moi.
Les justes Lui répondront : Seigneur, quand T'avons-nous vu avoir faim, et T'avons-nous donné à manger ; ou avoir soif, et T'avons-nous donné à boire ? Quand T'avons-nous vu étranger, et T'avons-nous recueilli ; ou nu, et T'avons-nous vêtu ? Quand T'avons-nous vu malade, ou en prison, et sommes-nous allés vers Toi ? Et le roi leur répondra : Je vous le dis en vérité, toutes les fois que vous avez fait ces choses à l'un de ces plus petits de Mes frères, c'est à Moi que vous les avez faites. »

## Métaphore christique

Mieux que tous prophètes en ce monde, Il a su révéler le salut – qu'Il incarne
Dévoilant aux hommes de Son juste Nom le pouvoir et la générosité d'âme !
Ô Jésus, annoncé par toutes Écritures, Tu viens présent en nous
Vivifier Ta Parole or Ce Verbe créa les êtres et les juges qui devraient à Tes pieds, se tenir à genoux...

Ô Jésus, sanctifié par cette adoration qu'au Père, Tu as vouée
En toute circonstance, je rends grâce à Ton sang comme à la déité !
Christ – le plus attachant personnage, Ô si charismatique, Tu laissas à nos cœurs
L'immarcescible empreinte d'un Fils venu du Ciel en montrer les couleurs...
Mieux que tous les génies, les héros ou grands hommes, Emmanuel, Tu demeures
Dans l'entier univers et la fuite des temps, le flambeau retrouvé d'un éternel bonheur !
*Amen.*

 Non tel un renégat, mais David repenti, portant sa croix en gloire... 

Au culte, ce sabbat, j'avais encor le choix : sur le chemin du temple, je suis venue moi-même avec mon bien-aimé,
Laissant chez eux parents, ami(e)s et connaissances que Son œuvre indiffère ou qui plutôt vaquent à toute autre activité...
Du regard qui viendrait de quelque extraterrestre, d'un ange ou de Dieu même, n'est-il vrai, frères, hélas, à cause du péché,
Que l'Homme aime asservir son semblable et méprise à plaisir, le plus faible que soi : ne voulons-nous changer...

Pardon pour n'avoir pas mené jusqu'à Ta grâce ces hommes et ces femmes, des enfants quelquefois, qu'on bénit à la hâte, sans étudier ensemble, sans méditer vraiment Ta Parole de vie
Du fond de notre cœur, pardon pour les talents qu'on a enfouis trop tôt, si loin des floraisons que Ta bonté accorde et fait jaillir de nous. Farniente et égoïsme, négligence à Ta cause ont retardé, hélas, le retour du Messie ;
Toutefois il arrive au temps fixé, Il vient suspendre dans les nuées l'armée céleste et prendre en appelant à monter Son Église : L'y suivrez-vous, ami(e)s ?
Accepte-t-on qu'Il brise de Sa main, cette chaîne qui nous semblait sans fin lier notre âme à l'enfer... ? Mais le Christ a paru, miraculeux, intègre en Son saint ministère – de Sa naissance étrange à Sa résurrection, suivant le Sacrifice : gloire au divin Rabbi !

Partageons le bonheur d'en savoir la Nouvelle, bien-aimé(e)s, que le jour, louange, intégrité, travail et savoir-vivre manifestent la foi, qu'en la nuit, nos douceurs, la paix de nos prières
Par la grâce de Dieu, expriment plus que les mots, un vivant témoignage de l'Esprit du Très-Haut œuvrant dans notre cœur... Je laisserai mes biens, beaucoup de relations, tous les maux et soucis sur cette vaine terre,
Qui chancelle, en péril, pour avoir rejeté Christ – Sa pierre angulaire, Ô le Saint d'Israël... Or ma seule richesse, au fond du caractère, est bien l'Esprit scellant l'alliance en Yeshua unissant l'Éternel aux élu(e)s repenti(e)s : bienvenue, sœurs et frères...
J'ai eu le regard vide, le cœur lourd et du vague à l'âme en apprenant que Dieu plus vite aurait repris Son héritage, au Ciel de nos vœux transporté, si d'aucuns ne tenaient captifs l'Évangile de liberté... Mais la puissance de l'amour répand à l'entour sa lumière !

Ainsi le roi Saül, hélas, ne fit-il œuvre de sacrificateur, comme agirait Ozias, et pécha contre Dieu... Car plutôt que se rendre au saint lieu indiqué
Puis prier patiemment que s'accomplisse alors la perfection céleste, il n'en fit qu'à sa guise et perdit son onction : ne vit-il échapper sa gloire, la royauté,
Enfin sa propre vie après celle d'un fils, à cause de l'orgueil et la mondanité... Sachons au mieux, disciples béni-e-s du Seigneur, à l'obéissance et la piété
Soumettre nos paroles, tous actes et nos moindres pensées, par la grâce du Christ en chaque être opérant, selon qu'on s'y dispose : viens, Yahvé-Jiré !

Que Ta Lumière abonde, « pour le juste semée » comme affirme le psaume*... Ah ! Qu'il est bon de vivre avec le cœur de Dieu, sur les pas victorieux de l'arche qui demeure –
Non pas celle visible au lieu saint attachée et qu'on croit déplacer pour servir nos plans d'hommes et perdre le combat, mais le vivant symbole en Christ du vrai bonheur,
Qui consiste à laisser la vie, telle accordée au bon vouloir du Ciel, régner dans l'univers – d'abord en toi et moi, isolément dévoué.e.s à Sa magnificence, en d'autres qu'Il appelle et de l'être intérieur
Transforme à volonté, pour irradier autour d'un mystérieux éclat... En tisons que Jésus dut arracher des flammes, brûlons du feu de Dieu et sauvé(e)s de l'enfer, goûtons un plein salut : qu'embaument Ses saveurs.

Citations bibliques (Zacharie 3 : 1-8 ; Apocalypse 11 : 15-19 ; Psaume 132 : 7-9 ; et non cité :
.../...

.../...
* Psaume 97 : 11 ; Hébreux 6 : 1-12 ; 1 Pierre 2 : 1-6 ; 1 Samuel 3 à 7) : « Il me fit voir Josué, le souverain sacrificateur, debout devant l'ange de l'Éternel, et Satan qui se tenait à sa droite pour l'accuser. L'Éternel dit à Satan : Que l'Éternel te réprime, Satan ! que l'Éternel te réprime, Lui Qui a choisi Jérusalem ! N'est-ce pas là un tison arraché du feu ?
Or Josué était couvert de vêtements sales, et il se tenait debout devant l'ange.
L'ange, prenant la parole, dit à ceux qui étaient devant lui : Ôtez-lui les vêtements sales ! Puis Il dit à Josué : Vois, Je t'enlève ton iniquité < ta faute >, et Je te revêts d'habits de fête.
Je dis : Qu'on mette sur sa tête un turban pur ! Et ils mirent un turban pur < une tiare nette > sur sa tête, et ils lui mirent des vêtements. L'ange de l'Éternel était là.
L'ange de l'Éternel fit à Josué < Jéhosuah, [*type* annonçant Jésus-Christ]> cette déclaration : Ainsi parle l'Éternel des armées : Si tu marches dans Mes voies et si tu observes Mes ordres, tu jugeras Ma maison et tu garderas Mes parvis, et Je te donnerai libre accès parmi ceux qui sont ici.
Écoute donc, Josué < Joshua >, souverain sacrificateur, toi et tes compagnons qui sont assis devant toi ! car ce sont des hommes qui serviront de signes. Voici, Je ferai venir mon serviteur, le germe. »

« Le septième ange sonna de la trompette. Et il y eut dans le ciel de fortes voix qui disaient : Le royaume du monde est remis à notre Seigneur et à Son Christ ; et Il régnera aux siècles des siècles. Et les vingt-quatre vieillards, qui étaient assis devant Dieu sur leurs trônes, se prosternèrent sur leurs faces, et ils adorèrent Dieu, en disant : Nous Te rendons grâces, Seigneur Dieu Tout-Puissant, Qui es, et Qui étais, de ce que Tu as saisi Ta grande puissance et pris possession de Ton règne.
Les nations se sont irritées ; et Ta colère est venue, et le temps est venu de juger les morts, de récompenser Tes serviteurs les prophètes, les saints et ceux qui craignent Ton Nom, les petits et les grands, et de détruire ceux qui détruisent la terre.
Et le temple de Dieu dans le ciel fut ouvert, et l'arche de Son alliance apparut dans Son temple. Et il y eut des éclairs, des voix, des tonnerres, un tremblement de terre, et une forte grêle. »

« Allons à Sa demeure, Prosternons-nous devant Son marchepied !...
Lève-toi, Éternel, viens à Ton lieu de repos, Toi et l'arche de Ta majesté !
Que Tes sacrificateurs soient revêtus de justice, Et que Tes fidèles poussent des cris de joie ! »

Louange au divin Berger !

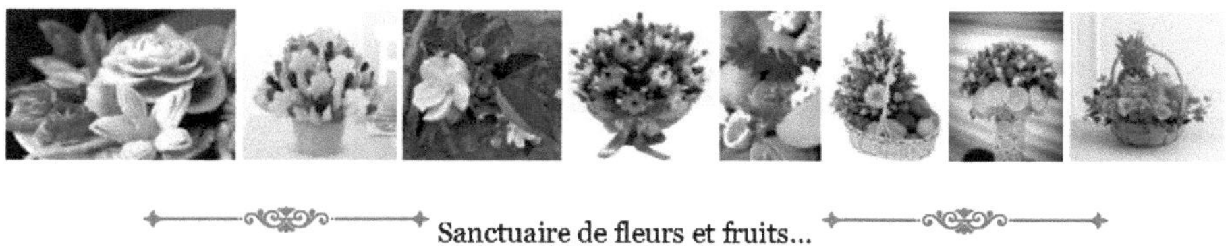

Sanctuaire de fleurs et fruits...

Dans la fraîcheur bleu nuit des firmaments d'Afrique,
Se profile, immuable, la courbe des palmiers :
Par de légers nuages à peine agrémenté,
L'azur se donne à voir en des clichés lyriques...

Trois fois merci à Toi pour ce sabbat de fête,
Où mon cœur en survol a mesuré l'éclat
De la création encor à Ton service ! Ô de tous Père et Roi,
Tu imprègnes les lieux, transcendes les époques et inspires les êtres.

Par la saveur bleu clair des rivages inondés,
Mon palais s'est réjoui d'en ressentir le sel,
Humant à pleine gorge les embruns du ciel,
Dans un concert de flots scintillants et galbés.
.../...

.../...
Car chaque ondulation de la vague assoupie
Succède à la levée d'écume frémissante,
À l'instant où la nue amorce sa descente,
Ayant voilé, un temps, le soleil de midi.

Ô Trois fois Saint, Ton Nom règne,
Á travers le monde, Ta grâce nous submerge de bontés infinies !
Prosterné(e) devant le théâtre de la nature en pleine vie,
Je songe au Crucifié, Qui S'est offert et saigne...

Dans Son âpre supplice, Ìl a vu l'astre d'or se couvrir
De ténèbres, soutenant par Sa main celles qui L'ont brisé !
C'est en Son sang que nos esprits, par miracle régénérés,
Portent vers Dieu, au sommet de la Croix, leurs projets et désirs.

Gloire au Seigneur !

 Quand le drame se répète... 

C'est l'histoire d'un jeune homme qui jamais, ô mes sœurs,
Avis pour vous, Messieurs ! n'a pu se contrôler :
Grand juge en Ìsraël, fort et né d'un miracle, or pécheur
Malgré tout et ami de la chair, sensible aux belles dames en particulier.

Samson a tant reçu – des parents pleins de foi, de bonnes traditions
Une fière mission avant sa conception et plus que suffisantes
Ressources à sa fonction dévolue par son Dieu : honneur au Roi de Sion
Qui le gratifiait par Son Esprit de force et le fit triompher d'aventures haletantes !

Mais la vie n'est qu'un jeu et les règles sont rudes... Ô tant qu'il s'arrimait au Rocher*,
Le bonhomme en héros s'en tirait vaillamment, brisant ses ennemis et inondé de gloire !
Malgré la solitude et toute adversité, il s'abreuvait de grâce, mais n'aurait jamais dû au monde se fier,
Car demeurant fidèle à son vœu de nazir, il restait invincible et son parcours défiant l'adversaire, était fait d'exploits et victoires...

Ìl eut commerce avec une femme païenne et voluptueusement se corrompit dans l'antre du péché de luxure
Et de fornication, ayant prostitué son être et s'attachant au charme de ces dames aimant fards et parfums, bijoux, riches étoffes et ce qui plaît aux sens,
À n'importe quel coût – fût-ce au prix de la vie de l'homme dont hier, on partageait la couche, on le livre aujourd'hui et le trahira au mépris de la décence...
L'amour d'un temps n'est qu'apparence ; tel(le) va privilégier le gain personnel, le profit : à quoi s'attendre, hélas, entre faibles et selon les feux de la nature...

Tel par passion renonce à sa propre devise et brade sa personne auprès de qui ne vaut la moindre confiance et en donna des signes
Or "l'amour est aveugle", s'il n'est en Christ guidé et coûtera la vue à qui s'est répandu en perte de ses nuits et jours de vanité auprès de Babylone :
Croyant trouver la paix, le bonheur ici-bas, choyant sa promise qui se jouerait de lui, le héros sombrerait avec tout l'édifice, comme la réputation de brillants hommes
S'effondre avec l'entier système de nos valeurs confuses... Voyez, des pulsions et vices incontrôlés déciment familles dans la honte, brisent bien des carrières : cèdera-t-on à ces passions assassines ?
.../...

…/…
Citations bibliques (Psaume 18 : 2-3 ; 1 Corinthiens 6 : 14-20 ; Nombres 6 : 2-8 ; Juges 15 : 6-8 ; Psaumes 28 : 8 et 62 : 6-9; 1 Corinthiens 10 : 1-6 ; Psaume 92 : 8-16 et 31 : 4-6 ; Ésaïe 26 : 3-4 ; et non cités : Exode 17 : 1-7 et 33 : 11-23 ; Nombres 20 : 2-13 ; 2 Samuel 22 : 1-4, 47 ; Ésaïe 48 : 20-22 ; Romains 9 : 30-33 ; Deutéronome 32 : 1-46 ; Psaumes 73 : 26 et 95 : 1-2) : « Je T'aime, Ô Eternel, ma force ! [...] ma forteresse, mon libérateur ! Mon Dieu, mon rocher, où je trouve un abri ! Mon bouclier, la force qui me sauve, ma haute retraite ! »
« Et Dieu, Qui a ressuscité le Seigneur, nous ressuscitera aussi par Sa puissance.
Ne savez-vous pas que vos corps sont des membres de Christ ? Prendrai-je donc les membres de Christ, pour en faire les membres d'une prostituée ? Loin de là ! Ne savez-vous pas que celui qui s'attache à la prostituée est un seul corps avec elle ? Car, est-il dit, les deux deviendront une seule chair.
Mais celui qui s'attache au Seigneur est avec Lui un seul esprit. Fuyez l'impudicité < l'inconduite sexuelle >. Quelque autre péché qu'un homme commette, ce péché est hors du corps ; mais celui qui se livre à l'impudicité < la débauche > pèche contre son propre corps. Ne savez-vous pas que votre corps est le temple du Saint-Esprit Qui est en vous, Que vous avez reçu de Dieu, et que vous ne vous appartenez point à vous-mêmes ? Car vous avez été rachetés à un grand prix. Glorifiez donc Dieu dans votre corps et dans votre esprit, qui appartiennent à Dieu. »
« L'Éternel parla à Moïse, et dit : Parle aux enfants d'Ísraël, et tu leur diras : Lorsqu'un homme ou une femme se séparera des autres en faisant vœu de naziréat, pour se consacrer à l'Éternel, il s'abstiendra de vin et de boisson enivrante ; [...] Pendant tout le temps de son naziréat, le rasoir ne passera point sur sa tête ; [...] il sera saint, [...] il ne se souillera point [...] Pendant tout le temps de son naziréat, il sera consacré à l'Éternel. »

« Les Philistins dirent : Qui a fait cela ? On répondit : Samson, le gendre du Thimnien, parce que celui-ci lui a pris sa femme et l'a donnée à son compagnon. Et les Philistins montèrent, et ils la brûlèrent, elle et son père. Samson leur dit : Est-ce ainsi que vous agissez ? Je ne cesserai qu'après m'être vengé de vous. Íl les battit rudement, dos et ventre ; puis il descendit, et se retira dans la caverne du rocher d'Étam. »

« L'Éternel est la force de Son peuple, Íl est le rocher des délivrances de Son oint. »
« Oui, mon âme, confie-toi en Dieu ! Car de Lui vient mon espérance. Oui, c'est Lui Qui est mon rocher et mon salut ; Ma haute retraite : je ne chancellerai pas. Sur Dieu reposent mon salut et ma gloire ; Le rocher de ma force, mon refuge, est en Dieu. En tout temps, peuples, confiez-vous en Lui, Répandez vos cœurs en Sa présence ! Dieu est notre refuge. »
*« Frères, je ne veux pas que vous ignoriez que nos pères ont tous été sous la nuée, qu'ils ont tous passé au travers de la mer, qu'ils ont tous été baptisés en Moïse dans la nuée et dans la mer, qu'ils ont tous mangé le même aliment spirituel [la manne], et qu'ils ont tous bu le même breuvage spirituel [l'eau du rocher], car ils buvaient à un rocher spirituel qui les suivait, et ce rocher était Christ.
Mais la plupart d'entre eux ne furent point agréables à Dieu, puisqu'ils périrent dans le désert.
Or, ces choses sont arrivées pour nous servir d'exemples, afin que nous n'ayons pas de mauvais désirs, comme ils en ont eu < comme les convoitises auxquelles ils ont succombé >. »

« Si les méchants croissent comme l'herbe, Si tous ceux qui font le mal fleurissent, C'est pour être anéantis à jamais. Mais Toi, Tu es le Très-Haut, À perpétuité, Ô Éternel ! [...]
Car voici, Tes ennemis périssent ; Tous ceux qui font le mal sont dispersés. Et Tu me donnes la force du buffle ; je suis arrosé avec une huile fraîche. Mon œil se plaît à contempler mes ennemis, Et mon oreille à entendre mes méchants adversaires. Les justes croissent comme le palmier, Íls s'élèvent comme le cèdre du Liban. Plantés dans la maison de l'Éternel, Íls prospèrent dans les parvis de notre Dieu ; Íls portent encore des fruits dans la vieillesse, Íls sont pleins de sève et verdoyants, Pour faire connaître que l'Éternel est juste. Íl est mon rocher, et il n'y a point en Lui d'iniquité. »
« Car Tu es mon rocher, ma forteresse ; Et à cause de Ton Nom Tu me conduiras, Tu me dirigeras. Tu me feras sortir du filet qu'ils m'ont tendu ; Car Tu es mon protecteur. Je remets mon esprit entre Tes mains ; Tu me délivreras, Éternel, Dieu de vérité ! »
« À celui qui est ferme dans ses sentiments Tu assures la paix, la paix, Parce qu'il se confie en Toi. Confiez-vous en l'Éternel à perpétuité, Car l'Éternel, l'Éternel est le rocher des siècles. »

Honneur au Dieu Trois fois Saint !

## Jour(s) de baptême

 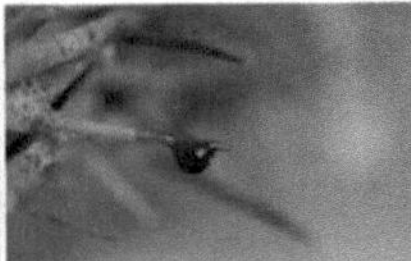   

Ah ! C'est Dieu Qui remplit nos cœurs d'amour si pur !
Comme j'aimerais bien m'élever vers les Cieux,
J'aperçois, aux éclats argentés, dans l'azur,
La colombe d'Esprit propre à nous rendre heureux...

Telles de cotonneuses boules amassées, les soucis vont et viennent
Dans nos firmaments clairs, zébrés par quelque orage de noires tentations,
Tandis que le soleil de justice apparaît, éclatant et chasseur, il fait sienne
La guerre qui décimait l'azur, revivifié soudain par cette ascension !

Réjouissez-vous, frères : il n'y a plus que fleurs et parfums délicieux
Dans le règne à venir ! Goûtons en sa Parole, le vin d'amour si pur !
Prompts dès l'aube à la tâche – ouvriers du Seigneur – ni défaitistes, ni paresseux,
Savourons au temps de la fête, les bénédictions d'une éternelle nourriture...
Ô c'est Dieu Qui nous comble de Sa gloire aux fruits mûrs !

Merci, Jésus !

## Communion festive

Pourquoi ne pas chanter en ce soir de sabbat :
La création s'endort dans un chœur de cigales ;
Méditons sur le bien qui par Dieu nous est fait, effaçant le mal
Qui hante chaque être, en ce monde, et que vive la joie !

Pourquoi ne pas louer en ce soir de sabbat,
Par des hymnes si doux et de vives prières,
L'Éternel Qui exauce toujours les cœurs sincères,
Par-delà tout espoir, jusqu'aux sommets atteints sur les ailes de la foi...

Et pourquoi ne pas vivre pleinement cet instant,
Qui s'écoule du sabbat, jusqu'à la nuit prochaine ?
Ô traversant l'épreuve, par Christ, qu'en tous lieux, demeure l'âme sereine :
Vers l'idéal infiniment plus haut que nos mérites, ne sommes-nous partants...

Gloire au Sauveur !

 Fils de Rome, ennemi.e.s du Christ, dévoilez et repentez-vous... 

**A** un certain degré de la mystique échelle, chez ceux qui se croient frères en tablier

– *F*aut-il que je le dise, pour en avoir suivi d'édifiants reportages et lu quelques pamphlets,

*A*ussi fiables que rares – celui des longues robes et de la pierre noire est le dieu célébré :

**L**argement imposé de force, aux ignorants, produit d'un mythe étrange, il n'a rien de clair ni de vrai...

*U*ltérieure, ô combien, à l'ère messianique et se plaçant non loin de ses enseignements,

**L**adite entité règne au milieu des complexes d'un prophète, enrichi par une vieille femme,

**A**ttiré par sa jeune parente au point de l'épouser, épris des convoitises de ce monde méchant ;

**H**âbleur et ambitieux, fourbe et opportuniste, il fit montre, "au besoin", d'une violence infâme !

*X*énophobe au possible envers Juifs et chrétiens, tout en consacrant d'évidence et par une immorale ruse,

*d*es Écritures saintes la sûre autorité, ladite religion décime et obnubile l'univers de ceux qui aiment pour elle à tuer –

*i*rrespectueux des normes les plus justes, incendiaires, outrageant leurs propres sœurs, au nom d'une idéologie variable et confuse...

*e*n vérité, la foi aveugle de ces êtres, induits en erreur, se nourrit de faux sacrifices et porte des fruits bien amers pour n'avoir été sanctifiée !

*u*niversellement, ami(e)s, l'Homme ne doit à Dieu attribuer penchants et faiblesses qui sont nôtres et comblent la chair : Élohim n'a qu'une Parole, Ses voies sont pures et élevées.

Gloire à Dieu, Père de Jésus-Christ !

Encore un peu plus haut, ensemble...

Je n'en peux plus, Seigneur, je n'en veux plus : prends-moi ;
La mort serait plus douce à mon cœur que ces jours,
Car à l'idée de m'en aller, voici je ne regrette – si ce n'est Ton amour –
Rien du monde à l'entour, sauf ceux dont j'ai la charge, qu'il faut suivre avec foi...

Ainsi, que je survive aux épreuves, à moi-même – Ô Jésus, par Ta grâce
Afin de les aimer, leur apporter ce que je puis de mon vivant et d'abord l'Évangile,
Cette Bonne Nouvelle de Dieu, venu, malgré nos infidélités, briser l'étau du mal... puisque fragile,
Asservi aux démons d'ici-bas, égoïste et cruel, l'homme court au néant, se trahit et trépasse...

Enfin, je veux quand même accéder à la vie – non l'existence amère d'un cœur par tous déçu, y compris
Par soi-même – ô plutôt cette vie que donne en abondance le Berger de la Bible, avec force et espoir, la sainteté en Christ, .../...

.../...
Que je puisse et désire à toujours continuer sur cette route mienne, accomplir la mission... Que nos regards se fixent
Ô vers le Ciel en gloire où revient le Sauveur pour assécher nos pleurs, restaurer l'héritage et donner à qui veut de l'éternelle vie...

Honneur à l'Emmanuel < Dieu parmi nous, en Jésus, par l'Esprit du Christ > !

Le supplice et la paix

Oui, j'accepte, Seigneur, le pain noir de la honte, des jours
Dans la poussière et les nuits de grand froid : Ton amour
Vient me prendre au creux de la misère et du plus dense
Abîme, m'amène à Ta lumière, sans attendre de moi quelque reconnaissance...

Oui, je m'en vais tremper le doigt dans cette coupe amère
Que Tu bus, Ô Maître de nos âmes, de tous le Très Saint Père,
Même face à ceux-là qui usurpent Ton Nom, Jésus,
Que ma personne aussi humble fût-elle, proclame avec ardeur l'Auteur de son salut !

Oui, je sais que la fange et la peine et le sang ont été
À Toi seul, Chef et Dieu des martyrs, à ce point réservés...
Alors à tous les diables qui s'avancent et trépignent sur mes étroits sentiers,
Je promets un parcours fait d'écueils et d'épines jusqu'à se fatiguer.

Oui, le guide en montagne, par les vastes savanes comme au creux des déserts, sûrement
Me tient ferme entre Ses tendres mains, puis accorde à mon être l'eau, l'huile et le froment
Qui donnent du pain chaud de Ses greniers fertiles, car de mes voies
Il fait des champs de saveur fraîche, par Sa grâce inondés à la gloire du Roi !

Mais ne croyez, mes frères, volontaires à l'offrande, qu'Il impose un tribut à ceux qui se réclament
De Sa protection : c'est de cœurs libres que Lui sont offerts nos vœux et les bras qui L'acclament
Ô d'une sainte joie s'élèvent vers les cieux, faisant luire au soleil nos couronnes perlées de fleurs
Et de bons fruits aux parfums de rivières... Qu'à la face du monde s'expose la vertu et que tous soient convié(e)s à jouir du vrai bonheur.

Citations bibliques (Exode 20 : 1-20 ; Deutéronome 5 : 22 ; Romains 12 : 1-21 ; Ecclésiaste 5 : 18-19 ; Jean 4 : 10 ; Romains 6 : 22-23 et Actes 2 : 37-42 ; 2 Corinthiens 9 : 6-15 ; et non cité : Actes 8 : 14-25) :
« Alors Dieu prononça toutes ces paroles, en disant : Je suis l'Eternel, ton Dieu, Qui t'ai fait sortir du pays d'Egypte, de la maison de servitude.
Tu n'auras pas d'autres dieux devant ma face.
Tu ne te feras point d'image taillée, ni de représentation quelconque des choses qui sont en haut dans les cieux, qui sont en bas sur la terre, et qui sont dans les eaux plus bas que la terre.
Tu ne te prosterneras point devant elles, et tu ne les serviras point ; car Moi, l'Éternel, ton Dieu, Je suis un Dieu jaloux < Qui pour notre bien nous veut tout à Lui, sans idole >, Qui punis l'iniquité des pères sur les enfants jusqu'à la troisième et la quatrième génération de ceux qui me haïssent, et Qui fais miséricorde jusqu'en mille générations à ceux qui M'aiment et qui gardent Mes commandements.
Tu ne prendras point le Nom de l'Éternel, ton Dieu, en vain ; car l'Éternel ne laissera point impuni celui qui prendra Son Nom en vain.
Souviens-toi du jour du repos, pour le sanctifier. Tu travailleras six jours, et tu feras tout ton ouvrage.
Mais le septième jour est le jour du repos de l'Éternel, ton Dieu : tu ne feras aucun ouvrage, ni toi, ni ton fils, ni ta fille, ni ton serviteur, ni ta servante, ni ton bétail, ni l'étranger qui est dans tes portes. Car en six jours l'Éternel a fait les cieux, la terre et la mer, et tout ce qui y est contenu, et Il S'est reposé le septième jour : c'est pourquoi l'Éternel a béni le jour du repos et l'a sanctifié. .../...

.../...
Honore ton père et ta mère, afin que tes jours se prolongent dans le pays que l'Éternel, ton Dieu, te donne.
Tu ne tueras point.
Tu ne commettras point d'adultère.
Tu ne déroberas point.
Tu ne porteras point de faux témoignage contre ton prochain.
Tu ne convoiteras point la maison de ton prochain ; tu ne convoiteras point la femme de ton prochain, ni son serviteur, ni sa servante, ni son bœuf, ni son âne, ni aucune chose qui appartienne à ton prochain. »

« Ces paroles-là, l'Éternel les a prononcées d'une voix forte, du milieu du feu, et de l'épaisse nuée, pour toute l'assemblée qui se tenait au pied de la montagne. Il n'y ajouta rien. Puis Il les écrivit sur deux tables de pierre qu'Il me remit. »

« Je vous exhorte donc, frères, par les compassions de Dieu, à offrir vos corps comme un sacrifice vivant, saint, agréable à Dieu, ce qui sera de votre part un culte raisonnable.
Ne vous conformez pas au siècle présent, mais soyez transformés par le renouvellement de l'intelligence, afin que vous discerniez quelle est la volonté de Dieu, ce qui est bon, agréable et parfait.
Par la grâce qui m'a été donnée, je dis à chacun de vous de n'avoir pas de lui-même une trop haute opinion, mais de revêtir des sentiments modestes, selon la mesure de foi que Dieu a départie à chacun.
Car, comme nous avons plusieurs membres dans un seul corps, et que tous les membres n'ont pas la même fonction, ainsi, nous qui sommes plusieurs, nous formons un seul corps en Christ, et nous sommes tous membres les uns des autres.
Puisque nous avons des dons différents, selon la grâce qui nous a été accordée, que celui qui a le don de prophétie l'exerce selon l'analogie de la foi < qu'il exerce cette activité conformément à notre foi commune >; que celui qui est appelé au ministère < service > s'attache à son ministère; que celui qui enseigne s'attache à son enseignement, et celui qui exhorte à l'exhortation < que celui qui a reçu un ministère d'encouragement encourage >. Que celui qui donne le fasse avec libéralité ; que celui qui préside le fasse avec zèle < que celui qui dirige le fasse avec sérieux > ; que celui qui pratique la miséricorde < que celui qui secourt les malheureux > le fasse avec joie.
Que la charité soit sans hypocrisie. Ayez le mal en horreur ; attachez-vous fortement au bien. Par amour fraternel, soyez pleins d'affection les uns pour les autres ; par honneur, usez de prévenances réciproques. Ayez du zèle, et non de la paresse. Soyez fervents d'esprit. Servez le Seigneur. Réjouissez-vous en espérance. Soyez patients dans l'affliction. Persévérez dans la prière. Pourvoyez aux besoins des saints. Exercez l'hospitalité.
Bénissez ceux qui vous persécutent, bénissez et ne maudissez pas.
Réjouissez-vous avec ceux qui se réjouissent ; pleurez avec ceux qui pleurent.
Ayez les mêmes sentiments les uns envers les autres. N'aspirez pas à ce qui est élevé, mais laissez-vous attirer par ce qui est humble. Ne soyez point sages à vos propres yeux.
[...] Ne te laisse pas vaincre par le mal, mais surmonte le mal par le bien. »

« Voici ce que j'ai vu : c'est pour l'homme une chose bonne et belle de manger et de boire, et de jouir du bien-être au milieu de tout le travail qu'il fait sous le soleil, pendant le nombre des jours de vie que Dieu lui a donnés ; car c'est là sa part.
Mais, si Dieu a donné à un homme des richesses et des biens, s'Il l'a rendu maître d'en manger, d'en prendre sa part, et de se réjouir au milieu de son travail, c'est là un don de Dieu. »

« Jésus lui répondit : Si tu connaissais le don de Dieu et Qui est Celui Qui te dit : Donne-Moi à boire ! tu Lui aurais toi-même demandé à boire, et Il t'aurait donné de l'eau vive. »

« Mais maintenant, étant affranchis < libérés > du péché et devenus esclaves < serviteurs > de Dieu, vous avez pour fruit la sainteté et pour fin la vie éternelle.
Car le salaire du péché, c'est la mort ; mais le don gratuit de Dieu, c'est la vie éternelle en Jésus-Christ notre Seigneur. »

« Après avoir entendu ce discours, ils eurent le cœur vivement touché, et ils dirent à Pierre et aux autres apôtres : Hommes frères, que ferons-nous ?
Pierre leur dit : Repentez-vous < amendez-vous, changez d'attitude >, et que chacun de vous soit baptisé au Nom de Jésus-Christ, pour le pardon de vos péchés ; et vous recevrez le don du Saint-Esprit.
.../...

.../...
Car la promesse est pour vous, pour vos enfants, et pour tous ceux qui sont au loin, en aussi grand nombre que le Seigneur notre Dieu les appellera.
Et, par plusieurs autres paroles, il les conjurait et les exhortait, disant : Sauvez-vous de cette génération perverse.
Ceux qui acceptèrent sa parole furent baptisés ; et, en ce jour-là, le nombre des disciples s'augmenta d'environ trois mille âmes. Îls persévéraient dans l'enseignement < la doctrine > des apôtres, dans la communion fraternelle, dans la fraction du pain < à rompre ensemble le pain >, et dans les prières. »

« Sachez-le, celui qui sème peu moissonnera peu, et celui qui sème abondamment moissonnera abondamment. Que chacun donne comme il l'a résolu en son cœur, sans tristesse ni contrainte ; car Dieu aime celui qui donne avec joie. Et Dieu peut vous combler de toutes sortes de grâces, afin que, possédant toujours en toutes choses de quoi satisfaire à tous vos besoins, vous ayez encore en abondance pour toute bonne œuvre, selon qu'il est écrit : Îl a fait des largesses, il a donné aux indigents < il distribue ses bienfaits, il donne aux pauvres > ; Sa justice subsiste à jamais [cf. Psaume 112 : 9].
Celui Qui Fournit de la semence au semeur, Et du pain pour sa nourriture, vous fournira et vous multipliera la semence, et il augmentera les fruits de votre justice.
Vous serez de la sorte enrichis à tous égards pour toute espèce de libéralités < d'actes de générosité > qui, par notre moyen, feront offrir à Dieu des actions de grâces < ce qui suscitera, chez ceux auxquels nous distribuerons vos dons, de nombreuses prières de reconnaissance envers Dieu >.
Car le secours de cette assistance non seulement pourvoit aux besoins des saints, mais il est encore une source abondante de nombreuses actions de grâces envers Dieu.
En considération de ce secours dont ils font l'expérience, ils glorifient Dieu de votre obéissance dans la profession < foi en, adhésion à > de l'Évangile de Christ, et de la libéralité < largesse > de vos dons envers eux et envers tous ; ils prient pour vous, parce qu'ils vous aiment à cause de la grâce éminente que Dieu vous a faite.
Grâces soient rendues à Dieu < Que dieu soit remercié > pour Son don ineffable < incomparable > ! »

Amen. Maranatha < Qu'il en soit selon la volonté divine. Jésus, le Maître, revient bientôt > !

Réparateur de brèches

J'avais eu peine à voir ce beau vase brisé,
Sorti de la vaisselle, brillant et décoré, il présentait
Hélas, manifeste fissure : depuis quand et comment oh ! nul ne le savait,
Excepté l'Omniscient ; pour si peu à quoi bon L'aurait-on consulté...

Et je songeai aux mille blessures en nos cœurs,
Venues d'on ignore où, ni comment les guérir
Et pas plus ne faisant l'objet de nos prières – pire
Encor sans doute que de ne point les voir, entailles au vrai bonheur...

Oui, notre vase alors pourrait-il bien servir en Son assortiment,
Autour de jolis verres, désormais orphelins ou céder une fois
Sous la pression cruelle ? N'en est-il pas ainsi, sœurs et frères dans la foi,
De nos âmes fragiles, ballotées ici-bas et que Jésus relève de ce monde méchant...

Que faire et quoi penser ? Comment s'en repentir ? Laissons l'Esprit de Dieu nous armer
De Sa force et nourrir notre espoir chancelant en ces jours ! Que vienne Sa Lumière
Ô Parole de vie, révélant moindre faille et si nos yeux obscurs au milieu du péché, refusant le collyre, malgré tout ne s'éclairent,
Qu'importe ! Îl nous contrôle et bénit, sanctifie à mesure qu'on laisse, fidèles entre Ses mains, notre intime structure, partant nos destinées.

Citation biblique (Ésaïe 58 : 6-14 et Romains 9 : 19-26 ; Amos 9 : 8-15 ; Ecclésiaste 1 : 15-16 ; Luc 21 : 25-28 ; Psaume 146 : 5-10) : « Voici le jeûne auquel Je prends plaisir : Détache les chaînes de la méchanceté, Dénoue les liens de la servitude < l'esclavage >, Renvoie libres les opprimés < ceux qu'on maltraite >, Et que l'on rompe toute espèce de joug < mette fin aux contraintes de toute sorte > ; .../...

.../...
Partage ton pain avec celui qui a faim, Et fais entrer dans ta maison les malheureux sans asile ; Si tu vois un homme nu, couvre-le, Et ne te détourne Pas de ton semblable.
Alors ta lumière poindra comme l'aurore, Et ta guérison germera promptement ; Ta justice marchera devant toi, Et la gloire de l'Eternel t'accompagnera.
Alors tu appelleras, et l'Éternel répondra ; tu crieras, et Îl dira : Me voici! Si tu éloignes du milieu de toi le joug, Les gestes menaçants et les discours injurieux, Si tu donnes ta propre subsistance à celui qui a faim, Si tu rassasies l'âme indigente, ta lumière se lèvera sur l'obscurité, Et tes ténèbres seront comme le midi.
L'Éternel sera toujours ton guide, Îl rassasiera ton âme dans les lieux arides, Et Îl redonnera de la vigueur à tes membres ; tu seras comme un jardin arrosé, Comme une source dont les eaux ne tarissent pas. Les tiens rebâtiront sur d'anciennes ruines, tu relèveras des fondements antiques ; On t'appellera réparateur des brèches, Celui qui restaure les chemins, qui rend le pays habitable.
Si tu retiens ton pied pendant le sabbat, Pour ne pas faire ta volonté en Mon saint jour, Si tu fais du sabbat tes délices, Pour sanctifier l'Eternel en Le glorifiant, Et si tu l'honores en ne suivant point tes voies, En ne te livrant pas à tes penchants et à de vains discours, Alors tu mettras ton plaisir en l'Éternel, Et Je te ferai monter sur les hauteurs du pays, Je te ferai jouir de l'héritage de Jacob, ton père ; Car la bouche de l'Éternel a parlé. »

« Tu me diras : Pourquoi blâme-t-Îl encore ? Car qui est-ce qui résiste à Sa volonté ? »
« Ô homme, toi plutôt, qui es-tu pour contester avec Dieu ? Le vase d'argile dira-t-il à celui qui l'a formé : Pourquoi m'as-tu fait ainsi ?
Le potier n'est-il pas maître de l'argile, pour faire avec la même masse un vase d'honneur et un vase d'un usage vil ? Et que dire, si Dieu, voulant montrer Sa colère et faire connaître Sa puissance, a supporté avec une grande patience des vases de colère formés pour la perdition, et s'Îl a voulu faire connaître la richesse de Sa gloire envers des vases de miséricorde qu'Îl a d'avance préparés pour la gloire ?
Ainsi nous a-t-Îl appelés, non seulement d'entre les Juifs, mais encore d'entre les païens, selon qu'Îl le dit dans Osée : J'appellerai Mon peuple celui qui n'était pas Mon peuple, et bien-aimée celle qui n'était pas la bien-aimée; et là où on leur disait : Vous n'êtes pas Mon peuple ! ils seront appelés fils du Dieu vivant. »

« Voici, le Seigneur, l'Éternel, a les yeux sur le royaume coupable. Je le détruirai de dessus la face de la terre ; Toutefois Je ne détruirai pas entièrement la maison de Jacob, Dit l'Éternel. Car voici, Je donnerai mes ordres, Et Je secouerai la maison d'Îsraël parmi toutes les nations, Comme on secoue avec le crible, Sans qu'il tombe à terre un seul grain.
Tous les pécheurs de Mon peuple mourront par l'épée, Ceux qui disent : Le malheur n'approchera pas, ne nous atteindra pas.
En ce temps-là, Je relèverai de sa chute la maison de David, J'en réparerai les brèches, J'en redresserai les ruines, Et Je la rebâtirai comme elle était autrefois, Afin qu'ils possèdent le reste d'Édom et toutes les nations Sur lesquelles Mon Nom a été invoqué, Dit l'Éternel, Qui accomplira ces choses.
Voici, les jours viennent, dit l'Éternel, Où le laboureur suivra de près le moissonneur, Et celui qui foule le raisin celui qui répand la semence, Où le moût ruissellera des montagnes Et coulera de toutes les collines. Je ramènerai les captifs de Mon peuple d'Îsraël ; Îls rebâtiront les villes dévastées et les habiteront, Îls planteront des vignes et en boiront le vin [jus de raisin, fruit de la vigne – symbolisant l'alliance de vie en Jésus-Christ], Îls établiront des jardins et en mangeront les fruits. Je les planterai dans leur pays, Et ils ne seront plus arrachés du pays que Je leur ai donné, Dit L'Éternel, ton Dieu. »

« J'ai vu tout ce qui se fait sous le soleil ; Et voici, tout est vanité et poursuite du vent.
Ce qui est courbé ne peut se redresser, et ce qui manque ne peut être compté. »

« Îl y aura des signes dans le soleil, dans la lune et dans les étoiles. Et sur la terre, il y aura de l'angoisse chez les nations qui ne sauront que faire, au bruit de la mer et des flots, les hommes rendant l'âme de terreur dans l'attente de ce qui surviendra pour la terre ; car les puissances des cieux seront ébranlées.
Alors on verra le Fils de l'homme venant sur une nuée avec puissance et une grande gloire.
Quand ces choses commenceront à arriver, redressez-vous et levez vos têtes, parce que votre délivrance approche. »
« Heureux celui qui a pour secours le Dieu de Jacob, qui met son espoir en l'Éternel, son Dieu ! Îl a fait les cieux et la terre, La mer et tout ce qui s'y trouve. Îl garde la fidélité à toujours.
Îl fait droit aux opprimés ; Îl donne du pain aux affamés ; L'Éternel délivre les captifs ;
L'Éternel ouvre les yeux des aveugles ; L'Éternel redresse ceux qui sont courbés ; L'Éternel aime les justes.
L'Éternel protège les étrangers, Îl soutient l'orphelin et la veuve, Mais Îl renverse la voie des méchants.
L'Éternel règne éternellement ; ton Dieu, ô Sion ! subsiste d'âge en âge ! Louez l'Éternel ! »

## Souvenir de campagne

Pasteur, merci pour tes efforts bénis et la foi qui t'anime
À laisser Jésus faire – à travers tes paroles, les chants, jeûnes et prières –
Le miracle d'œuvrer en nos âmes, flétries par les péchés du monde et le poids de nos crimes...
Merci de nous conduire, au-delà de l'autel, entre les bras du Christ – le Sauveur et grand Frère !

Îl y a eu de forts moments d'exhortation, de vifs éclairs d'humour, de vrais enseignements,
Des hymnes fraternels, dans la joie du décor et de tout rituel au Seigneur consacré,
Mais plus encor que tous les mots, douces notes de louange, sourires amicaux et précieux instants,
La présence de Dieu irradiait le temple, le cœur des converti(e)s réclamant du renfort et de tous soupirant après l'éternité... !

Oui, de toute assemblée on a battu campagne et vu les murs du culte à la grâce s'ouvrir
Et la Croix retentir au cœur du lieu sacré, puis Jésus sur l'église étendre Ses bienfaits, des colombes de paix
S'envoler vers le Ciel, oui, nous avons aimé partager ces visions, pu entendre le saint appel à revenir,
Écouter le bon prêche qui glorifie le Roi, encourage au respect de Ses lois et préceptes qui mène le pécheur dans les voies du Parfait !

Les saints commandements, s'ils sont certes au futur, sont réelles promesses à l'attention du monde et tout spécialement de Son peuple choisi :
Hommes et femmes racheté(e)s par le sang de l'Agneau, dont le Tout-Puissant sait que dans l'Esprit de feu, Sa Parole s'imprime du Livre à nos cœurs pieux,
De nos pensées profondes aux actes et propos que Sa main sanctifie : gloire au Dieu Qui transforme des cailloux asséchés en témoins fertiles, pour l'honneur du Rabbi !
Car à la terre informe Tu as donné un Corps : celui ensanglanté du Rédempteur de tous, Qui purifie nos âmes – gratifiées, pas à pas, des talents nécessaires à nous tous et à Dieu.

Béni soit le Nom d'Elohim < Le Dieu en trois (3) Personnes > !

   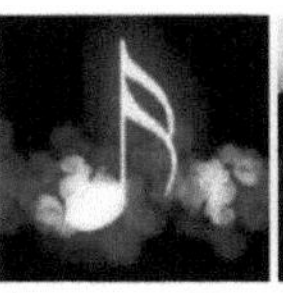 

## La voie du repentir

Ô Dieu vivant et digne, comment Te célébrer,
Comment tourner ma face en juste adoration, alors que le péché
Vers Ta magnificence ose clamer, bien haut, sa triste rébellion... ? Dévoué
Est mon silence et bien morne mon chant... J'aimerais la présence
De quelque ange, en ma voix, pour louer Tes mérites et voir luire en ma vie,
La chaleur que Tu donnes ; j'aimerais triompher de mes occupations faisant fi
Du surplus, glorifiant l'essentiel et pour Toi évangéliser avec bienveillance.
Oh ! il ne peut être ignoré que ma nature a ses faiblesses,
Sans un plan de rachat je ne serais digne du Ciel,
Fût-ce dans Ses parvis... Mais j'ai, par Sa grâce, l'assurance de vie éternelle :
Dieu de toujours, vivant et juste, Îl exauce et bénit sans cesse... !

*Amen.*

Unique et Souverain Maître, nous T'acclamons !

À nul autre pareil dans les cieux et les mondes,
Le Nom de Jésus-Christ n'est la propriété privée d'aucun de nous,
Ni pris individuellement – qui que soit l'homme – ni, voyez-vous,
En tant qu'église, sous nos yeux – mystère que nos cœurs sondent...

İl est sans aucun doute et par essence İl sauve –
Du plus humble des frères au riche repenti, de l'illustre convive
Honorant l'assemblée par son acceptation, comme İl lave l'opprobre
Du voleur misérable ou la fille de joie ! Qu'à Lui viennent tous ceux partant à la dérive.

Mais qui sont-ils enfin... ? Savourons la victoire du nombre incalculable des soldats rachetés –
Autant d'âmes meurtries, par l'épée délivrées des forces des ténèbres :
Nul autre que Jésus n'a versé de Son sang opérant le rachat de nous tous, libres à perpétuité...
Ainsi pasteurs, martyrs, sympathisants et membres de toute congrégation doivent-ils honneur au seul Nom qui reste célèbre.

De qui lit-on le Livre aux siècles des siècles, en langue(s) et en format divers à volonté,
Comme étant le récit le plus connu au monde, la Loi de tous les âges, la vive exhortation
Des esprits affligés à ceux fous d'illusion, du cœur le plus aride à celui débordant de frêle vanité...
Venons au Dieu fidèle, au pied de cette Croix au centre de la Bible : acceptons le message avec force et passion !

İl n'est que le Berger Qui paisse de la sorte ces troupeaux réunis sous Sa verge de fer, İl S'est mis en danger,
İl a plus que souffert au profit de Ses ouailles, que menaçaient, dehors, prédateurs, froid champêtre, écueils
Et innombrables périls. Mais il plaît au Maître Souverain de nous sauver encor, faisant ouïr à chacun jusqu'au terme fixé,
L'Évangile des trois anges que proclame l'Église. Chacune des brebis a son chemin de gloire : parvenue au salut, stoppe-t-elle à son seuil...

En vérité, mes frères, selon le degré de lumière reçue, tout homme est appelé à rendre de lui compte, au jour du jugement,
Qui commença déjà et sera annoncé – comme prendra effet, au retour du Sauveur, l'âpre séparation d'avec les boucs, honnis,
Pour avoir de l'amour et de toute justice méprisé l'intérêt, pour avoir piétiné douce veillée de paix, le sanctuaire élevé où toute âme humble et douce, trouvait source et froment
De la meilleure engeance... Aussi ne pourrons-nous pleurer quelque défaite, suite aux divers moyens dont avant de brûler, ces cœurs auront reçu moult alertes et cris.

Que l'avertissement s'adresse aux démons seuls aurait réjoui mon âme, hélas observant que des hommes, de par leurs actes, au diable se joindront.
Ainsi le confirmant, les saintes Écritures, l'impiété manifeste des êtres alentours, l'outrecuidance, dis-je, des cœurs inconvertis appellent un juste sort
Et la fin des blessures au peuple perpétrées ! Que dit-on de l'offense à la Loi du Seigneur, sache-le : c'est pour elle, habitants de Sion,
Que le Christ à la Croix périt par notre faute et saigne chaque fois que nos forfaits persistent...
Offrez-vous, cœurs pieux, au repentir actif – bientôt, nul ne l'ignore*...

Citations bibliques (Matthieu 18 : 21, 22 ; Psaume 12 : 6-9 ; Lévitique 26 : 11-33 ; Proverbes 24 : 15-20 ; Luc 1 : 68-79 ; Matthieu 6 : 9-15 et 18 : 35 ; Marc 11 : 24-26 ; Actes 26 : 17-18) : « Alors Pierre s'approcha de Lui, et dit : Seigneur, combien de fois pardonnerai-je à mon frère, lorsqu'il péchera contre moi ? Sera-ce jusqu'à sept fois ? Jésus lui dit : Je ne te dis pas jusqu'à sept fois, mais jusqu'à septante fois sept fois.
< Alors Pierre s'approcha de Jésus et Lui dit : « Seigneur, combien de fois pardonnerai-je à mon frère, .../...

.../...
lorsqu'il péchera contre moi ? Est-ce que ce sera jusqu'à 7 fois ? »
Jésus lui dit : « Je ne te dis pas jusqu'à 7 fois, mais jusqu'à 70 fois 7 fois. >
[nombre représentant l'infini, la pleine perfection du Dieu de miséricorde, nous invitant chacun(e) au pardon envers soi, autrui et l'existence au besoin, comme le Trois fois Saint dans Son amour pardonne les offenses de toute âme contrite, qui s'amende : puissions-nous éprouver, demander, accepter le pardon entre nous et vivre par l'Esprit de grâce, une vie de sainteté]. »

« "Parce que les malheureux sont opprimés et que les pauvres gémissent, maintenant, dit l'Éternel, Je me lève, J'apporte le salut à ceux qui soupirent après lui." Les paroles de l'Éternel sont des paroles pures, un argent affiné dans un creuset en argile et sept fois épuré.
Toi, Éternel, Tu les garderas, Tu les préserveras pour toujours de ces gens. Les méchants rôdent partout quand la bassesse règne parmi les hommes. »

« J'établirai Ma demeure au milieu de vous, et Mon âme ne vous aura point en horreur. Je marcherai au milieu de vous, Je serai votre Dieu, et vous serez Mon peuple. Je suis l'Éternel, votre Dieu, Qui vous ai fait sortir du pays d'Égypte, Qui vous ai tirés de la servitude < libérés de l'esclavage > ; J'ai brisé les liens de votre joug < J'ai mis un terme à l'oppression qui pesait sur vous >, et Je vous ai fait marcher la tête levée < haute >.
Mais si vous ne M'écoutez point et ne mettez point en pratique tous ces commandements, si vous méprisez Mes lois, et si votre âme a en horreur Mes ordonnances, en sorte que vous ne pratiquiez point tous Mes commandements et que vous rompiez Mon alliance, voici alors ce que Je vous ferai. [...] Je tournerai Ma face contre vous, et vous serez battus devant vos ennemis ; ceux qui vous haïssent domineront sur vous, et vous fuirez sans que l'on vous poursuive.
Si, malgré cela, vous ne M'écoutez point, Je vous châtierai sept fois plus pour vos péchés. Je briserai l'orgueil de votre force, Je rendrai votre ciel comme du fer, et votre terre comme de l'airain. Votre force s'épuisera inutilement, votre terre ne donnera pas ses produits, et les arbres de la terre ne donneront pas leurs fruits. Si vous Me résistez et ne voulez point M'écouter, Je vous frapperai sept fois plus selon vos péchés. [...]
Si ces châtiments ne vous corrigent point et si vous Me résistez, Je vous résisterai aussi et Je vous frapperai sept fois plus pour vos péchés. [...] Si, malgré cela, vous ne M'écoutez point et si vous Me résistez, Je vous résisterai aussi avec fureur et Je vous châtierai sept fois plus pour vos péchés. [...] Je vous disperserai parmi les nations et Je tirerai l'épée après vous. Votre pays sera dévasté, et vos villes seront désertes. »

« Ne tends pas méchamment des embûches à la demeure < de piège contre la maison > du juste, Et ne dévaste pas le lieu où il repose < ne détruis pas sa demeure > ; Car sept fois le juste tombe, et il se relève, Mais les méchants sont précipités dans le malheur.
Ne te réjouis pas de la chute de ton ennemi, Et que ton cœur ne soit pas dans l'allégresse quand il chancelle, De peur que l'Éternel ne le voie, que cela ne lui déplaise, Et qu'Ìl ne détourne de lui Sa colère.
Ne t'irrite pas à cause de ceux qui font le mal, Ne porte pas envie aux méchants ; Car il n'y a point d'avenir pour celui qui fait le mal, La lampe des méchants s'éteint. »

« Béni soit le Seigneur, le Dieu d'Ìsraël, De ce qu'Ìl a visité et racheté Son peuple, Et nous a suscité un puissant Sauveur Dans la maison de David, Son serviteur, Comme Ìl l'avait annoncé par la bouche de Ses saints prophètes des temps anciens, - Un Sauveur Qui nous délivre de nos ennemis et de la main de tous ceux qui nous haïssent ! C'est ainsi qu'Ìl manifeste Sa miséricorde envers nos pères, Et Se souvient de Sa sainte alliance, Selon le serment par lequel il avait juré à Abraham, notre père, De nous permettre, après que nous serions délivrés de la main de nos ennemis, De Le servir sans crainte, En marchant devant Lui dans la sainteté et dans la justice tous les jours de notre vie.
Et toi, [...], tu seras appelé prophète du Très-Haut ; Car tu marcheras devant la face du Seigneur, pour préparer Ses voies, Afin de donner à Son peuple la connaissance du salut Par le pardon de ses péchés, Grâce aux entrailles de la miséricorde de notre Dieu, En vertu de laquelle le soleil levant nous a visités d'en-Haut, Pour éclairer ceux qui sont assis dans les ténèbres et dans l'ombre de la mort, Pour diriger nos pas dans le chemin de la paix. »

« Voici donc comment vous devez prier : Notre Père Qui es aux cieux ! Que Ton Nom soit sanctifié ; que Ton règne vienne ; que Ta volonté soit faite sur la terre comme au ciel.
Donne-nous aujourd'hui notre pain quotidien [au sens physique et d'abord spirituel : Ta parole pour aujourd'hui] ; pardonne-nous nos offenses, comme nous aussi nous pardonnons à ceux qui nous ont offensés ; ne nous laisse pas succomber < garde-nous de céder > à la tentation, mais délivre-nous du malin. Car c'est à Toi qu'appartiennent, dans tous les siècles, le règne, la puissance et la gloire. Amen !
Si vous pardonnez aux hommes leurs offenses, votre Père céleste vous pardonnera aussi ; .../...

.../...
mais si vous ne pardonnez pas aux hommes, votre Père ne vous pardonnera pas non plus vos offenses. »

« C'est ainsi que Mon Père céleste vous traitera, si chacun de vous ne pardonne à son frère de tout son cœur. »

« C'est pourquoi Je vous dis : Tout ce que vous demanderez en priant, croyez que vous l'avez reçu, et vous le verrez s'accomplir. Et, lorsque vous êtes debout faisant votre prière, si vous avez quelque chose contre quelqu'un, pardonnez, afin que votre Père Qui est dans les cieux vous pardonne aussi vos offenses. Mais si vous ne pardonnez pas, votre Père Qui est dans les cieux ne vous pardonnera pas non plus vos offenses. »

« Je t'ai choisi du milieu de ce peuple et du milieu des païens, vers qui Je t'envoie, afin que tu leur ouvres les yeux, pour qu'ils passent des ténèbres à la lumière et de la puissance de Satan à Dieu, pour qu'ils reçoivent, par la foi en Moi, le pardon des péchés et l'héritage avec les sanctifiés. »

Cf. aussi, non cités : Luc 17 : 1-4 et 13 : 34 ; Éphésiens 4 : 29-32 et Colossiens 3 : 12-17.

* Maranatha < Le Seigneur Jésus revient bientôt > !

La prière d'un cœur fertile...

Si c'est Ton désir que j'enfante, donne-moi d'avoir du bon fruit :
Que je le porte en Ta lumière, qu'il éclose et croisse à Ta gloire,
Ô Dieu d'amour : chants et poèmes, une vie riche en témoignage, un parcours de victoire
En Christ, telle est, Seigneur, mon espérance pour ma famille et notre Église.

Accorde-nous de la santé pour Te servir dans l'Évangile et l'activité qui nous sied ;
Remplis nos bourses de Ta grâce afin qu'on donne en Ta sébile, à son prochain et nous en reste,
En Tes miracles d'abondance, plus qu'il nous faut pour vivre bien : préserve-nous de l'amertume et des illusions du péché.
Qu'en nos cœurs tout amour afflue pour Ta Parole et Ta personne, envers Tes créatures, par la foi que nul ne délaisse...

Ainsi, que Ta Passion pour l'homme, à la Croix trouvant apogée, de la poussière que je suis fasse étinceler un diamant,
Que mon âme abrite la perle enfouie dans le champ de nos œuvres et lui donnant toute valeur, Ô Jésus, réjouis nos foyers,
Daigne apporter succès, justice et partage aux lieux de service où l'on s'épuise à T'oublier : qu'on T'y serve encor, autrement...
Prends de moi le fruit que Tu manges et comme au Ciel Tu l'inscrivis, s'il vient un fils d'homme en mon sein, qu'à Ton Œuvre il soit consacré.

P.S. : cette composition, bien qu'inspirée de faits réels, ne présente aucune portée autobiographique.

*Gloire à l'Éternel !*

Dans l'angoisse des nations…

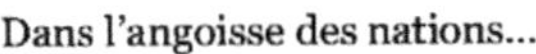

S'il faut, Dieu, que j'arrive à genoux au parvis,
Mon sort n'est-il plus doux, clair, plus honorable,
Ô Christ, que l'âpre enfer attendant les coupables
Pour n'avoir accepté la rédemption offerte et la grâce et la vie…

Oui, les plus grands démons – du plus fier et terrible
À l'infime crapule, mués par l'intérêt mauvais et sans scrupule –
Finiront au fossé – quels que soient la superbe ou le nombre de ceux qu'affabule,
Hélas, leur fatale besogne. Les racheté(e)s volent vers des splendeurs indicibles !

Pourquoi sont-ils élu-e-s : meilleurs que d'autres ? Non, dirait-on, mais certes, n'ont-ils en leur cœur simple,
En dépit des frayeurs, taches et difficultés, confié leurs jours, tout même, leur sort
De converti.e.s par le don de la foi, au seul Homme parfait, venu du Ciel en chair et de la mort
Vainqueur, pour nous donner la vie – c'est Jésus, Qui t'envoie appels, révélations : L'écoute et ne regimbe*…

Citations bibliques (* Deutéronome 32 : 12-52 et Actes 9 : 1-22 ; Romains 11 : 1-36 et non cités : Romains 9 : 1-36 et 10 : 1-21 ; Actes 4 : 11-12) : « L'Éternel seul a conduit Son peuple, Et il n'y avait avec lui aucun dieu étranger. Il l'a fait monter sur les hauteurs du pays, Et Israël a mangé les fruits des champs ; Il lui a fait sucer le miel du rocher, L'huile qui sort du rocher le plus dur, […] Israël est devenu gras, et il a regimbé ; […]
Et il a abandonné Dieu, son créateur, Il a méprisé le rocher de son salut, Ils ont excité sa jalousie par des dieux étrangers, Ils l'ont irrité par des abominations ; Ils ont sacrifié à des idoles qui ne sont pas Dieu, À des dieux qu'ils ne connaissaient point, Nouveaux, venus depuis peu, Et que vos pères n'avaient pas craints.
Tu as abandonné le rocher qui t'a fait naître [Jésus-Christ], Et tu as oublié le Dieu Qui t'a engendré.

L'Éternel l'a vu, et Il a été irrité, Indigné contre Ses fils et Ses filles. Il a dit : Je leur cacherai Ma face, Je verrai quelle sera leur fin […] Je voudrais dire : Je les emporterai d'un souffle, Je ferai disparaître leur mémoire d'entre les hommes ! Mais je crains les insultes de l'ennemi, Je crains que leurs adversaires ne se méprennent, Et qu'ils ne disent : Notre main a été puissante, Et ce n'est pas l'Éternel Qui a fait toutes ces choses. […]
L'Éternel jugera Son peuple ; Mais Il aura pitié de Ses serviteurs, En voyant que leur force est épuisée, Et qu'il n'y a plus ni esclave ni homme libre.
Il dira : Où sont leurs dieux, Le rocher qui leur servait de refuge, Ces dieux qui mangeaient la graisse de leurs victimes, Qui buvaient le vin de leurs libations ? Qu'ils se lèvent, qu'ils vous secourent, Qu'ils vous couvrent de leur protection !
Sachez donc que c'est Moi Qui suis Dieu, Et qu'il n'y a point de dieu près de Moi ; Je fais vivre et Je fais mourir, Je blesse et Je guéris, Et personne ne délivre de Ma main. Car Je lève Ma main vers le ciel, Et Je dis : Je vis éternellement ! […] Nations, chantez les louanges de Son peuple ! Car l'Éternel venge le sang de Ses serviteurs, Il Se venge de Ses adversaires, Et Il fait l'expiation pour Son pays, pour Son peuple. […]
Lorsque Moïse eut achevé de prononcer toutes ces paroles devant tout Israël, il leur dit : Prenez à cœur toutes les paroles que je vous conjure aujourd'hui de recommander à vos enfants, afin qu'ils observent et mettent en pratique toutes les paroles de cette loi.
Car ce n'est pas une chose sans importance pour vous ; c'est votre vie, et c'est par là que vous prolongerez vos jours dans le pays dont vous aurez la possession, après avoir passé le Jourdain. »

« Ce même jour, l'Éternel parla à Moïse, et dit : Monte sur cette montagne d'Abarim, sur le mont Nebo, au pays de Moab, vis-à-vis de Jéricho ; et regarde le pays de Canaan que Je donne en propriété aux enfants d'Israël.
Tu mourras sur la montagne où tu vas monter, et tu seras recueilli auprès de ton peuple, comme Aaron, ton frère, est mort sur la montagne de Hor et a été recueilli auprès de son peuple, parce que vous avez péché contre Moi au milieu des enfants d'Israël, près des eaux de Meriba, à Kadès, dans le désert de Tsin, et que vous ne M'avez point sanctifié au milieu des enfants d'Israël.
Tu verras le pays devant toi ; mais tu n'entreras point dans le pays que Je donne aux enfants d'Israël. »

« Cependant Saul, respirant encore la menace et le meurtre contre les disciples du Seigneur, …/…

.../...
se rendit chez le souverain sacrificateur, et lui demanda des lettres pour les synagogues de Damas, afin que, s'il trouvait des partisans de la nouvelle doctrine, hommes ou femmes, il les amenât liés à Jérusalem.
Comme il était en chemin, et qu'il approchait de Damas, tout à coup une lumière venant du ciel resplendit autour de lui. Ìl tomba par terre, et il entendit une voix qui lui disait : Saul, Saul, pourquoi Me persécutes-tu ? Ìl répondit : Qui es-tu, Seigneur ? Et le Seigneur dit : Je suis Jésus que tu persécutes. Ìl te serait dur de regimber contre les aiguillons [résister aux impulsions de la main divine].
Tremblant et saisi d'effroi, il dit : Seigneur, que veux-Tu que je fasse ? Et le Seigneur lui dit: Lève-toi, entre dans la ville, et on te dira ce que tu dois faire. Les hommes qui l'accompagnaient demeurèrent stupéfaits ; ils entendaient bien la voix, mais ils ne voyaient personne.
Saul se releva de terre, et, quoique ses yeux fussent ouverts, il ne voyait rien ; on le prit par la main, et on le conduisit à Damas. Ìl resta trois jours sans voir, et il ne mangea ni ne but.
Or, il y avait à Damas un disciple nommé Ananias. Le Seigneur lui dit dans une vision :
Ananias ! Ìl répondit : Me voici, Seigneur ! Et le Seigneur lui dit : Lève-toi, va dans la rue qu'on appelle la droite, et cherche, dans la maison de Judas, un nommé Saul de Tarse.
Car il prie, et il a vu en vision un homme du nom d'Ananias, qui entrait, et qui lui imposait les mains, afin qu'il recouvrât la vue. Ananias répondit : Seigneur, j'ai appris de plusieurs personnes tous les maux que cet homme a faits à Tes saints dans Jérusalem ; et il a ici des pouvoirs, de la part des principaux sacrificateurs, pour lier tous ceux qui invoquent Ton Nom.
Mais le Seigneur lui dit : Va, car cet homme est un instrument que J'ai choisi, pour porter Mon Nom devant les nations, devant les rois, et devant les fils d'Ìsraël ; et Je lui montrerai tout ce qu'il doit souffrir pour Mon Nom.
Ananias sortit ; et, lorsqu'il fut arrivé dans la maison, il imposa les mains à Saul, en disant : Saul, mon frère, le Seigneur Jésus, Qui t'est apparu sur le chemin par lequel tu venais, M'a envoyé pour que tu recouvres la vue et que tu sois rempli du Saint-Esprit.
Au même instant, il tomba de ses yeux comme des écailles, et il recouvra la vue. Ìl se leva, et fut baptisé ; et, après qu'il eut pris de la nourriture, les forces lui revinrent. Saul resta quelques jours avec les disciples qui étaient à Damas.
Et aussitôt il prêcha dans les synagogues que Jésus est le Fils de Dieu. Tous ceux qui l'entendaient étaient dans l'étonnement, et disaient : N'est-ce pas celui qui persécutait à Jérusalem ceux qui invoquent Ce Nom, et n'est-il pas venu ici pour les emmener liés devant les principaux sacrificateurs ?
Cependant Saul se fortifiait de plus en plus, et il confondait les Juifs qui habitaient Damas, démontrant que Jésus est le Christ. »

« Je dis donc : Dieu a-t-Ìl rejeté Son peuple ? Loin de là ! Car moi aussi je suis Ìsraélite, de la postérité d'Abraham, de la tribu de Benjamin.
Dieu n'a point rejeté Son peuple, qu'Ìl a connu d'avance. [...] De même aussi dans le temps présent il y a un reste, selon l'élection de la grâce. [...] Ce qu'Ìsraël cherche, il ne l'a pas obtenu, mais l'élection l'a obtenu [...]
Je dis donc : Est-ce pour tomber qu'ils ont bronché ? Loin de là !
Mais, par leur chute, le salut est devenu accessible aux païens, afin qu'ils fussent excités à la jalousie. Or, si leur chute a été la richesse du monde, et leur amoindrissement la richesse des païens, combien plus en sera-t-il ainsi quand ils se convertiront tous.
Je vous le dis à vous, païens : en tant que je suis apôtre des païens, je glorifie mon ministère, afin, s'il est possible, d'exciter la jalousie de ceux de ma race, et d'en sauver quelques-uns. Car si leur rejet a été la réconciliation du monde, que sera leur réintégration, sinon une vie d'entre les morts ?
Or, si les prémices sont saintes, la masse l'est aussi ; et si la racine est sainte, les branches le sont aussi. Mais si quelques-unes des branches ont été retranchées, et si toi, qui étais un olivier sauvage, tu as été enté < greffé > à leur place, et rendu participant de la racine et de la graisse de l'olivier, ne te glorifie pas aux dépens de ces branches. Si tu te glorifies, sache que ce n'est pas toi qui portes la racine, mais que c'est la racine qui te porte.
Tu diras donc : Les branches ont été retranchées < coupées >, afin que moi je fusse enté. Cela est vrai ; elles ont été retranchées pour cause d'incrédulité, et toi, tu subsistes par la foi. Ne t'abandonne pas à l'orgueil, mais crains ; car si Dieu n'a pas épargné les branches naturelles, Ìl ne t'épargnera pas non plus.
Considère donc la bonté et la sévérité de Dieu : sévérité envers ceux qui sont tombés, et bonté de Dieu envers toi, si tu demeures ferme dans cette bonté ; autrement, tu seras aussi retranché.
Eux de même, s'ils ne persistent pas dans l'incrédulité, ils seront entés < greffés > ; car Dieu est puissant pour les enter de nouveau.
Si toi, tu as été coupé de l'olivier naturellement sauvage, et enté contrairement à ta nature sur l'olivier franc, à plus forte raison eux seront-ils entés selon leur nature sur leur propre olivier.
Car je ne veux pas, frères, que vous ignoriez ce mystère, afin que vous ne vous regardiez point comme sages, c'est qu'une partie d'Ìsraël est tombée dans l'endurcissement, jusqu'à ce que la totalité des païens soit entrée. .../...

.../...
Et ainsi tout İsraël sera sauvé, selon qu'il est écrit : Le libérateur viendra de Sion, Et il détournera de Jacob les impiétés ; Et ce sera Mon alliance avec eux, Lorsque J'ôterai leurs péchés.
En ce qui concerne l'Évangile, ils sont ennemis à cause de vous ; mais en ce qui concerne l'élection, ils sont aimés à cause de leurs pères.
Car Dieu ne Se repent pas de Ses dons et de Son appel.
De même que vous avez autrefois désobéi à Dieu et que par leur désobéissance vous avez maintenant obtenu miséricorde, de même ils ont maintenant désobéi, afin que, par la miséricorde qui vous a été faite, ils obtiennent aussi miséricorde.
Car Dieu a renfermé tous les hommes dans la désobéissance, pour faire miséricorde à tous.
Ô profondeur de la richesse, de la sagesse et de la science de Dieu ! Que Ses jugements sont insondables, et Ses voies incompréhensibles !
Car Qui a connu la pensée du Seigneur, Ou qui a été Son conseiller ?
Qui Lui a donné le premier, pour qu'İl ait à recevoir en retour ?
C'est de Lui, par Lui, et pour Lui que sont toutes choses. À Lui la gloire dans tous les siècles ! Amen ! »

Maranatha < Viens, Seigneur Jésus > !

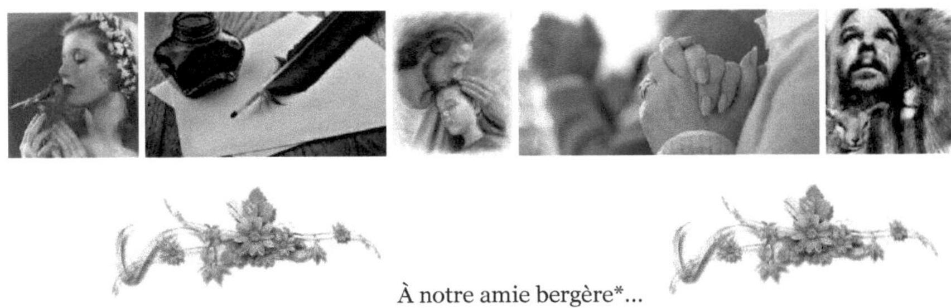

À notre amie bergère*...

Libre, doux et fidèle est l'oiseau de mes rêves, qui a posé sa fleur sur l'étang d'un cœur lourd ;

Oriflamme en l'azur de vieux jours ténébreux, ma dulcinée conquit la faveur de mon âme, au point que j'envisage avec joie notre union ;

Radieuse est ma colombe, venue du ciel poser sur ma vie de sa grâce : que croisse et soit scellé en Jésus notre amour !

İmplorons bien ensemble l'Éternel des merveilles, pourvoyeur à foison, pour que Sa volonté soit notre heureux partage et fière mission...

Sage et sûr restera le foyer de nos vœux les plus chers, ma promise : qu'il repose et s'épanouisse en Christ, qui nous garde à toujours.

Béni soit le Dieu d'amour !

* Offert à un couple pastoral et ami, avant leurs noces...

La paix accordée par le Ciel

**S**agesse est Ton Nom, Éternel, Toi Qu'incarne le Roi de gloire !
**A**dmirable source de vie innervant toute fleur de lys :
**L**'éternité nous est précieuse pour célébrer, Christ, Ta victoire,
**O**doriférant holocauste, vigne du plus noble calice,
**M**issionnaire en force et de grâce, ô vivant fruit de nos prières,
**O**vationné mais incompris, souvent conspué et trahi,
**N**otre Seigneur avait manqué au plus sage et riche des frères :
*C*harismatique en sa maison, suscitant l'orgueil et l'envie ;
*H*onoré autour de son trône aussi bien qu'à travers les âges,
*E*pris de rêve et de splendeur, le roi désirait autre chose...
*R*ien – ni la beauté de ses femmes, ni l'éclat des métaux et pierres,
*C*omme la variété des danses – tout le laissait vide et morose !
*H*omme adulé tant par ses pairs, qu'au-delà des villes et des mers,
*A*utorité suprême et joyau d'Ïsraël, Salomon fut par tous reconnu grand et sage.
*Ï*déalisé malgré lui, qui aspirait au vrai bonheur, le roi indexait vanité, ignorance et flagornerie...
*T*résor de sagacité, juste juge, il rendait sur sujets et Gentils, sentences bonnes et attendues.
**C**omment n'en serait-il ainsi, voyez plus qu'à tous les monarques, Dieu lui promet succès, fortune et de toute onction le bénit...
**H**onni par le monde, Jésus ne connut en son ministère, cette notoriété terrestre et de sa royauté d'aussi clairs attributs.
**R**oi depuis l'étable à la Croix, le Messie Lui-même a cité en exemple, vertu et gloire de l'ancêtre et fils de David...
**Ï**réel, étrange et coupable nous semblent ses airs d'amertume au milieu de ses privilèges, par le fond secret de son cœur,
**S**alomon appelait la vie, qui se dérobe sous les pas de tout homme faible et pécheur !
**T**érébinthe oint de justice, longtemps il perdit de vue Qui lui donna grâce et sagesse, mais précédant l'incarnation, sa quête annonçant l'Évangile, demeure vibrante et lucide.

Citations bibliques (Cantique des cantiques 2 : 1,2 ; Néhémie 13 : 25-27 ; Matthieu 6 : 24-34 ; Proverbes 1 : 7, 10, 19et 6 : 23-27 ; Ecclésiaste 1 : 1-2 ; Matthieu 22 : 41-46 ; Luc 11 : 27-32 ; Osée 14 : 5 et non cité : 1 Rois 11 : 1-13 ; Esdras 10 : 10-11) : « Je suis un narcisse de Saron, Un lis des vallées.- Comme un lis au milieu des épines, Telle est mon amie parmi les jeunes filles. - » [symbole de Jésus-Christ, l'Époux fidèle et l'Église, Sa promise].

« [...] je les fis jurer au Nom de Dieu, En disant : Vous ne donnerez pas vos filles à leurs fils, et vous ne prendrez leurs filles ni pour vos fils ni pour vous. N'est-ce pas en cela qu'a péché Salomon, roi d'Ïsraël ? Ïl n'y avait point de roi semblable à lui parmi la multitude des nations, il était aimé de son Dieu, et Dieu l'avait établi roi sur tout Ïsraël ; néanmoins, les femmes étrangères l'entraînèrent aussi dans le péché. Faut-il donc apprendre à votre sujet que vous commettez un aussi grand crime et que vous péchez contre notre Dieu en prenant des femmes étrangères ? »
« Nul < personne > ne peut servir deux maîtres. Car, ou il haïra l'un, et aimera l'autre < ou il détestera le premier et aimera le second > ; ou il s'attachera à l'un, et méprisera l'autre.
Vous ne pouvez servir Dieu et Mamon [dieu de l'argent, idole de la mondanité].
C'est pourquoi Je vous dis : Ne vous inquiétez pas pour votre vie de ce que vous mangerez, ni pour votre corps, de quoi vous serez vêtus. La vie n'est-elle pas plus que la nourriture, et le corps plus que le vêtement ?
Regardez les oiseaux du ciel : ils ne sèment ni ne moissonnent, et ils n'amassent rien dans des greniers ; et votre Père céleste les nourrit. Ne valez-vous pas beaucoup plus qu'eux ?
Qui de vous, par ses inquiétudes, peut ajouter une coudée < un instant > à la durée de sa vie ? Et pourquoi vous inquiéter au sujet du vêtement ? Considérez comment croissent les lis des champs : ils ne travaillent ni ne filent ; cependant Je vous dis que Salomon même, dans toute sa gloire, n'a pas été vêtu comme l'un d'eux.
Si Dieu revêt ainsi l'herbe des champs, qui existe aujourd'hui et qui demain sera jetée au four, ne vous vêtira-t-il pas à plus forte raison, gens de peu de foi ? Ne vous inquiétez donc point, et ne dites pas : Que mangerons-nous ? que boirons-nous ? de quoi serons-nous vêtus ? Car toutes ces choses, ce sont les païens qui les recherchent. Votre Père céleste sait que vous en avez besoin. Cherchez premièrement le royaume et la justice de Dieu ; et toutes ces choses vous seront données par-dessus. Ne vous inquiétez donc pas du lendemain ; car le lendemain aura soin de lui-même. À chaque jour suffit sa peine. » .../...

…/…
« La crainte de l'Éternel est le commencement de la science < sagesse > ; les insensés méprisent la sagesse et l'instruction. »
« Mon fils, si des pécheurs veulent te séduire, Ne te laisse pas gagner. »
« Ainsi arrive-t-il à tout homme avide de gain ; La cupidité cause la perte de ceux qui s'y livrent. »

« Car le précepte est une lampe, et l'enseignement une lumière, Et les avertissements de la correction sont le chemin de la vie : Îls te préserveront de la femme corrompue, De la langue doucereuse de l'étrangère. Ne la convoite pas dans ton cœur pour sa beauté, Et ne te laisse pas séduire par ses paupières. Car pour la femme Prostituée on se réduit à un morceau de pain, Et la femme mariée tend un piège à la vie Précieuse. Quelqu'un mettra-t-il du feu dans son sein, Sans que ses vêtements s'enflamment ? »

« Paroles de l'Ecclésiaste, fils de David, roi de Jérusalem.
Vanité des vanités, dit l'Ecclésiaste, vanité des vanités, tout est vanité. »

« La reine du Midi se lèvera, au jour du jugement, avec les hommes de cette génération et les condamnera, parce qu'elle vint des extrémités de la terre pour entendre la sagesse de Salomon ; et voici, il y a ici plus que Salomon. Les hommes de Ninive se lèveront, au jour du jugement, avec cette génération et la condamneront, parce qu'ils se repentirent à la prédication de Jonas ; et voici, il y a ici plus que Jonas. »

« Comme les pharisiens étaient assemblés, Jésus les interrogea, en disant : Que pensez-vous du Christ ? De qui est-Îl fils ? Îls Lui répondirent : De David. Et Jésus leur dit : Comment donc David, animé par l'Esprit, l'appelle-t-il Seigneur, lorsqu'il dit : Le Seigneur a dit à mon Seigneur : Assieds-Toi à Ma droite, Jusqu'à ce que Je fasse de Tes ennemis Ton marchepied ? Si donc David L'appelle Seigneur, comment est-Îl son fils ? Nul ne put Lui répondre un mot. Et, depuis ce jour, personne n'osa plus Lui proposer des questions. »

« Je réparerai leur infidélité, J'aurai pour eux un amour sincère ; Car Ma colère s'est détournée d'eux. Je serai comme la rosée pour Îsraël, Îl fleurira comme le lis, Et il poussera des racines comme le Liban. Ses rameaux s'étendront ; Îl aura la magnificence de l'olivier, Et les parfums du Liban. »

Béni soit le Nom d'Élohim < Le Dieu pluriel, Ô Trois fois Saint > !

### La langueur des fiançailles

En souffrant, je m'écarte, mais j'accepte ta colère et le feu de ta joie,
Parce qu'en Christ nous vivons… ! Qu'à mon égard, tu lances des soupirs quelquefois
Ou que scintillent tes yeux, en ta mine rieuse, jaugeant mon pauvre corps,
Je me sens relevé(e) par l'amour bienfaiteur de Christ – notre exemple, le vrai et le plus fort !

Or au creux de mes chagrins, comme au sommet glissant des amicales frénésies,
Je prie Dieu que soient courts nos moments de douleur, mais aussi que l'envie
Ne demeure, en partage, ce reste pitoyable de nos brèves entrevues…
Amis, vivant, croyant en Christ nous nous sommes choisis : c'est Dieu Qui l'a voulu.

Des tranchées de la terre aux horizons célestes...

L'Homme qui n'est pas aimé marche la mort au ventre : il est grincheux,
Déçu et voudrait s'en aller... Ȉl cherche son plaisir où il peut,
En sachant qu'il se perd et ne trouve ici-bas de quoi être heureux :
Alors il s'éparpille et souvent se fourvoie, pour ne pouvoir goûter plus loin que vont ses yeux...

Ȉl faudrait autre chose – une raison de vivre : on aime son travail, quelque hobby futile ou pour un peu de temps,
Quelqu'un qui vous le rende ou non, se montre odieux, ayant changé au fil des erreurs et épreuves partagées...
On s'éprend d'un pays, de telle activité, mais cela nourrit-il vraiment le cœur de l'Homme – spécialement celui qui ne se sait aimé...
Comment peut-il tenir dans les difficultés – si ce n'est par la grâce du Dieu Qui l'a créé et l'aime tellement...

Ȉl y a bien un parent qui tienne à sa personne, et plusieurs connaissances à même de venir orner sa sépulture,
Mais à qui se confier, échanger les doux rêves qui des lèvres jaillissent au bonheur d'être ensemble, s'il est souffrant,
Morose, y a-t-il – hormis ceux-là des bureaux et hospices – quelqu'un qui veuille encor l'écouter et prendre soin de ses blessures,
Un.e ami.e véritable ou l'élu(e) bienheureux d'un cœur qui soit chéri en retour : c'est bien rare et nous manque souvent...

Or tout n'est pas perdu : quelqu'un m'a adressé des lettres si exquises et me dessine en vrai de jolis paysages,
Ȉl fait chanter l'oiseau qui Lui offre ses hymnes et fait germer les fleurs et fruits pour mon plaisir...
Ȉl envoie le vent doux où résonne Son Verbe en fortifiant mon âme épanouie de ferveur et tant de choses – à faire ou se dire –
Se réalisent au quotidien que j'en tiens un journal, où se lit notre amour, ainsi que des poèmes sur des lignes et des pages...

C'est ce que je te souhaite, ô chèr(e) ami.e, de vivre en ta réalité, qui n'est certes la mienne et pourtant, nous avons de même un prétendant,
Source de joie parfaite et baume en nos douleurs, apôtre de la paix que nul(le) autre ne donne, Ȉl t'invite avec d'autres à partager l'amour,
Cette passion des âmes si forte et pure qu'Ȉl sut pour nous tout sacrifier : vois le Christ au Calvaire ouvrir Ses bras au monde, qui L'avait crucifié et marchant
Vers la Croix, viens poser à Ses pieds les fardeaux que tu portes – regrets d'un lourd passé ou peur de l'avenir, tout comme les défis et malheurs quotidiens : Son Esprit veut t'aider et conduire à toujours...

Gloire au Souverain de l'univers !

## Honneur à l'Emmanuel*

Ses mains percées en croix, Ses pieds cloués au bois, bien trop lourds de labeur,
Ni rien encor du reste n'avait su endurcir de Jésus-Christ le cœur...
Mais au lieu de cela, Sa posture élevée signalait la prestance d'un seigneur –
Immolé en offrande à Son peuple, les regards vers le Ciel aussi bien qu'envers nous – l'oubli de Sa douleur...

Les bras ouverts en grâce à qui viendrait à Lui, le Sauveur exposait la cruauté des hommes et Sa miséricorde,
À l'extrême éprouvée... Toutefois cet amour, source de grands miracles, implorait d'Israël depuis l'ancienne alliance, la dévotion et l'ordre,
Dans la droite justice inscrite en notre Loi, ainsi qu'en l'esprit de tout être créé, fils d'Adam par nature...
Alors celui-là qui renie nos origines et nos aspirations à la vraie liberté, méprisant du Dieu Saint les judicieux préceptes, est auteur de parjure !

Pur et noble, le Sang de l'Agneau s'écoulait depuis le haut du Crâne** aux portes de l'enfer, afin d'en délivrer les captifs et reclus.
Or ne voulez-vous pas entendre, en votre sein, le cri de l'agonie, poussé par le Seigneur de toute âme vivante et l'Auteur du salut... ?
Ainsi par notre choix, écrivons-nous, tandis qu'en nos veines frappe et reluit le vin* de Sa vie, soit aux couleurs éclairées, soit à l'encre assombrie, les courbes et les lignes de nos destins tracés...
Si le Maître n'impute qu'aux impies leurs offenses, c'est après maints appels à juste repentance...
Pour nous autres, pesait le prix de l'équité : que voyez-vous, Sa grâce elle-même a payé... !

Citations bibliques (Ésaïe 7 : 13, 14 et Matthieu 1 : 17-25 ; Jean 12 : 31-33 et 3 : 14-21 ;
Luc 23 : 27-46) : * « Ésaïe dit alors : Écoutez donc, maison de David ! Est-ce trop peu pour vous de lasser la patience des hommes, Que vous lassiez encore celle de mon Dieu ?
C'est pourquoi le Seigneur Lui-même vous donnera un signe, Voici, la jeune fille deviendra enceinte, elle enfantera un fils, Et elle Lui donnera le nom d'Emmanuel. »

« Il y a donc en tout quatorze générations depuis Abraham jusqu'à David, quatorze générations depuis David jusqu'à la déportation à Babylone, et quatorze générations depuis la déportation à Babylone jusqu'au Christ.
Voici de quelle manière arriva la naissance de Jésus-Christ. Marie, Sa mère, ayant été fiancée à Joseph, se trouva enceinte, par la vertu du Saint-Esprit, avant qu'ils eussent habité ensemble. Joseph, son époux, qui était un homme de bien et qui ne voulait pas la diffamer, se proposa de rompre secrètement avec elle. Comme il y pensait, voici, un ange du Seigneur lui apparut en songe, et dit : Joseph, fils de David, ne crains pas de prendre avec toi Marie, ta femme, car l'enfant qu'elle a conçu vient du Saint-Esprit ; elle enfantera un fils, et tu Lui donneras le Nom de Jésus ; c'est Lui Qui sauvera Son peuple de ses péchés.
Tout cela arriva afin que s'accomplît ce que le Seigneur avait annoncé par le prophète :
Voici, la vierge sera enceinte, elle enfantera un fils, et on Lui donnera le Nom d'Emmanuel, ce qui signifie Dieu avec nous. Joseph s'étant réveillé fit ce que l'ange du Seigneur lui avait ordonné, et il prit sa femme avec lui. Mais il ne la connut point jusqu'à ce qu'elle eût enfanté un fils, auquel il donna le Nom de Jésus. »

** Crâne : Golgotha, selon Marc 15 : 22, Matthieu 27 : 33 ou Jean 19 : 17 ci-après :
« Jésus, portant sa croix, arriva au lieu du crâne, qui se nomme en hébreu Golgotha. »

*** Vin : pur jus de la vigne, représentant l'arbre de vie dont le Père est le vigneron, nous les disciples, les sarments ou branches ; image du sang versé pour notre rachat.

« Maintenant a lieu le jugement de ce monde ; maintenant le prince de ce monde sera jeté dehors. Et Moi, quand J'aurai été élevé de la terre, J'attirerai tous les hommes à Moi. En parlant ainsi, Il indiquait de quelle mort Il devait mourir. »

« Et comme Moïse éleva le serpent dans le désert, il faut de même que le Fils de l'homme soit élevé, afin que quiconque croit en lui ait la vie éternelle.

.../...

.../...
Car Dieu a tant aimé le monde qu'Il a donné Son Fils unique, afin que quiconque croit en Lui ne périsse point, mais qu'il ait la vie éternelle. Dieu, en effet, n'a pas envoyé Son Fils dans le monde pour qu'Il juge le monde, mais pour que le monde soit sauvé par Lui.
Celui qui croit en Lui n'est point jugé ; mais celui qui ne croit pas est déjà jugé, parce qu'il n'a pas cru au Nom du Fils unique de Dieu. Et ce jugement c'est que, la lumière étant venue dans le monde, les hommes ont préféré les ténèbres à la lumière, parce que leurs œuvres étaient mauvaises.
Car quiconque fait le mal hait la lumière, et ne vient point à la lumière, de peur que ses œuvres ne soient dévoilées ; mais celui qui agit selon la vérité vient à la lumière, afin que ses œuvres soient manifestées, parce qu'elles sont faites en Dieu. »
« Il était suivi d'une grande multitude des gens du peuple, et de femmes qui se frappaient la poitrine et se lamentaient sur Lui. Jésus Se tourna vers elles, et dit : Filles de Jérusalem, ne pleurez pas sur Moi ; mais pleurez sur vous et sur vos enfants. Car voici, des jours viendront où l'on dira : Heureuses les stériles, heureuses les entrailles qui n'ont point enfanté, et les mamelles qui n'ont point allaité ! Alors ils se mettront à dire aux montagnes : Tombez sur nous ! Et aux collines : Couvrez-nous ! Car, si l'on fait ces choses au bois vert, qu'arrivera-t-il au bois sec ? On conduisait en même temps deux malfaiteurs, qui devaient être mis à mort avec Jésus. Lorsqu'ils furent arrivés au lieu appelé Crâne, ils Le crucifièrent là, ainsi que les deux malfaiteurs, l'un à droite, l'autre à gauche.
Jésus dit : Père, pardonne-leur, car ils ne savent ce qu'ils font. Ils se partagèrent Ses vêtements, en tirant au sort. Le peuple se tenait là, et regardait. Les magistrats [...] Les soldats aussi se moquaient de Lui ; s'approchant et Lui présentant du vinaigre, ils disaient : Si tu es le roi des Juifs, sauve-toi toi-même ! Il y avait au-dessus de Lui cette inscription : Celui-ci est le roi des Juifs.
L'un des malfaiteurs crucifiés l'injuriait, disant : N'es-tu pas le Christ ? Sauve-toi toi-même, et sauve-nous ! Mais l'autre le reprenait, et disait : Ne crains-tu pas Dieu, toi qui subis la même condamnation ? Pour nous, c'est justice, car nous recevons ce qu'ont mérité nos crimes ; mais Celui-ci n'a rien fait de mal. Et il dit à Jésus : Souviens-Toi de moi, quand Tu viendras dans Ton règne. Jésus lui répondit : Je te le dis en vérité aujourd'hui, tu seras avec Moi dans le paradis.
Il était déjà environ la sixième heure, et il y eut des ténèbres sur toute la terre, jusqu'à la neuvième heure. Le soleil s'obscurcit, et le voile du temple se déchira par le milieu.
Jésus S'écria d'une voix forte : Père, Je remets Mon esprit entre Tes mains. Et, en disant ces paroles, Il expira. Le centenier, voyant ce qui était arrivé, glorifia Dieu, et dit : Certainement, cet homme était juste. »

Amen < Qu'il en soit fait selon la volonté divine >.

 Le salut à portée de main 

Repentons-nous, mon frère, de ces mauvaises voies
Où nous ont amené-e-s les désirs de chair
Et faisons de nos vies un chemin de sabbat :
T'en souviens-tu, selon la Loi précieuse à nos pères...

D'Israël aucun fils ne devait s'éloigner au-delà de ces pas –
D'un nombre encor gravé dans la tradition, de sa propre demeure
Ou du Temple sacré, que pour une mission le poussant à bien faire.
Ainsi quand survient l'heure arrêtant le sabbat, que s'éveille l'ardeur
Au service de Dieu, Qui gardera nos cœurs près du Sien, mon frère... !
Que les jours de semaine ne m'écartent de Lui et ne fassent de moi
Une occasion de chute pour ton âme ou nos frères regardant à nos pas, .../...

.../...
Mais que leurs yeux se fixent sur les voies du Seigneur et que nos pieds d'argile
En suivant le Saint Maître, s'ils perdent leur chemin, soient conduits au sanctuaire par une main agile !

Et je sais que la Sienne est pour toi ferme et douce, comme elle s'offre à moi,
Dans un cri déchirant – mon âme ouït Sa voix, depuis le gouffre creux où le péché m'entraîne
Et au lieu de sombrer, elle appelle son frère à jeter nos regards vers le Ciel, à la Croix :
C'est la main suppliciée d'un Dieu épris de l'homme et l'ayant modelé, qui jusqu'à la maison, le porte et l'y ramène !

Repentons-nous, cher frère, de ces voies dangereuses qui pourraient nous induire à oublier Celui
Du Calvaire et d'Eden, le Créateur des mondes, car de Ses doigts habiles et Sa Parole vive,
Il conduit Ses enfants plus haut que les montagnes, par le feu et les mers, leur laissant la vie sauve* jusqu'au saint paradis,
Si leur tâche est encor de servir sous le Ciel, mais élève au martyre les bienheureux élu-e-s, dont le nom resplendit en tête du grand Livre !

Aussi vais-je, mon frère, accepter cette main et resserrant la tienne
À la suite, j'irai sur les chemins de terre ou les routes pavées, annoncer l'Évangile qui délivre et guérit ;
J'arpenterai les cieux où me guident les anges, par la voix de l'Esprit Qui nous a sanctifié-e-s
Et Dieu m'offrant en prime un compagnon de lutte, nous verrons par les yeux de la foi, la Cité
Rayonner de splendeurs et nous ouvrir Ses bras ! Tels des fils repentis, revenons sur les traces du Dieu Qui nous pardonne et éclaire nos voies :
En tous temps, ami cher, en tout lieu où nous mène notre parcours en Christ, comme les patriarches observaient la distance de bénédiction,
Tout autour du sanctuaire, que nos âmes se plient à la divine Loi et résistant au monde, ô jamais ne s'éloignent du chemin de sabbat.

* Citation biblique : Matthieu 19 : 16, 29, 25 : 46, Jean 3 : 14-18, 36 et 5 : 24, Actes 1 : 12 et ci-après, Ésaïe 66 : 22-23 : « Car, comme les nouveaux cieux et la nouvelle terre que Je vais créer subsisteront devant Moi, dit l'Éternel, Ainsi subsisteront votre postérité et votre nom. À chaque nouvelle lune et à chaque sabbat, Toute chair viendra se prosterner devant Moi, dit l'Éternel. »

Honneur au Trois fois Saint < Elohim, Dieu pluriel : cf. Genèse 1 : 26 « Puis Dieu dit : Faisons l'homme à notre image, selon notre ressemblance, [...] » > !

Des ronces au diadème*...

Il a couvert ma honte et revêt de splendeur
Mes plus humbles atours – en la plus pauvre femme,
Fût-elle rustre ou colère, n'est-il le moindre charme,
Ô quelque once de grâce, alléluia ! voyez : c'est le don du Seigneur !

Et de même en tout homme et être ainsi créé de la main du Dieu Saint... .../...

.../...
Merci pour notre monde qui, parfait a été formé pour le bonheur,
Mais par l’offre du diable, accueilli le chaos, frustrations et douleurs ;
Cet univers en Christ restauré se prépare – le ferons-nous aussi – à son proche destin...

Oui, comme İl m’a créée d’un voile naturel, qu’İl brisa en Sa chair,
À la Croix du supplice, je vais au sein d’un monde pervers et violent,
Je veux et dois porter le signe de Sa grâce, qui me démarque de vils comportements :
Exposition de soi, vaines frivolités, autosatisfaction présageant l’âpre enfer...

Tels les prophètes, princes et patriarches, oints d’autorité sainte et d’Esprit de partage,
Ô Dieu, je me recouvre de dignité céleste en posant sur ma tête le symbole apparent
Qu’en ma féminité, je prie ou prophétise avec inspiration, humble mais responsable aux pieds du Dieu vivant !
Voyez, à Son service en dépit de mes tares, je crois et İl m’élève jusqu’à me couronner : aimons-Le d’âge en âge...

Citations bibliques (Genèse 24 : 64-67 ; 1 Corinthiens 11 : 4-19 ; Lamentations 5 : 15-21) :
« Rebecca leva aussi les yeux, vit Isaac, et descendit de son chameau.
Elle dit au serviteur : Qui est cet homme, qui vient dans les champs à notre rencontre ? Et le serviteur répondit : C'est mon seigneur. Alors elle prit son voile, et se couvrit.
Le serviteur raconta à İsaac toutes les choses qu'il avait faites. İsaac conduisit Rebecca dans la tente de Sara, sa mère ; il prit Rebecca, qui devint sa femme, et il l'aima. Ainsi fut consolé İsaac, après avoir perdu sa mère. »

« Tout homme qui prie ou qui prophétise, la tête couverte, déshonore son chef.
Toute femme, au contraire, qui prie ou qui prophétise, la tête non voilée, déshonore son chef : c'est comme si elle était rasée < Mais toute femme qui prie ou qui prophétise sans avoir la tête couverte, déshonore son chef ; car c'est la même chose que si elle était rasée >.
Car si une femme n'est pas voilée < couverte >, qu'elle se coupe aussi les cheveux. Or, s'il est honteux < déshonnête > pour une femme d'avoir les cheveux coupés ou d'être rasée, qu'elle se voile < soit couverte, porte sur la tête un signe couvrant >.
L'homme ne doit pas se couvrir la tête, puisqu'il est l'image et la gloire de Dieu, tandis que la femme est la gloire de l'homme.
En effet, l'homme n'a pas été tiré < ne procède pas > de la femme, mais la femme a été tirée de l'homme ; et l'homme n'a pas été créé à cause de la femme, mais la femme a été créée à cause de l'homme.
C'est pourquoi la femme, à cause des anges, doit avoir sur la tête une marque de l'autorité dont elle dépend.
Toutefois, dans le Seigneur, la femme n'est point sans l'homme, ni l'homme sans la femme. Car, de même que la femme a été tirée < prise > de l'homme, de même l'homme existe < naît > par la femme, et tout vient de Dieu < toutes choses procèdent de Dieu >.
Jugez-en vous-mêmes : est-il convenable qu'une femme prie Dieu sans être voilée ?
< Jugez-en vous-mêmes : est-il bienséant qu'une femme prie Dieu [ou : pour la femme de prier Dieu] sans avoir la tête couverte ? >
La nature elle-même ne vous enseigne-t-elle pas que c'est une honte pour l'homme de porter de longs cheveux, mais que c'est une gloire pour la femme d'en porter < si la femme nourrit sa chevelure, c’est un honneur pour elle>, parce que la chevelure lui a été donnée comme voile < la chevelure lui est donnée en guise de voile [naturel, l’invitant à porter un signe couvrant] > ?
Si quelqu'un se plaît à contester, nous n'avons pas cette habitude < nous n'avons pas une telle coutume >, non plus que < ni > les Églises de Dieu.
En donnant cet avertissement, ce que je ne loue point, c'est que vous vous assemblez, non pour devenir meilleurs, mais pour devenir pires < En faisant la remarque suivante, je ne peux pas vous féliciter, car vous vous rassemblez non pour devenir meilleurs, mais pour devenir pires > ou < Or, en prescrivant ceci, je ne vous loue pas, - c'est que vous vous réunissez, non pas pour votre profit, mais à votre détriment >.
Et d'abord, j'apprends que, lorsque vous vous réunissez en assemblée, il y a parmi vous des divisions,- et je le crois en partie, car il faut qu'il y ait aussi des sectes parmi vous, afin que ceux qui sont approuvés soient reconnus comme tels au milieu de vous < İl faut bien en effet qu'il y ait aussi des divisions parmi vous, afin que l'on puisse reconnaître ceux qui sont approuvés de Dieu au milieu de vous > - »

« La joie a disparu de nos cœurs, Le deuil a remplacé nos danses. .../...

.../...
La couronne de notre tête est tombée ! Malheur à nous, parce que nous avons péché !
Si notre cœur est souffrant, Si nos yeux sont obscurcis, C'est que la montagne de Sion est ravagée, C'est que les renards s'y promènent.
Toi, l'Éternel, Tu règnes à jamais ; Ton trône subsiste de génération en génération. [...]
Fais-nous revenir vers Toi, Ô Éternel, et nous reviendrons ! Donne-nous encore des jours comme ceux d'autrefois ! »
Cf. ci-dessous, citations bibliques : Proverbes 4 : 7-9 ; Marc 15 : 17 ; Apocalypse 3 : 10-11 ;
Ésaïe 28 : 5, 6) : *« Voici le commencement de la sagesse : Acquiers la sagesse, Et avec tout ce que tu possèdes acquiers l'intelligence. Exalte-la, et elle t'élèvera ; Elle fera ta gloire, si tu l'embrasses ;
Elle mettra sur ta tête une couronne de grâce, Elle t'ornera d'un magnifique diadème. »

*« Ils Le [Jésus] revêtirent de pourpre, et posèrent sur Sa tête une couronne d'épines, qu'ils avaient tressée. »

« Parce que tu as gardé la parole de la persévérance en Moi, Je te garderai aussi à l'heure de la tentation qui va venir sur le monde entier, pour éprouver les habitants de la terre.
Je viens bientôt. Retiens ce que tu as, afin que personne ne prenne ta couronne. »

« En ce jour, l'Éternel des armées sera Une couronne éclatante et une parure magnifique Pour le reste de Son peuple, Un esprit de justice pour celui qui est assis au siège de la justice, Et une force pour ceux qui repoussent l'ennemi jusqu'à ses portes. »

Honneur au Dieu de vérité et Prince de la paix !

 Saints, justes et solidaires... ! 

Avec l'enfant, j'ai vu un dessin animé qui met en scène la Bible
Et nos cœurs s'en réjouirent – d'ailleurs, je bénis Dieu Que, selon mes prières,
On ait reçu l'entier coffret de collection. Volontiers, cherchons en nos distractions, frères,
Comme à toute occasion, ce qui ferait de nous d'instruits et efficients, de bienheureux disciples...

Donc, malgré la fatigue, attendant que s'achève l'histoire, je suivis la veille, supplié(e) par l'enfant, avant prière et nuit,
Le récit de l'aveugle repentant qui au Christ vint pour être guéri, tandis que les apôtres questionnant le Maître,
Se demandaient de lui, de ses parents qui donc avait péché au point de subir un tel sort... Cette idée répandue chez les prêtres
D'alors, comme elle se retrouve en nos cœurs à ce jour, n'a-t-elle conduit les vils amis de Job à l'accabler encor et bien à tort, ce que le Livre dit...

Or le lendemain vint la nouvelle qu'un homme était décédé jeune, assez malade et je n'ignorais pas la vie qu'il a menée...
Avant que nos enfants aient « les dents agacées », en mangeant le raisin,* c'est nous qui ressentons l'effet de nos excès. Mais il y a injustice,
En ce monde pervers et d'innocentes âmes en pâtissent : voyez ce dont Jésus, plus que tous, fut victime ! Que nul ne se réjouisse,
Exige la Parole, face au mal du prochain – fût-ce un vil ennemi. Gardons-nous des leçons, si la vie-même en donne et sait mieux enseigner.

Alors qu'en tirer donc : je vous souhaite ainsi qu'à moi-même et ma famille contrits, mais de conscience en Jésus apaisée, qu'en les jours nous restant,
Chacun s'applique au pied de la Croix à se montrer *intègre et droit*, comme de Job – faible humain toutefois – le Dieu Très Saint put dire ;
Mieux encor imitons le Christ seul sans péché. Job dit : *ce que je redoute, c'est ce qui m'arrive*, or ignorant du mal l'empire,
.../...

.../...
Il ne blâma pas Dieu, mais supporta l'épreuve... Ayons foi que, vainqueurs en Jésus, nous serons toujours plus sanctifiés et vaillants !

*Comment échapperons-nous, négligeant un si grand salut* ? dit la Parole... Mais quand suivant le monde, je me perds
Et corromps le dépôt que Dieu place, en recevrai-je le reste et mon sang sur quelle tête tomberait-il : voyons certes, Azazel** – pire auteur du péché – nuit
Et sera puni en conséquence ; et moi, et toi dans cette affaire... ? Christ a dit « il n'a rien en moi » : qu'aux œuvres du néant nos vies ne s'associent
Si clochant des deux pieds, l'on flirte avec le mal, il n'en fait qu'une bouchée : qu'à Dieu tous donnent gloire, ainsi nul n'aura donc en vain œuvré, souffert...

Citations bibliques (Jérémie 31 : 27-34 ; Ézéchiel 18 : 2 ; Job 3 : 25, 26 ; Ésaïe 1 : 11-18 ; Hébreux 2 : 1-4 ; **cf. aussi non cités [sur Azazel, mis pour Satan] : Lévitique 16 : 6-10, 26) :
*« Voici, les jours viennent, dit l'Éternel, Où J'ensemencerai la maison d'Ìsraël et la maison de Juda D'une semence d'hommes et d'une semence de bêtes.
*« Et comme J'ai veillé sur eux pour arracher, abattre, détruire, ruiner et faire du mal, Ainsi Je veillerai sur eux pour bâtir et pour planter, Dit l'Éternel. En ces jours-là, on ne dira plus : Les pères ont mangé des raisins verts, Et les dents des enfants en ont été agacées < qui ont eu mal aux dents >. Mais chacun mourra pour sa propre iniquité < en raison de sa faute > ; Tout homme qui mangera des raisins verts, Ses dents en seront agacées < il aura lui-même mal aux dents >. Voici, les jours viennent, dit l'Éternel, Où Je ferai avec la maison < communauté > d'Ìsraël et la maison de Juda Une alliance nouvelle, Non comme l'alliance que Je traitai avec leurs pères, Le jour où Je les saisis par la main pour les faire sortir du pays d'Égypte, Alliance qu'ils ont violée, Quoique Je fusse leur Maître < alors que Moi, J'étais leur Maître >, dit l'Éternel.
Mais voici l'alliance que Je ferai avec la maison d'Ìsraël, Après ces jours-là, dit l'Éternel : Je mettrai Ma loi au dedans d'eux, Je l'écrirai dans leur cœur ; Et Je serai leur Dieu, Et ils seront Mon peuple.
Celui-ci n'enseignera plus son prochain, Ni celui-là son frère, en disant : Connaissez l'Éternel ! Car tous Me connaîtront, Depuis le plus petit jusqu'au plus grand, dit l'Éternel ; Car Je pardonnerai leur iniquité, Et Je ne Me souviendrai plus de leur péché. »
* « La parole de l'Éternel me fut adressée, en ces mots : Pourquoi dites-vous ce proverbe dans le pays d'Ìsraël : Les pères ont mangé des raisins verts, et les dents des enfants en ont été agacées ?
Je suis vivant ! dit le Seigneur, l'Éternel, vous n'aurez plus lieu de dire ce proverbe en Ìsraël. Voici, toutes les âmes sont à Moi ; l'âme du fils comme l'âme du père, l'une et l'autre sont à Moi ; l'âme qui pèche, c'est celle qui mourra. »
« Ce que je crains, c'est ce qui m'arrive ; Ce que je redoute, c'est ce qui m'atteint.
Je n'ai ni tranquillité, ni paix, ni repos, Et le trouble s'est emparé de moi. »

« Ainsi m'a parlé l'Éternel, quand Sa main me saisit, Et qu'Ìl m'avertit de ne pas marcher dans la voie de ce peuple : N'appelez pas conjuration < complot > tout ce que ce peuple appelle conjuration <conspiration > ; Ne craignez pas ce qu'il craint, et ne soyez pas effrayés. C'est l'Éternel des armées Que vous devez sanctifier, C'est Lui Que vous devez craindre et redouter. Et Ìl sera un sanctuaire, Mais aussi une pierre d'achoppement, Un rocher de scandale pour les deux maisons d'Ìsraël, Un filet et un piège Pour les habitants de Jérusalem.
Plusieurs trébucheront ; Ìls tomberont et se briseront, Ìls seront enlacés et pris.
Enveloppe cet oracle < garde à l'abri ce témoignage >, Scelle cette révélation, parmi Mes disciples. -
J'espère en l'Éternel, Qui cache Sa face à la maison de Jacob ; Je place en Lui ma confiance. Voici, Moi et les enfants que l'Éternel M'a donnés, Nous sommes des signes et des présages en Ìsraël, De la part de l'Éternel des armées, Qui habite sur la montagne de Sion. »
« C'est pourquoi nous devons d'autant plus nous attacher aux choses que nous avons entendues, de peur que nous ne soyons emportés loin d'elles.
Car, si la parole annoncée par des anges < à nos ancêtres > a eu son effet < a été ferme, confirmée >, et si toute transgression < infraction > et toute désobéissance a reçu une juste rétribution < la sanction, punition qu'elle méritait >, comment échapperons-nous < au châtiment > en négligeant un si grand salut, qui, annoncé d'abord par le Seigneur, nous a été confirmé par ceux qui l'ont entendu, Dieu appuyant leur témoignage par des signes, des prodiges, et divers miracles, et par les dons du Saint-Esprit distribués selon Sa volonté. »

Amen. Maranatha < Ainsi soit-il. Le Seigneur Jésus revient bientôt > !

L'Évangile au foyer

Ah ! Si tu comprenais l'amour que Christ nous donne, ami(e), tu ne laisserais
Ton conjoint/ta femme, seul(e) aller sur les bancs de l'église, mais tu tiendrais sa main !
D'une chaude accolade, ton bras entourerait ses épaules meurtries et tu prierais
Le Dieu Qui réunit vos chairs, comme Il peut sanctifier les esprits rejetant les voies du Malin...

Oui, Jésus va bénir les êtres qui s'amendent ; Sa grâce a délivré nos vies
De toute emprise vile et subreptice... Ami(e), viens adorer le Sauveur des nations :
C'est le pilier d'un couple à Lui dévoué, tu sais, Son grand amour en Christ nous réjouit ;
Il fit couler à la Croix du Calvaire, un noble sang dont Dieu innerve tous les saints par Ses bénédictions !

Ah ! Si tu comprenais la foi que ton/ta conjoint(e) exprime au sein du temple, en pleurs
Dans votre chambre, cette espérance en l'Éternel qu'il/elle voudrait te voir partager,
C'est d'une sainte joie que vous acclameriez la rédemption, ensemble et pour votre bonheur,
C'est au pied du saint trône que vous recevriez, chaque jour en Jésus, l'Esprit du Dieu vivant et Ses gratuités.
*Louange au Dieu d'amour !*

L'adorer de bon cœur

Debout, les bras ouverts et levés vers le Ciel,
L'Homme accueille son Roi et magnifie le Maître,
Du jardin édénique à la terre nouvelle
En son parcours de foi, de l'exil à la fête...

À travers le périple induit par nos péchés,
Dans la course lointaine vers un autre soi-même,
L'individu se perd, puis en Christ racheté,
Partage délivrance, acquiert et la joie sème...

Fût-il vendu sur les marchés d'esclaves, pour son Maître,
Il fait d'heureux ami(e)s, libres et fiers de suivre
Avec le régisseur – qu'il Lui reste fidèle – un Seigneur magnanime, tout-puissant et honnête.
Allons, voici le prix : de victoire en conquête affranchir qui se livre... !

Comme femme adultère – avant le grand salut, prostrée face à ses juges –
Relèverons-nous la tête pour acclamer la vie, le pardon,
La lumière ou croira-t-on hélas, en pécheurs démiurges,
Devant la gloire de Dieu, du répit jouir en vain, pour sombrer dans la honte... ?

Par la foi, regardons vers le Ciel qui nous sauve à la sainte clarté,
À sa bonté propice, loin des leurres de ce monde, qu'on discerne l'éclat de vie
Et s'y conforme – qui fond nos sombres tares : comme s'épure l'or, nos cœurs par la piété
Sont rendus aptes à plaire en royale parure et mieux encor, chacun recevant sa couronne devant Christ s'humilie...
*Majesté à l'Éternel des armées !*

Sous peine de censure...

Un moniteur avait péché ; on abusait de patience et sur le chemin du danger,
Il nous aurait conduits, naïfs, si en ce temps, le Saint-Esprit ne nous envoya
Sa lumière, qui brise les faisceaux glacés de l'apparence ! Quand éclata la vérité,
Avec lui, on se repentit de n'avoir appliqué la Lettre, et du pardon qu'il offensa...

Que sont les honneurs de l'église, face à l'indignité du crime ?
Nous avons parcouru, ensemble, les sentiers menant au succès ;
À présent, mon Dieu contemple Ses racheté-e-s, d'un œil discret :
Que sont nos titres, s'Il ne peut lire en nos âmes, qu'un amour infime... ?

Le servir à genoux et L'aimer jusqu'au sang, ô que ce soit l'offrande,
Frères, de nos cœurs dévoués ! Au lieu des prêches et sermons d'un pharisien,
Dont la vie déshonore Christ, à force de tarir l'essence du commandement divin,
Que l'homme donne à Dieu la gloire, de sa naissance jusqu'aux cendres... !

Si je ne suis de biens pourvu(e) ou que des ami-e-s me négligent, si je n'ai les talents classiques,
L'onction m'est venue, par un cœur asservi à la sainteté ;
Je m'applique envers mes semblables au grand combat de la piété,
Visant malgré nos différences, à rendre du Dieu Qui nous aime un témoignage bénéfique...

Que la joie m'habite en donnant, quand vient l'heure de la dîme,
Plus que la portion par Loi due, une généreuse addition !
Et si je reçois une charge, que je demeure au Roi soumis, durant toute ma mission,
Car du chaos Il me délivre : que sont les honneurs de l'église, devant l'indignité du crime...

Citation biblique (Matthieu 18 : 11-20 et non cités : 2 Timothée 4 : 1-5) :
« Car le Fils de l'homme est venu sauver ce qui était perdu.
Que vous en semble ? Si un homme a cent brebis, et que l'une d'elles s'égare, ne laisse-t-il pas les quatre-vingt-dix-neuf autres sur les montagnes, pour aller chercher celle qui s'est égarée ?
Et, s'il la trouve, je vous le dis en vérité, elle lui cause plus de joie que les quatre-vingt-dix-neuf qui ne se sont pas égarées.
De même, ce n'est pas la volonté de votre Père Qui est dans les cieux qu'il se perde un seul de ces petits.
Si ton frère a péché, va et reprends-le entre toi et lui seul. S'il t'écoute, tu as gagné ton frère.
Mais, s'il ne t'écoute pas, prends avec toi une ou deux personnes, afin que toute l'affaire se règle sur la déclaration de deux ou de trois témoins.
S'il refuse de les écouter, dis-le à l'Église ; et s'il refuse aussi d'écouter l'Église, qu'il soit pour toi comme un païen et un publicain.
Je vous le dis en vérité, tout ce que vous lierez sur la terre sera lié dans le ciel, et tout ce que vous délierez sur la terre sera délié dans le ciel.
Je vous dis encore que, si deux d'entre vous s'accordent sur la terre pour demander une chose quelconque, elle leur sera accordée par mon Père Qui est dans les cieux.
Car là où deux ou trois sont assemblés en Mon Nom, Je suis au milieu d'eux. »

Gloire au Seigneur !

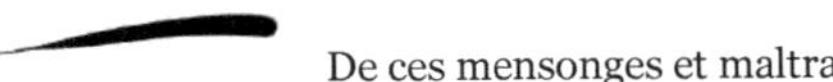

De ces mensonges et maltraitance...

Portes-tu les fardeaux, pharisien, que Ta main propose à soulever par un peuple meurtri,
Qui veut ressusciter : offre-leur Jésus-Christ, brosse-leur l'Évangile au lieu de tels préceptes morts, faux, inutiles...
Il te faut un collyre : ton cœur est cécité, la robe de justice et de l'or éprouvé par le feu de la vie.
Laisse le Roi bâtir ta spiritualité : que Son amour t'inonde et que Sa vérité te ramène à l'essence – nous savons, malgré tout, ton être si fragile...

Il n'a pas plu à Dieu, mon frère, de t'édifier sur ces aspects de loi que tes yeux rejetaient,
Mais si frère est ton nom, comme il est nécessaire d'écouter Sa Parole et sans la travestir, de l'observer en grâce...
Ô docteur d'Israël, pourquoi veux-tu rester dans le fond d'un sépulcre, alors que de nouveaux-venus et tes pairs s'en iraient
Vers la céleste Sion, ami(e), monteras-tu... ? Souviens-toi de la flamme que tu vis embraser le corps des Écritures : que tout orgueil s'efface !

Rappelle-toi ces heures où tes regards cherchaient auprès du Livre saint – face auquel ton cœur dur achoppe, à chaque fois...
Remémore à ton âme les flots d'iniquité qui submergeaient ta foi – non basée sur le Roc*, mais sur les traditions d'ostensible observance
Et si tu n'as pas honte, au vu de nos péchés, pharisien, c'est que l'heure est venue que s'arrache l'ivraie de tes cultures, en la vigne du Roi...
Ne sois pas un loup vil, au milieu d'un troupeau qu'un bon Maître conduit, d'une verge de fer : elle est pour ceux, maudits qui se souillent en secret, soignant toute apparence...

* Le Roc [Jésus-Christ] : cf. dans la Bible, 1 Corinthiens 10 : 1-4 ; 2 Samuel 22 : 47-50 :
« Frères, je ne veux pas que vous ignoriez que nos pères ont tous été sous la nuée, qu'ils ont tous passé au travers de la mer, qu'ils ont tous été baptisés en Moïse dans la nuée et dans la mer, qu'ils ont tous mangé le même aliment spirituel [la manne : pure et végétale], et qu'ils ont tous bu le même breuvage spirituel [eau pure], car ils buvaient à un rocher spirituel qui les suivait, et ce rocher était Christ.
Mais la plupart d'entre eux ne furent point agréables à Dieu, puisqu'ils périrent dans le désert.
Or, ces choses sont arrivées pour nous servir d'exemples, afin que nous n'ayons pas de mauvais désirs, comme ils en ont eu. »

« Vive l'Éternel, Et béni soit mon rocher ! Que Dieu, le rocher de mon salut, soit exalté, Le Dieu Qui est mon vengeur, Qui m'assujettit les peuples, Et Qui me fait échapper à mes ennemis ! Tu m'élèves au-dessus de mes adversaires, Tu me délivres de l'homme violent.
C'est pourquoi je Te louerai parmi les nations, Ô Éternel ! Et je chanterai à la gloire de Ton Nom. »

Église des derniers jours

Je suis Laodicée : ma ferveur est éteinte, dans la nuit de mon cœur,
J'ai entendu Sa voix qui demandait pourquoi
Je ne crois plus en Lui : « * Trouverai-je encor la foi [...] ? »
Nous dit Jésus : l'Esprit de repentance m'appelle à réformer ma vie pour le Seigneur.

Pour mon salut d'abord, c'est Sa gloire qu'il faut rechercher et servir
À Sa cause, autant qu'il m'est possible... Or je L'ai entendu : Voici, Laodicée
Aveugle, tu méprises la douleur du prochain, frappes et point ne relèves qui subit le péché ;
Tu ne discernes pas les signes de la fin, mais en mondanité tu persistes à faiblir...

Oui, ton accoutrement, léger dans la balance comme tu seras trouvée, est de folle indécence :
Au lieu de digne robe qui couvre de justice, tu te revêts d'illusions, vaines philosophies, plutôt que t'appuyer .../...

.../...
Sur la Parole sûre, tu laisses le contexte vil, matérialiste placer ses intérêts au sein d'une maison minée
Par l'égoïsme et te vends pour du toc, car ton prix d'autrefois est de fidélité au Dieu de l'innocence.

Écoute : l'Écriture est vive et n'a changé, comme Je suis Le même et t'appelle à rester
À Mes voies attachée – en dépit des sirènes qui te bercent et t'enchaînent par cette oreille rebelle,
Comme l'odieux mirage d'un monde qui décline, endolorit tes sens... Laodicée, reviens et te réveille
Enfin du sommeil où la mort fait dériver ton âme... Bois à la source pure et tu seras sauvée !

Citations bibliques (Luc 18 : 1-8 ; Colossiens 4 : 12-13, 16-18 ; Apocalypse 1 : 1-6, 9-20 et 3 : 14-22 ; Job 17 : 6 ; Psaumes 119 : 17-24 ; Apocalypse 20 : 11-15) : * « Jésus leur adressa une parabole, pour montrer qu'il faut toujours prier, et ne point se relâcher. Il dit : Il y avait dans une ville un juge qui ne craignait point Dieu et qui n'avait d'égard < respect > pour personne. Il y avait aussi dans cette ville une veuve qui venait lui dire : Fais-moi justice de ma partie adverse. Pendant longtemps il refusa. Mais ensuite il dit en lui-même : Quoique je ne craigne point Dieu et que je n'aie d'égard pour personne, néanmoins, parce que cette veuve m'importune < me fatigue, m'ennuie >, je lui ferai justice, afin qu'elle ne vienne pas sans cesse me rompre la tête. Le Seigneur ajouta : Entendez ce que dit le juge inique < injuste, mauvais >. Et Dieu ne fera-t-Il pas justice à Ses élus, qui crient à Lui jour et nuit, et tardera-t-Il à leur égard < venir en aide, quoiqu'il diffère Sa vengeance > ? Je vous le dis, Il leur fera promptement justice. Mais, quand le Fils de l'homme viendra, trouvera-t-Il la foi sur la terre ? »

« [...] qui est des vôtres, vous salue : serviteur de Jésus-Christ, il ne cesse de combattre pour vous dans ses prières, afin que, parfaits et pleinement persuadés, vous persistiez dans une entière soumission à la volonté de Dieu. Car je lui rends le témoignage qu'il a une grande sollicitude pour vous, pour ceux de Laodicée, et pour ceux d' [...] »
« Saluez les frères qui sont à Laodicée, et [...], et l'Église qui est dans sa maison. Lorsque cette lettre aura été lue chez vous, faites en sorte qu'elle soit aussi lue dans l'Église des Laodicéens, et que vous lisiez à votre tour celle qui vous arrivera de Laodicée. Et dites à [...] : Prends garde au ministère que tu as reçu dans le Seigneur, afin de le bien remplir. Je vous salue, moi Paul, de ma propre main. Souvenez-vous de mes liens < ma condition de prisonnier >. Que la grâce soit avec vous ! »

« Révélation de Jésus-Christ, que Dieu Lui a donnée pour montrer à Ses serviteurs les choses qui doivent arriver bientôt, et qu'Il a fait connaître, par l'envoi de Son ange, à Son serviteur Jean, lequel a attesté la parole de Dieu et le témoignage de Jésus-Christ, tout ce qu'il a vu. Heureux celui qui lit et ceux qui entendent les paroles de la prophétie, et qui gardent les choses qui y sont écrites ! Car le temps est proche.
Jean aux sept Églises qui sont en Asie : que la grâce et la paix vous soient données de la part de Celui Qui est, Qui était, et Qui vient, et de la part des sept esprits qui sont devant Son trône, et de la part de Jésus-Christ, le témoin fidèle, le premier-né des morts, et le prince des rois de la terre ! À Celui Qui nous aime, Qui nous a délivrés de nos péchés par Son sang, et Qui a fait de nous un royaume, des sacrificateurs pour < prêtres au service de > Dieu Son Père, à Lui soient la gloire et la puissance, aux siècles des siècles ! Amen ! »

« Moi Jean, votre frère, et qui ai part avec vous à la tribulation < détresse, participe à l'affliction > et au royaume < règne > et à la persévérance en Jésus, j'étais dans l'île appelée Patmos, à cause de la parole de Dieu et du témoignage de Jésus. Je fus ravi en esprit < saisi par l'Esprit > au jour du Seigneur, et j'entendis derrière moi une voix forte, comme le son d'une trompette, qui disait : Ce que tu vois, écris-le dans un livre, et envoie-le aux sept Églises, à Ephèse, à Smyrne, à Pergame, à Thyatire, à Sardes, à Philadelphie, et à Laodicée.
Je me retournai pour connaître quelle était la voix qui me parlait. Et, après m'être retourné, je vis sept chandeliers < lampes > d'or, et, au milieu des sept chandeliers, quelqu'un qui ressemblait à un fils d'homme, vêtu d'une longue robe, et ayant une ceinture d'or sur la poitrine. Sa tête et Ses cheveux étaient blancs comme de la laine blanche, comme de la neige ; Ses yeux étaient comme une flamme de feu ; Ses pieds étaient semblables à de l'airain ardent, comme s'Il eût été embrasé dans une fournaise ; et Sa voix était comme le bruit de grandes eaux. Il avait dans Sa main droite sept étoiles. De Sa bouche sortait une épée aiguë, à deux tranchants ; et Son visage était comme le soleil lorsqu'il brille dans sa force.
Quand je Le vis, je tombai à Ses pieds comme mort. Il posa sur moi Sa main droite en disant : Ne crains point ! Je suis le premier et le dernier, et le vivant. J'étais mort ; et voici, Je suis vivant aux siècles des siècles. Je tiens les clefs de la mort et du séjour des morts.
Écris donc les choses que tu as vues, et celles qui sont, et celles qui doivent arriver après elles, le mystère des sept étoiles que tu as vues dans Ma main droite, et des sept chandeliers d'or. Les sept étoiles sont les anges des sept Églises, et les sept chandeliers sont les sept Églises. » .../...

.../...
« Ecris à l'ange de l'Église de Laodicée : Voici ce que dit l'Amen, le témoin fidèle et véritable, le commencement de la création de Dieu : Je connais tes œuvres. Je sais que tu n'es ni froid ni bouillant. Puisses-tu être froid ou bouillant !
Ainsi, parce que tu es tiède, et que tu n'es ni froid ni bouillant, Je te vomirai de Ma bouche.
Parce que tu dis : Je suis riche, je me suis enrichi, et je n'ai besoin de rien, et parce que tu ne sais pas que tu es malheureux, misérable, pauvre, aveugle et nu, Je te conseille d'acheter de Moi de l'or éprouvé par le feu [symbolisant la foi en la Parole, perdurant en toute épreuve et circonstance], afin que tu deviennes riche, et des vêtements blancs [symbole de pure justice, des bonnes œuvres, de la sainteté que Dieu nous donne], afin que tu sois vêtu et que la honte de ta nudité ne paraisse pas, et un collyre [discernement] pour oindre tes yeux, afin que tu voies.
Moi, Je reprends et Je châtie tous ceux que J'aime. Aie donc du zèle, et repens-toi.
Voici, Je Me tiens à la porte, et Je frappe. Si quelqu'un entend Ma voix et ouvre la porte, J'entrerai chez lui, Je souperai avec lui, et lui avec Moi.
Celui qui vaincra, Je le ferai asseoir avec Moi sur Mon trône, comme Moi J'ai vaincu et Me suis assis avec Mon Père sur Son trône. Que celui qui a des oreilles entende ce que l'Esprit dit aux Églises ! »

Citations bibliques, ci-dessous : Job 17 : 6 ; Psaumes 119 : 17-24 ; Apocalypse 20 : 11-15 ; Hébreux 2 : 10-15 ; Apocalypse 19 : 5-9 : « İl m'a rendu la fable des peuples, Et ma personne est un objet de mépris. »

« Fais du bien à Ton serviteur, pour que je vive Et que j'observe Ta parole ! Ouvre mes yeux, pour que je contemple Les merveilles de Ta loi ! Je suis un étranger sur la terre : Ne me cache pas Tes commandements ! [...] Des princes ont beau s'asseoir et parler contre moi, Ton serviteur médite Tes statuts. Tes préceptes font mes délices, Ce sont mes conseillers. »
« Puis je vis un grand trône blanc, et Celui Qui était assis dessus. La terre et le ciel s'enfuirent devant Sa face, et il ne fut plus trouvé de place pour eux. Et je vis les morts, les grands et les petits, qui se tenaient devant le trône. Des livres furent ouverts. Et un autre livre fut ouvert, celui qui est le livre de vie. Et les morts furent jugés selon leurs œuvres < chacun d'après ses actes >, d'après ce qui était écrit dans ces livres. La mer rendit les morts qui étaient en elle, la mort et le séjour des morts rendirent les morts qui étaient en eux ; et chacun fut jugé selon ses œuvres. Et la mort et le séjour des morts furent jetés dans l'étang de feu. C'est la seconde mort, l'étang de feu. Quiconque ne fut pas trouvé écrit dans le livre de vie fut jeté dans l'étang de feu. »

« İl convenait, en effet, que celui pour qui et par qui sont toutes choses, et qui voulait conduire à la gloire beaucoup de fils, élevât à la perfection par les souffrances le Prince de leur salut.
Car Celui Qui sanctifie et ceux qui sont sanctifiés sont tous issus d'Un seul. C'est pourquoi İl n'a pas honte de les appeler frères, lorsqu'İl dit : J'annoncerai Ton nom à Mes frères, Je Te célébrerai au milieu de l'assemblée. Et encore : Je Me confierai en toi. Et encore : Me voici, Moi et les enfants que Dieu M'a donnés.
Ainsi donc, puisque les enfants participent au sang et à la chair, İl y a également participé Lui-même, afin que, par la mort, İl anéantît celui qui a la puissance de la mort, c'est-à-dire le diable, et qu'İl délivrât tous ceux qui, par crainte de la mort, étaient toute leur vie retenus dans la servitude < réduits à l'esclavage >. »

« Et une voix sortit du trône, disant : Louez notre Dieu, vous tous Ses serviteurs, vous qui Le craignez, petits et grands !
Et j'entendis comme une voix d'une foule nombreuse, comme un bruit de grosses eaux, et comme un bruit de forts tonnerres, disant : Alléluia ! Car le Seigneur notre Dieu Tout-Puissant est entré dans Son règne.
Réjouissons-nous et soyons dans l'allégresse, et donnons-Lui gloire ; car les noces de l'Agneau sont venues, et Son épouse s'est préparée, et il lui a été donné de se revêtir d'un fin lin, éclatant, pur. Car le fin lin, ce sont les œuvres justes des saints.
Et l'ange me dit : Écris : Heureux ceux qui sont appelés au festin de noces de l'Agneau ! Et il me dit : Ces paroles sont les véritables paroles de Dieu. »

Béni soit le Nom d'Élohim < Le Trois fois Saint > !

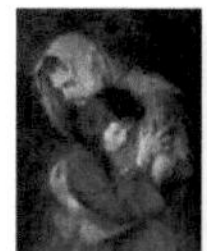
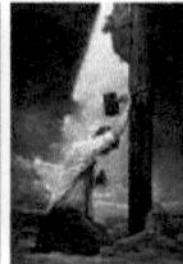

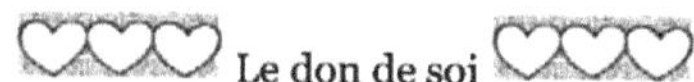

## Le don de soi

À Toi la dîme de mes subsides, le septième de nos jours et l'essentiel de ma personne,
Ô Dieu d'Israël, Modèle des patriarches, Père bienfaiteur des fils de l'homme,
À Toi mes sacrifices : point de viandes impures, ni d'enivrants breuvages ;
À la table d'autres convives, je puis humblement me réjouir, mais reste sage !

À Toi, Ô Seigneur, mes soirs et journées de sabbat**, où j'oublie les affres du monde,
Quittant les tâches vaines, laissant nos frénésies d'achat, loin des sirènes qui grondent
Pour nous tenter, frères et sœurs, comme un tintamarre dans un havre de paix...
À Toi la gloire – Celui Qui sait, peut et crée toutes choses, Ô Dieu puissant et vrai !

Daigne écouter les louanges des chœurs adventistes* venus T'adorer,
Oui, Toi, le Sujet de notre sainte doctrine, l'objet de notre amour – Maître autant vénéré
Que trahi, mais sans rancune, éternellement juste dans Ses arrêts comme Sa Loi –
Prends nos esprits vivants, notre chair obéissante, le meilleur de nos heures, Ô Roi,
À toi nos dîmes et offrandes, l'élan des cœurs purs, les merveilles de notre foi...

* *Adventiste(s)* : se dit de celui, celle, du peuple qui « *de toute nation, tribu, langue* », attend dans la fidélité aux Dix Commandements, l'avènement du Messie, le retour de Jésus-Christ.

** Citations bibliques (Genèse 2 : 1-3) : « Ainsi furent achevés les cieux et la terre, et toute leur armée. Dieu acheva au septième jour Son œuvre, qu'Il avait faite : et Il Se reposa au septième jour de toute Son œuvre, qu'Il avait faite. Dieu bénit le septième jour, et Il le sanctifia, parce qu'en ce jour Il Se reposa de toute Son œuvre qu'Il avait créée en la faisant. »

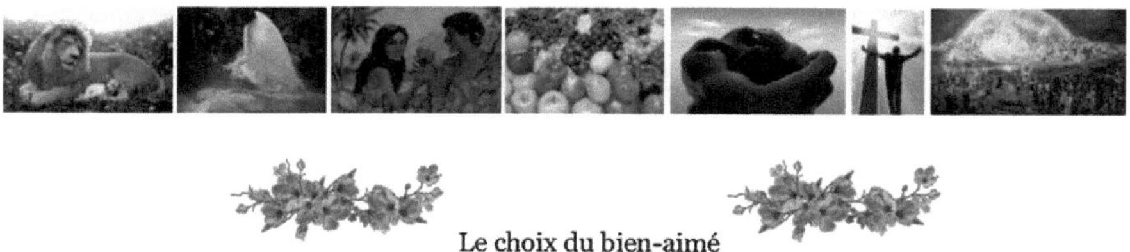

## Le choix du bien-aimé

Il prêche dans le temple et enseigne aux enfants, mais ses mains travailleuses
À la maison sacrée ont donné leur ouvrage, car sa contribution, ni peureuse,
Ni fière, est un joyeux service à la gloire de Dieu ! Celui que mon cœur aime
Demeure confiant, si l'épreuve sévit et quand sourit mon âme, sa joie est suprême...

À loisir serviable et d'un regard si doux, celui que mon cœur aime
A des silences d'or, de profondes paroles et gestes prévenants,
Que depuis le Ciel, lui inspire une grâce infinie... Voyez le bien qu'il sème,
En étant simplement fidèle à mes côtés, comme il l'est à l'église, actif et souriant !

Il marche sur la cendre et sa tête est au Ciel, quand il doit arpenter les sentiers de douleur,
Son pied ne faiblit pas, mais il file, léger à travers le parcours que trace le Seigneur :
En des sombres contrées arides, par les mers démontées, sur les sols déboisés comme au cœur des forêts,
Oui, mon frère que j'aime asservit son jeune être à la cause du Roi, notre Dieu Qui était, Qui sera et Qui est.

Gloire au Seigneur !

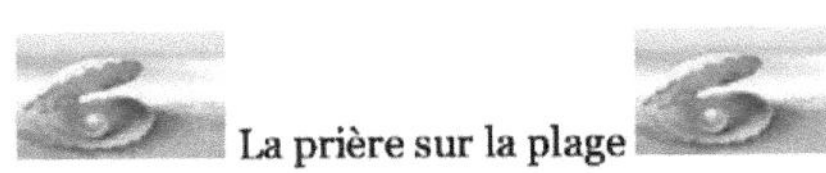

## La prière sur la plage

Dans la joie du baptême, j'ai marché sur le sable et j'ai fouetté la mer écumeuse, à pieds nus :
Comme j'aurais voulu me fondre en l'horizon, pour honorer le Dieu Qui créa toutes choses !
À travers le feuillage de la cocoteraie, se dandinaient les flots d'un éclat argenté et de jolies fleurs roses...
Des hommes et des femmes venaient, sur cette plage, d'embrasser le salut !

Diffuse, une clarté au-dessus des nuages présidait à la scène et j'y ai vu le signe d'un saint contentement...
En vérité, mon cœur abritait la lumière : celle qui suscitait nos hymnes d'allégresse,
Ô cette douce aurore inspirant aux plus jeunes quelques pas de souplesse :
Tel un feu jaillissant, la grâce avait embrasé les convives au bel et noble engagement !

Comme un cadeau de Dieu, l'amour nous trouvait là, réjoui(e)s entre frères et sœurs d'un nouvel ordre : celui de Jésus !
Et alors que d'autres attendaient les transports qui mèneraient au temple, je longeai cette rive aux côtés de ma sœur, évoquant nos projets d'église.
Une émotion profonde attisait notre paix, en ce décor superbe, tel un parfum d'adoration scellant l'alliance en Christ.
Les souliers à la main, on se sentait acteur(s) de ce panorama, comme on avait pris part au saint plan du salut...

La Nature nous avait associé(e)s au Maître : elle se donnait à vivre par ses beautés offertes et se laisse mirer en tous temps, à travers les versets bibliques.
Mais comment pouvions-nous y demeurer encore, à présent qu'il fallait repartir vers l'église : à peine épris de liesse, nos cœurs
S'en seraient-ils détournés sans remords, malgré les réjouissances préparées par le temple ? Il semblait que le vent, murmurant dans les vagues, se faisait un écho de nos secrètes peurs...
Or la tristesse était bannie, dès lors qu'il revint à nos esprits l'éveil d'un chant d'aurore : de ce lieu à la route, la chorale entonna des mélodies sacrées, qu'on savait relayées par les chœurs angéliques !

Honneur à l'Emmanuel <  Dieu avec et parmi nous > !

Citation biblique : Proverbes 3 : 13-18 et Matthieu 13 : 44-46 < J.C., la perle rare, inestimable... >.

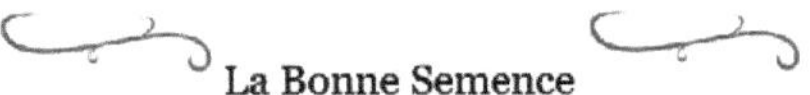

## La Bonne Semence

Laisse entrer la joie dans ton cœur :
Vois-tu comme sont claires et onctueuses les perles de la grâce,
Lesquelles fixent par une main divine, les amarres du bonheur :
Que Christ-Jésus, de cette parure, orne ma simple face...

Aucun bijou d'orfèvre ne peut égaler l'assortiment
De gemmes, de fleurs et de parfums savamment
Agencés par la touche du Maître, afin d'en décorer
L'intimité des âmes pieuses, enfouie sous les tiges d'osier,
Car le trésor de la vie doitêtre serré fermement !

Si ses effluves volontiers comblent l'entourage d'ardeur
Dans l'art de servir notre cause, il faut aussi que le tissage
.../...

.../...
Feuillu et de pierres gravé, préserve la foi des cœurs sages !
Il exhale une odeur de sainteté harmonieuse, en douceur
Dans la combinaison d'essences et de matières, que le Créateur
Expertise par Son génie tout personnel... Choisi(e) et chéri(e) parmi les fleurs,
Ne sens-tu pas combien embaume(nt) le parfum de ton adoration,
Mais plus encor, les délicatesses de Sa grâce, pour t'avoir offert le pardon...

Moi, jadis cactus pauvre en sève, au derme épineux et flétri,
J'ai vu grandir vers le Ciel branches d'un vert juteux et pétales exquis !
Que Dieu qui brûle les peaux mortes, taille chacune de nos parts chéries, choisies parmi les fleurs :
Nous formons une roseraie qui, unique en son genre, ondule comme la mer
Générant un torrent de couleurs irisées, or la variété de nos espèces enrichit notre serre...
Végétal solitaire, peit bourgeon tapi aux pieds de l'Arbre : réponds à l'appel du Père...
Que la sève du divin cep innerve nos racines, bientôt lourdes de fruits : laisse entrer la joie dans ton cœur !

Citation biblique (1 Pierre 3 : 3-4) : « Ayez, non cette parure extérieure qui consiste dans les cheveux tressés, les ornements d'or [bijoux...], ou les habits qu'on revêt, mais la parure intérieure et cachée dans le cœur, la pureté incorruptible d'un esprit doux et paisible, qui est d'un grand prix devant Dieu. »

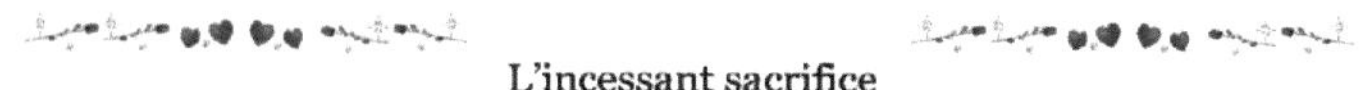

L'incessant sacrifice

Dieu accomplit dans ma vie, des miracles puissants !
Tant de fois, sur les routes, j'échappai à la mort ou à quelque blessure ;
À deux doigts de faillir, je me suis relevé(e), de vigueur éclatant !
Innombrables pour moi sont les occasions où l'antre du péché m'offrait quelque souillure...

Mais sali(e), j'ai été racheté(e) par le Christ et de Sa délivrance, je chante le sursaut :
Dieu a fait, dans nos vies, des miracles puissants...
Or à l'heure où je suis, j'ignore et je saurai par combien de tourments
Sa grâce à mes côtés, m'a tenu(e) à l'écart d'illusions maléfiques et d'insidieux assauts !

Dans ma quête attentive au souverain salut, je reçois, par Ta paix, l'assurance et l'amour ;
Je me sais pardonné(e) et j'apprends à connaître les voies que Tu déclines, sous mes yeux ébahis !
Oh ! suis-je assez confiant(e) et docile pour naître à la vie d'abondance, dont chaque jour Tu me baptises... ?
Certes n'ai-je pas su gérer tous les outils, qu'ont laissé choir au sol des pattes de velours,
À l'école, en ouvrier s'exerce-t-on, bon Maître, sur les choses et les cœurs que Tu places en nos mains...
Mais par nos doigts habiles à châtier comme aux caresses, Tu réalises des mystères et sanctifies nos lendemains !

Amen < Ainsi soit-il, selon la volonté divine >.

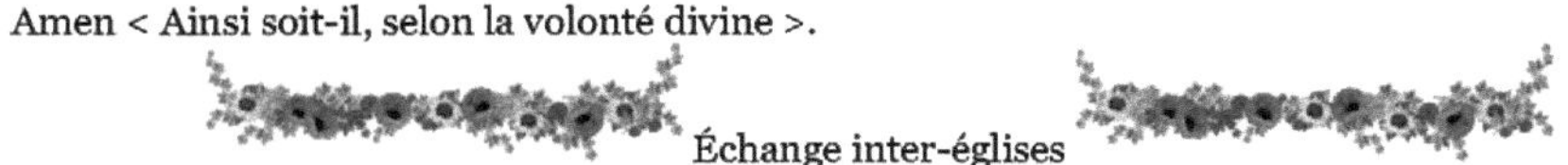

Échange inter-églises

Les mêmes qui pensaient que Jésus n'est pas de Dieu – à tort,
M'ont dit aussi de l'Esprit-Saint qu'Il n'est qu'une "force agissante",
Une extension, dit-on, de Dieu Qui est le Père... Or en Son unité, richesse bénissante,
Il a trois ministères dans le plan du salut et c'était nécessaire, c'est heureux pour mon sort !

Quelqu'un m'a dit un jour que je suis à la fois l'enfant de mes parents et la sœur de mon frère,
.../...

.../...
La mère de mon fils – et d'autres choses encor, oui, qu'il en est de même pour la Trinité sainte – ainsi que le soleil
Est cet astre de feu, source de lumière, de chaleur et le tout fait de lui le soleil... Mais le divin éclat n'a nul autre pareil !
Ainsi le feu sacré animait-il le temple et seul eut vocation à consumer l'offrande, à graver la Loi sainte : comme au peuple au désert, c'est Dieu même Qui montre le chemin vers le Père...

Sachons honorer, frères, le Fils Qui S'est donné, en d'atroces douleurs, pour les péchés du monde – dont Îl n'était fautif – pour nous offrir la vie,
Le pardon, Sa justice et toute bénédiction découlant de la Croix, le Fils Qui fut parfait et si mal rétribué par cette humanité qu'Îl tira de l'abîme,
Le Fils Qu'on dit prophète, homme de bien, tandis qu'Îl est Dieu Créateur, juge de l'univers et soutient toutes choses... Honorons par l'Esprit notre Sauveur venu pour effacer nos crimes,
Celui Qui brisant les barrières, accueille les exclu(e)s et parias du système, Qui lit au fond des cœurs et sait guérir au mieux ceux qui s'avouent malades et Lui confient leur vie...

Enfin ne blasphémons contre l'Esprit de Dieu Qui, par divers moyens, nous exhorte et prévient afin qu'on s'améliore, qu'on Le laisse aux commandes, puisque ma sœur, mon frère,
De toi tu ne peux rien – idem pour ta servante, mais l'Éternel soutient ceux qui sur Lui s'appuient.
N'attristons pas l'Esprit Qui règne de tout temps, depuis la Création,
Passant par l'onction de tous grands personnages cités par le Saint Livre – patriarches et juges, prophètes, rois et apôtres, ceux qui n'ont pas de titre et œuvrent par la foi au service du Maître... Et la révélation
De Dieu à ta personne est œuvre de l'Esprit, Qui n'est que Dieu Lui-même, Ô Père des lumières, Ô Fils Sauveur du monde... Ainsi les mêmes qui bafouent L'Un renient L'Autre et s'en repentiront assez tôt, je l'espère...

Béni soit le Nom d'Elohim, < Le Trois fois Saint, Dieu pluriel : cf. Genèse 1 : 26 >.

Brillez vraiment, lucioles... !

Quelques jeunes et habitants du coin colportaient des nouvelles du quartier,
De nuit, au carrefour, au pied d'un lampadaire, telles des lucioles,
Îls blaguaient en buvant de la bière, jusqu'à ce qu'une parole
Au hasard, lancée sous le feu de l'alcool, vint vite tout gâcher...

Oh ! mais ces ami(e)s d'infortune se connaissaient assez peu :
N'ayant en commun que l'idée de leur désœuvrement, ils regardaient passer les heures,
Sans penser aux soucis qui les conduisaient là – suffisamment heureux
Pour exprimer leur liberté, au pied du lampadaire et de boisson gonfler les cœurs...

Soudain alors, un jeune en colère, un peu chaud, brisa en tessons sa bouteille
Et s'apprêtait à menacer au visage une autre luciole, quans ses protecteurs, sur le vif,
Prirent les devants pour écarter l'intrus. Sa mère, seule priant à la maison, aurait su la merveille
De se voir exaucée, si elle connaissait le détail de ces nocturnes excursions... Par elle, le fils assagi se rebiffe !

Aussi, jeunes lucioles, voudrez-vous bien alléger la peine de ceux qui supplient pour vos âmes...
C'est par l'unique foi en Christ que vos actions peuvent accomplir d'utiles œuvres – dans vos foyers,
Dans vos lieux de service, vos associations de quartier... Eh, quoi ! Messieurs et dames,
Debout, venez lucioles, la Lumière scintille sanctifiant le monde, par-delà les églises : rejoignez nos communautés !
*Amen.*
Citations bibliques : Jean 8 : 12 et Matthieu 5 : 14 < J.C. et Ses disciples : « lumière du monde ». >

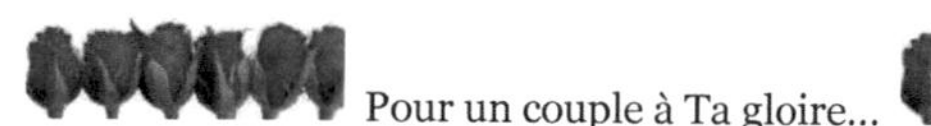

Pour un couple à Ta gloire...

Ami, si tu t'ennuies, écoute la louange : ses bienfaits sont immenses,
En particulier en ce monde agressif, dont elle couvre les bruits vains et incessants ;
Travaille davantage en la sainte assemblée, à ta manière évangélise et sois vaillant
Dans l'Œuvre, actif à ton service, patient à la maison, le cœur plein d'espérance !

Avec le temps qui passe et le péché qui guette, on oublie ô combien l'on s'aime et se chérit...
Balades sur la plage, instants de jeux et douceurs vite fuient par derrière, mais où avançons-nous ?
Routine et frustrations, amertume et colère ont tôt fait d'altérer ce qu'on avait bâti en pleurs et à genoux :
Quand ton foyer chancelle, au Roc refixons-le : que l'on se tourne ensemble vers le Dieu de la vie !

Jésus nous a uni(e)s, pardonnant nos erreurs, éclairant notre route, en dépit des épreuves et face aux tentations –
Qu'en feras-tu, ami(e) ? Ayez activités, échanges et prière à deux bien plus souvent : cadeaux et souvenirs, mutuelles attentions
Vont réveiller l'amour, qu'en cendres tu croyais voir s'en aller déjà... Pratiquons le respect, l'écoute et le partage, ne fuyant l'émotion
De plaisirs enfantins, de projets réussis – notamment ceux d'Église : bâtissons sur le Roc un foyer plus solide... Les regards vers Jésus, nous vivrons de passion !

Or si l'on ne réveille ce qui ne doit mourir, les dangers nous taraudent : apostasie de l'un, maladie récurrente ou dépression de l'autre – sans compter les appels
Extérieurs à l'entour, qui invitent à savoir se changer les idées, ne voulant compromettre le tout pour autant – notre statut, l'image et tous les avantages à en tirer.
Vois-tu, désirant beurre avec l'argent, sourire et doux parfum de la crémière, alors on devient un voleur, risque l'indigestion... En dépit des rumeurs, on ne doit essayer.
Donne regrets, souffrance et questions à Jésus, mais je te déconseille, chèr(e) ami(e), l'adultère, qui selon ses victimes et malgré le pardon, laisse vives séquelles...

Confiance, intimité s'en trouvent compromises et tout honneur blessé, vers soi-même en silence ou dans l'indignation se replie.
On médite, on regrette ignorance passée ; on soupçonne, jaloux, qui a cessé l'offense et s'en est sûrement repenti ; on ne donne la même intégrité de tous nos sentiments.
S'étant fait abusé(e), on se réserve, hélas – par crainte de souffrir à nouveau et encor, et telle une hantise, la peur de récidive est source d'arrière-goût, dans vos plus rares instants.
Ne semble-t-il, ami(e), selon tous témoignages, qu'une grâce divine paraît s'être brisée, comme on recolle un vase que l'on a fissuré : n'en est-il moins joli ?

David a tant souffert, son pays, sa famille et tout son ministère, à cause du péché – soit quarante ans d'épreuve – guerre, mort et trahison...
Dîtes-moi quel supplice paraît assez petit pour valoir l'illusion que l'on croit acquérir en frappant à côté, en ouvrant au voisin ce qu'il ne devrait voir,
Et si tu crois plus verte la toison attenante, sache qu'un autre, lui, connaît et seul supporte le prix de sa facture – retiens-toi de pécher avant qu'il ne soit tard...
Si l'on est avisé-e ou si l'on se néglige, on s'empoisonne, hélas, en croyant s'abreuver. Que Jésus t'oriente et t'offrant la citerne qui te convient, éprouve en vous satisfaction.

Citations bibliques (Ézéchiel 36 : 22-36 ; Malachie 4 : 4-6 ou 3 : 22-24 ; Ézéchiel 37 : 1-28) :
« C'est pourquoi dis à la maison d'Israël : Ainsi parle le Seigneur, l'Éternel : Ce n'est pas à cause de vous que J'agis de la sorte, maison d'Israël ; c'est à cause de Mon saint Nom, Que vous avez profané parmi les nations où vous êtes allés. [...] Et les nations sauront que Je suis l'Éternel, dit le Seigneur, l'Éternel, quand Je serai sanctifié par vous sous leurs yeux.
Je vous retirerai d'entre les nations, Je vous rassemblerai de tous les pays, et Je vous ramènerai dans votre pays.
Je répandrai sur vous une eau pure, et vous serez purifiés ; .../...

.../...
Je vous purifierai de toutes vos souillures et de toutes vos idoles. Je vous donnerai un cœur nouveau, et Je mettrai en vous un esprit nouveau ; J'ôterai de votre corps le cœur de pierre, et Je vous donnerai un cœur de chair. Je mettrai Mon Esprit en vous, et Je ferai en sorte que vous suiviez Mes ordonnances, et que vous observiez et pratiquiez Mes lois. Vous habiterez le pays que J'ai donné à vos pères ; vous serez Mon peuple, et Je serai votre Dieu.
Je vous délivrerai de toutes vos souillures. [...] Alors vous vous souviendrez de votre conduite qui était mauvaise, et de vos actions qui n'étaient pas bonnes ; vous vous prendrez vous-mêmes en dégoût, à cause de vos iniquités et de vos abominations. [...]
Ayez honte et rougissez de votre conduite, maison d'Îsraël !
Ainsi parle le Seigneur, l'Éternel : Le jour où Je vous purifierai de toutes vos iniquités, Je peuplerai les villes, et les ruines seront relevées ; la terre dévastée sera cultivée, tandis qu'elle était déserte aux yeux de tous les passants ; et l'on dira : Cette terre dévastée est devenue comme un jardin d'Éden ; et ces villes ruinées, désertes et abattues, sont fortifiées et habitées. Et les nations qui resteront autour de vous sauront que Moi, l'Éternel, J'ai rebâti ce qui était abattu, et planté ce qui était dévasté. Moi, l'Éternel, J'ai parlé, et J'agirai.»

« Souvenez-vous de la loi de Moïse, Mon serviteur, auquel J'ai prescrit en Horeb, pour tout Israël, Des préceptes et des ordonnances. Voici, Je vous enverrai Élie, le prophète, Avant que le jour de l'Eternel arrive, Ce jour grand et redoutable. Il ramènera le cœur des pères à leurs enfants, Et le cœur des enfants à leurs pères, De peur que Je ne vienne frapper le pays d'interdit. »

« La main de l'Eternel se posa sur moi et l'Éternel m'emmena par Son Esprit et me déposa au milieu d'une vallée pleine d'ossements [...] totalement desséchés. Îl me demanda : Fils d'homme, crois-tu que ces ossements revivront ? Je répondis : Seigneur Éternel, Tu le sais.
Puis Îl me dit : Prophétise sur ces ossements-là et dis-leur : « Ossements desséchés ! Écoutez ce que dit l'Eternel ! Voici ce que vous déclare le Seigneur, l'Éternel : Je vais faire venir en vous l'Esprit et vous revivrez. [...]. Et vous reconnaîtrez que Je suis l'Éternel. [...]
Îls ne se souilleront plus par leurs idoles, ni par leurs infamies, ni par tous leurs péchés ; [...]
Je traiterai avec eux une alliance de paix, [...] une alliance éternelle ; Je les établirai, et les multiplierai ; Je mettrai Mon sanctuaire au milieu d'eux pour toujours. Ma demeure sera au milieu d'eux ; Je serai leur Dieu, et ils seront Mon peuple. Et les nations sauront que Je suis l'Éternel, Qui sanctifie Îsraël, lorsque Mon sanctuaire sera au milieu d'eux pour toujours.»

Béni soit le Nom d'El-Shaddaï < Ô Tout-puissant > !

 Amour et conversion 

Nous avons tant souffert qu'il faut s'en délivrer :
Ce genre féminin croit prendre une revanche sur les hommes
Et le sort... On assume sa vie, sa nature et ses formes...
Or la souffrance est là : pas de quoi pavoiser !

Oui, quel qu'en soit le sexe, douleur et tragédie,
Misère et solitude – si ce n'est la violence – au quotidien, reviennent
Et souvent se conjuguent, hélas, au féminin. Prends courage et résiste,
Ô fille d'Ève, un Autre a su briser le fardeau de tes chaînes.

Ne cherchons par le jeu, les plaisirs facétieux, à tromper le destin :
On ne comble de vide en s'agitant, légère et l'âme à moitié nue...
Ma sœur, change de cap : ton passé se referme ; il y a bien un chemin –
Le bonheur s'offre à tous, en solidarité : Jésus couvre les cœurs d'un éternel salut.

Citations bibliques (Genèse 2 : 15-25 et 3 : 1-21 ; Galates 2 : 16 ; Ézéchiel 16 : 5-14 ; Luc 15 : 21-22 ; Apocalypse 6 : 9-11 ; Apocalypse 7 : 13-17 ; Apocalypse 22 : 12-14 et 19 : 7-8) : « [...] L'homme et sa femme étaient tous deux nus, et ils n'en avaient point honte. [...]
.../...

.../...

Les yeux de l'un et de l'autre s'ouvrirent, ils connurent qu'ils étaient nus, et ayant cousu des feuilles de figuier, ils s'en firent des ceintures. [...] Mais l'Éternel Dieu appela l'homme, et lui dit :

Où es-tu ? Îl répondit : J'ai entendu Ta voix dans le jardin, et j'ai eu peur, parce que je suis nu, et je me suis caché. Et l'Éternel Dieu dit : Qui t'a appris que tu es nu ? Est-ce que tu as mangé de l'arbre dont je t'avais défendu de manger ? [...] C'est à la sueur de ton visage que tu mangeras du pain, jusqu'à ce que tu retournes dans la terre, d'où tu as été pris ; car tu es poussière, et tu retourneras dans la poussière. Adam donna à sa femme le nom d'Ève : car elle a été la mère de tous les vivants. L'Éternel Dieu fit à Adam et à sa femme des habits de peau, et Îl les en revêtit. »

« [...] ce n'est pas par les œuvres de la loi que l'homme est justifié, mais par la foi en Jésus-Christ, nous aussi nous avons cru en Jésus-Christ, afin d'être justifiés par la foi en Christ et non par les œuvres de la loi, parce que nulle chair ne sera justifiée par les œuvres de la loi. »

« Nul n'a porté sur toi un regard de pitié pour te faire une seule de ces choses, par compassion pour toi ; mais tu as été jetée dans les champs, le jour de ta naissance, parce qu'on avait horreur de toi. Je passai près de toi, Je t'aperçus baignée dans ton sang, et Je te dis : Vis [...]

Je t'ai multipliée par dix milliers, comme les herbes des champs. Et tu pris de l'accroissement, tu grandis, tu devins d'une beauté parfaite [...]. Mais tu étais nue, entièrement nue.

Je passai près de toi, Je te regardai, et voici, ton temps était là, le temps des amours. J'étendis sur toi le pan de Ma robe, Je couvris ta nudité, Je te jurai fidélité, Je fis alliance avec toi, dit le Seigneur, l'Éternel, et tu fus à Moi. Je te lavai dans l'eau, Je fis disparaître le sang qui était sur toi, et Je t'oignis avec de l'huile [symbole de l'Esprit-Saint]. Je te donnai des vêtements brodés [justice royale], et une chaussure de peaux teintes en bleu [noble zèle] ; Je te ceignis de fin lin [bonnes œuvres], et Je te couvris de soie. [...] une couronne magnifique sur ta tête.

Ainsi tu fus parée d'or [sainte gloire, la Parole] et d'argent [sagesse, prix du rachat des pécheurs en Jésus-Christ] et tu fus vêtue de fin lin, de soie et d'étoffes brodées. La fleur de farine, le miel et l'huile, furent ta nourriture. Tu étais d'une beauté accomplie, digne de la royauté. Et ta renommée se répandit parmi les nations, à cause de ta beauté ; car elle était parfaite, grâce à l'éclat dont Je t'avais ornée, dit le Seigneur, l'Éternel.

Mais tu t'es confiée dans ta beauté, et tu t'es prostituée, à la faveur de ton nom ; tu as prodigué tes prostitutions à tous les passants, tu t'es livrée à eux. Tu as pris de tes vêtements, tu t'es fait des hauts lieux que tu as garnis d'étoffes de toutes couleurs, et tu t'y es prostituée : rien de semblable n'était arrivé et n'arrivera jamais.

Tu as pris ta magnifique parure d'or et d'argent [cf. symboles ci-dessus], que Je t'avais donnée, et tu en as fait des simulacres d'hommes, auxquels tu t'es prostituée. Tu as pris tes vêtements brodés, tu les en as couverts, et tu as offert à ces simulacres < statues > Mon huile et Mon encens [gloire de Jésus, offrandes et prières].

Le pain que Je t'avais donné, la fleur de farine, [symboles : la Parole sans fausses doctrines, le corps parfait du Christ] l'huile et le miel [lumière, pure douceur], dont Je te nourrissais, tu leur as offert ces choses comme des parfums d'une odeur agréable.

Voilà ce qui est arrivé, dit le Seigneur, l'Éternel. Tu as pris tes fils et tes filles, que tu M'avais enfantés, et tu les leur as sacrifiés pour qu'ils leur servent d'aliment : n'était-ce pas assez de tes prostitutions ? Tu as égorgé Mes fils, et tu les as donnés, en les faisant passer par le feu en leur honneur. Au milieu de toutes tes abominations et de tes prostitutions, tu ne t'es pas souvenue du temps de ta jeunesse, lorsque tu étais nue, entièrement nue, et baignée dans ton sang. Après toutes tes méchantes actions,-malheur, malheur à toi ! dit le Seigneur, l'Éternel, - tu t'es bâti des maisons de prostitution, tu t'es fait des hauts lieux dans toutes les places ; [...]

tu as déshonoré ta beauté, tu t'es livrée à tous les passants [...] Tu t'es prostituée aux Égyptiens, tes voisins au corps vigoureux, et tu as multiplié tes prostitutions pour M'irriter.

Et voici, J'ai étendu Ma main contre toi, J'ai diminué la part que Je t'avais assignée, Je t'ai livrée à la volonté de tes ennemies, les filles des Philistins, qui ont rougi de ta conduite criminelle. Tu t'es prostituée aux Assyriens, parce que tu n'étais pas rassasiée < assouvie > ; tu t'es prostituée à eux, et tu n'as pas encore été rassasiée. Tu as multiplié tes prostitutions avec le pays de Canaan et jusqu'en Chaldée, et avec cela tu n'as pas encore été rassasiée. Quelle faiblesse de cœur tu as eue, dit le Seigneur, l'Éternel, en faisant toutes ces choses, qui sont l'œuvre d'une maîtresse prostituée ! Lorsque tu bâtissais tes maisons de prostitution à l'entrée de chaque chemin, lorsque tu faisais tes hauts lieux dans toutes les places, tu n'as pas même été comme la prostituée qui réclame un salaire ; tu as été la femme adultère, qui reçoit des étrangers au lieu de son mari. À toutes les prostituées on paie un salaire ; mais toi, tu as fait des dons à tous tes amants, tu les as gagnés par des présents, afin de les attirer à toi de toutes parts dans tes prostitutions. [...]

Ainsi parle le Seigneur, l'Éternel : Parce que tes trésors ont été dissipés < ton argent a été dilapidé >, et que ta nudité a été découverte dans tes prostitutions avec tes amants et avec toutes tes abominables idoles, et à cause du sang de tes enfants que tu leur as donnés, voici, Je rassemblerai tous tes amants avec lesquels tu te plaisais, tous ceux que tu as aimés et tous ceux que tu as haïs, [...]

Je te jugerai comme on juge les femmes adultères et celles qui répandent le sang, [...]

Je te livrerai entre leurs mains ; ils abattront tes maisons de prostitution et détruiront tes hauts lieux ; .../...

.../...

ils te dépouilleront de tes vêtements, prendront ta magnifique parure, et te laisseront nue, entièrement nue. Ils amèneront la foule contre toi, [...] et ils feront justice de toi < exécuteront sur toi des jugements >, aux yeux d'une multitude de femmes. Je ferai cesser ainsi ton impudicité et tu ne donneras plus de salaire.

J'assouvirai Ma colère contre toi, et tu ne seras plus l'objet de Ma jalousie ; Je M'apaiserai, je ne serai plus irrité. Parce que tu ne t'es pas souvenue du temps de ta jeunesse, parce que tu M'as provoqué par toutes ces choses, voici, Je ferai retomber ta conduite sur ta tête, dit le Seigneur, l'Éternel, et tu ne commettras plus le crime avec toutes tes abominations. [...]

Je suis vivant ! dit le Seigneur, l'Éternel, [...] Toi qui condamnais tes sœurs, supporte ton opprobre < c'est ton tour de porter la honte que tu infligeais à tes sœurs >, à cause de tes péchés par lesquels tu t'es rendue plus abominable qu'elles, et qui les font paraître plus justes que toi ; sois confuse, et supporte ton opprobre < humiliation >, puisque tu as justifié tes sœurs.

Je ramènerai leurs captifs, les captifs de Sodome et de ses filles, les captifs de Samarie et de ses filles, et tes captifs au milieu des leurs, afin que tu subisses ton opprobre, et que tu rougisses de tout ce que tu as fait, en étant pour elles un sujet de consolation. Tes sœurs, Sodome et ses filles, reviendront à leur premier état, Samarie et ses filles reviendront à leur premier état < situation d'avant > ; et toi et tes filles, vous reviendrez à votre premier état.

Ne discourais-tu pas sur ta sœur Sodome, dans le temps de ton orgueil, avant que ta méchanceté soit mise à nu, [...] Tu portes tes crimes et tes abominations, dit l'Éternel.

Car ainsi parle le Seigneur, l'Éternel : J'agirai envers toi comme tu as agi, toi qui as méprisé le serment en rompant l'alliance.

Mais Je me souviendrai de Mon alliance avec toi au temps de ta jeunesse, et J'établirai avec toi une alliance éternelle. Tu te souviendras de ta conduite, et tu en auras honte, quand tu recevras tes sœurs, les grandes et les petites ; Je te les donnerai pour filles, mais non en vertu de ton alliance.

J'établirai Mon alliance avec toi, et tu sauras que Je suis l'Éternel, Afin que tu te souviennes du passé et que tu rougisses, afin que tu n'ouvres plus la bouche et que tu sois confuse, quand Je te pardonnerai tout ce que tu as fait, dit le Seigneur, l'Éternel. »

« Le fils lui dit : Mon père, j'ai péché contre le ciel et contre toi, je ne suis plus digne d'être appelé ton fils. Mais le père dit à ses serviteurs : Apportez vite la plus belle robe, et l'en revêtez ; mettez-lui un anneau au doigt, et des souliers aux pieds. »

« Quand il ouvrit le cinquième sceau, je vis sous l'autel les âmes de ceux qui avaient été immolés à cause de la parole de Dieu et à cause du témoignage qu'ils avaient rendu.

Ils crièrent d'une voix forte, en disant : Jusques à quand, Maître Saint et Véritable, tardes-Tu à juger, et à tirer vengeance de notre sang sur les habitants de la terre ?

Une robe blanche fut donnée à chacun d'eux ; et il leur fut dit de se tenir en repos quelque temps encore, jusqu'à ce que fût complet le nombre de leurs compagnons de service et de leurs frères qui devaient être mis à mort comme eux.»

« Et l'un des vieillards prit la parole et me dit : Ceux qui sont revêtus de robes blanches, qui sont-ils, et d'où sont-ils venus ? Je lui dis : Mon seigneur, tu le sais. Et il me dit : Ce sont ceux qui viennent de la grande tribulation ; ils ont lavé leurs robes, et ils les ont blanchies dans le sang de l'Agneau.

C'est pour cela qu'ils sont devant le trône de Dieu, et le servent jour et nuit dans son temple. Celui Qui est assis sur le trône dressera Sa tente sur eux ; ils n'auront plus faim, ils n'auront plus soif, et le soleil ne les frappera point, ni aucune chaleur. Car l'Agneau Qui est au milieu du trône les paîtra et les conduira aux sources des eaux de la vie, et Dieu essuiera toute larme de leurs yeux. »

« Voici, Je viens bientôt, et Ma rétribution < récompense > est avec Moi, pour rendre à chacun selon ce qu'est son œuvre < ce qu'il aura fait >. Je suis l'alpha et l'oméga, le premier et le dernier, le commencement et la fin. Heureux ceux qui lavent leurs robes, afin d'avoir droit à l'arbre de vie, et d'entrer par les portes dans la ville ! »

« Réjouissons-nous et soyons dans l'allégresse, et donnons-Lui gloire ; car les noces de l'Agneau sont venues, et Son épouse s'est préparée, et il lui a été donné de se revêtir d'un fin lin, éclatant, pur. Car le fin lin, ce sont les œuvres justes des saints. »

Louange au divin Rédempteur !

 Message de vérité présente 

Je suis en deuil de vos richesses et de vos sourires d'enfants...
Le pain dans Ma maison, comme la joie, s'étiole car l'ombre du péché
A tari l'allégresse et des parfums d'église a ravalé l'encens.
Je consens que la brise souffle depuis l'autel et rachète vos cœurs, imbus de vanité.

Pourtant, la transgression sévit dans Ma maison ! Ainsi Ma grâce côtoie-t-elle
L'iniquité du diable, en vos âmes versées, depuis le temps de vos pères :
Sa misère décime l'espoir de bien des hommes et venues des ténèbres, percent des mains cruelles,
Qui troublent les élu(e)s, mais nul ne peut ravir Mes disciples sincères...

Je suis l'Éternel Dieu, Qui de toutes vos voies connais le mobile et l'issue.
Honorez les préceptes et les commandements que vous donnent encor les gardiens du temple !
Hommes, ne demeurez sourds à la voix de l'Esprit, avant que ne soient closes les portes du salut,
Mais dans la justice et l'amour qui vous sont inspirés, exhortez-vous à vivre ensemble.

Ainsi garderez-vous le précieux trésor de la Parole, Qui S'immola pour vos âmes,
En diffusant l'essence au-delà de la Terre, afin qu'instruits, les cœurs soient touchés par la grâce
Et trouvent le secours dans le vital éclat de Ma révélation, entre les convoitises que jette une multitude de démons infâmes...
Voici que rédemption et naissance du monde sont réconciliées
Pour tous êtres qui, M'ayant servi avec foi, aux cieux
Se réjouiront, devant Ma sainte face.

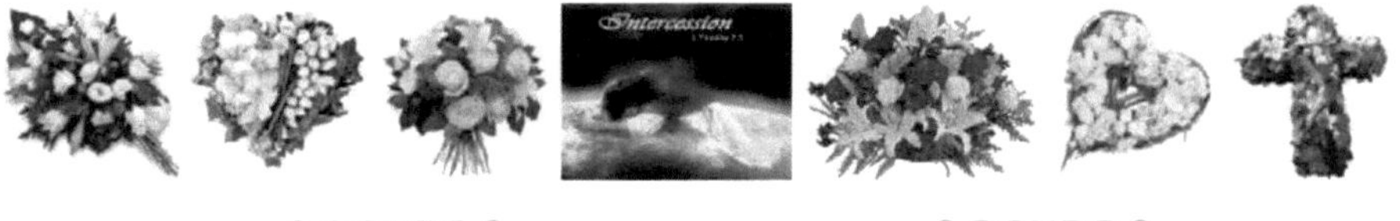


Hommage au diaconat fidèle

À toi, cher diacre, ces conseils : tu t'es mis au service de Dieu et de l'Église,
Discret mais prompt à l'œuvre, ne néglige l'ampleur et aucune de tes tâches...
Car le petit enfant – qui perturbait sa mère, par ses cris –
Recevra de ta part un grand geste d'amour : ô soyez-en béni(e)s !

Sœur ou visiteuse attentive au culte, cette mère ainsi le suivra, sans relâche...
Et que dire du vieil homme à la canne boitant, qui chavirait sans ton secours
À l'approche du banc jusqu'où sa foi assidue l'a conduit, dans le temple : ô quel amour !

Ce même Esprit consolateur nous inonde et fait de nous des diacres en puissance,
Instruments de Sa grâce, exprimant la patience emplie d'humilité : ce fruit de Sa semence...
La Parole de Dieu a germé en vos cœurs et vous a convaincu(e)s de veiller sur vos frères,
À l'exemple d'anciens et pasteurs dirigeant le troupeau, soyez des sentinelles éclairées et sincères,
Car la gestion chrétienne de la maison de Dieu impose à tous une concertation ordonnée,
À vous chers diacres nos prières : que votre ministère de sagesse et d'abnégation soit par Christ élevé !
*Amen < Que s'accomplisse la volonté du Très-Haut > !*

Endurant la peine de vivre...

Ô toi, le policier, militaire de carrière, féru de tes galons, puisque tu as lutté pour les avoir, mon fils,
Oui, tu as le pouvoir, à ton humble niveau – et souvent pas des moindres, le pouvoir d'arrêter,
De confondre et de tuer un humain tel que toi, le pouvoir de "changer sa vie en désespoir" ou de la stopper net et qu'il gise
À tes pieds, sa famille endeuillée, ses projets en fumée et nos regrets aussi. Reste alors la douleur pour ceux qui l'ont aimé...

Mais c'est là ta justice, aussi dure soit-elle... C'était un étranger, renégat solitaire et la faveur de ses partisans t'agaçait ;
Tu les savais peureux, faibles pour t'affronter ; tu savais le système et la force avec toi... ! Et la loi permettait qu'à tort même, tu l'accuses...
Alors, tu ordonnas l'horreur pour lui, la mise à mort. Un célèbre innocent fut sacrifié de même – hélas, tu Le connais :
On a lu Son histoire et qu'en t'en semble-t-il ? Christ n'a fait que du bien, mais hier comme aujourd'hui, contre Lui et les siens, vois, la critique fuse...

Certes, ils L'ont condamné et torturé à mort... Plusieurs en veulent encor à Son glorieux Nom, mais Il est là, vivant et plus que de mémoire,
Opérant à toujours, dans la vie de chacun... Des héros, des martyrs étaient dits sans reproche, or Lui seul est exempt de tout vice et la moindre infraction :
Oui, jusqu'à Son retour, l'Esprit Le glorifiant, nous invite à L'aimer – rejoignant Son Église et oeuvrant au salut... Ménageant toute chance, jette un autre regard
Vers ce détenu qui, tout comme ses voisins, peut bien purger sa peine ou être surveillé, le temps de savoir vivre en société, sans nuire à quiconque et jouir par le rachat, des bienfaits du pardon...

Citations bibliques (Proverbes 24 : 28-29, Jean 21 : 25 ; Job 34 : 10-12 confirmé au Psaume 62 : 13 et en Romains 2 : 6, infra ; Matthieu 25 : 31-46, Romains 1 : 18-19, Job 4 : 8, Proverbes 16 : 8, Colossiens 3 : 23-25, Luc 16 : 10-13, Jérémie 9 : 2-3, 1 Samuel 24 : 13-14, Psaume 52 : 3, Proverbes 14 : 34, 31-32) : « Ne témoigne pas à la légère contre ton prochain ; Voudrais-tu tromper par tes lèvres ? Ne dis pas : Je lui ferai comme il m'a fait, Je rendrai à chacun selon ses œuvres. »
« Jésus a fait encore beaucoup d'autres choses ; si on les écrivait en détail, je ne pense pas que le monde même pût contenir les livres qu'on écrirait. »
« Écoutez-moi donc, hommes de sens ! Loin de Dieu l'injustice, Loin du Tout-Puissant l'iniquité ! Il rend à l'homme selon ses œuvres, Il rétribue chacun selon ses voies. Non certes, Dieu ne commet pas l'iniquité ; Le Tout-Puissant ne viole pas la justice. »
« Lorsque le Fils de l'homme viendra dans Sa gloire, avec tous les anges, Il S'assiéra sur le trône de Sa gloire. Toutes les nations seront assemblées devant Lui. Il séparera les uns d'avec les autres, comme le berger sépare les brebis d'avec les boucs ; et Il mettra les brebis à Sa droite, et les boucs à Sa gauche.
Alors le roi dira à ceux qui seront à Sa droite : Venez, vous qui êtes bénis de Mon Père ; prenez possession du royaume qui vous a été préparé dès la fondation du monde. Car j'ai eu faim, et vous m'avez donné à manger ; j'ai eu soif, et vous m'avez donné à boire ; j'étais étranger, et vous m'avez recueilli ; j'étais nu, et vous m'avez vêtu ; j'étais malade, et vous m'avez visité ; j'étais en prison, et vous êtes venus vers moi.
Les justes lui répondront : Seigneur, quand t'avons-nous vu avoir faim, et t'avons-nous donné à manger ; ou avoir soif, et t'avons-nous donné à boire ? Quand t'avons-nous vu étranger, et t'avons-nous recueilli ; ou nu, et t'avons-nous vêtu ? Quand t'avons-nous vu malade, ou en prison, et sommes-nous allés vers toi ?
Et le roi [Jésus-Christ] leur répondra : Je vous le dis en vérité, toutes les fois que vous avez fait ces choses à l'un de ces plus petits de Mes frères, c'est à Moi que vous les avez faites.
Ensuite Il dira à ceux qui seront à sa gauche : Retirez-vous de Moi, maudits ; allez dans le feu éternel qui a été préparé pour le diable et pour ses anges. Car j'ai eu faim, et vous ne m'avez pas donné à manger ; j'ai eu soif, et vous ne m'avez pas donné à boire ; j'étais étranger, et vous ne m'avez pas recueilli ; j'étais nu, et vous ne m'avez pas vêtu ; j'étais malade et en prison, et vous ne m'avez pas visité.
Ils répondront aussi : Seigneur, quand t'avons-nous vu ayant faim, ou ayant soif, ou étranger, ou nu, ou malade, ou en prison, et ne t'avons-nous pas assisté ? .../...

.../...
Et Il leur répondra : Je vous le dis en vérité, toutes les fois que vous n'avez pas fait ces choses à l'un de ces plus petits, c'est à Moi que vous ne les avez pas faites.
Et ceux-ci iront au châtiment éternel, mais les justes à la vie éternelle. »
« Ne vous confiez Pas dans la violence < l'oppression >, Et ne mettez pas un vain espoir dans la rapine < le pillage, ne soyez pas séduits par les biens mal acquis > ; Quand les richesses s'accroissent, N'y attachez pas votre cœur. Dieu a parlé une fois ; Deux fois j'ai entendu ceci : C'est que la force est à Dieu.
À Toi aussi, Seigneur ! la bonté ; Car Tu rends à chacun selon ses œuvres. »
« La colère de Dieu se révèle du ciel contre toute impiété et toute injustice des hommes qui retiennent injustement la vérité captive, car ce qu'on peut connaître de Dieu est manifeste pour eux, Dieu le leur ayant fait connaître. »
« Pour moi, je l'ai vu, ceux qui labourent l'iniquité Et qui sèment l'injustice en moissonnent les fruits ; »
« Mieux vaut peu, avec la justice, Que de grands revenus, avec l'injustice. »
« Tout ce que vous faites, faites-le de bon coeur, comme pour le Seigneur et non pour des hommes, sachant que vous recevrez du Seigneur l'héritage pour récompense. Servez Christ, le Seigneur. Car celui qui agit injustement recevra selon son injustice, et il n'y a point d'acception de personnes. »

« Et moi, je vous dis : Faites-vous des amis avec les richesses injustes, pour qu'ils vous reçoivent dans les tabernacles éternels, quand elles viendront à vous manquer. Celui qui est fidèle dans les moindres choses l'est aussi dans les grandes, et celui qui est injuste dans les moindres choses l'est aussi dans les grandes. Si donc vous n'avez pas été fidèles dans les richesses injustes, qui vous confiera les véritables ? Et si vous n'avez pas été fidèles dans ce qui est à autrui, qui vous donnera ce qui est à vous ? Nul serviteur ne peut servir deux maîtres. Car, ou il haïra l'un et aimera l'autre ; ou il s'attachera à l'un et méprisera l'autre. Vous ne pouvez servir Dieu et Mamon [idole représentant la cupidité et "le hasard", d'où la prohibition des jeux associant argent et "hasard"]. »

« [...] Car ce sont tous des adultères, C'est une troupe de perfides. Ils ont la langue tendue comme un arc et lancent le mensonge ; Ce n'est pas par la vérité qu'ils sont puissants dans le pays ; Car ils vont de méchanceté en méchanceté, Et ils ne Me connaissent pas, dit l'Éternel. »
« L'Éternel sera juge entre moi et toi, et l'Éternel me vengera de toi ; mais je ne porterai point la main sur toi. Des méchants vient la méchanceté, dit l'ancien proverbe. Aussi je ne porterai point la main sur toi. »
« Pourquoi te glorifies-tu de ta méchanceté, tyran ? La bonté de Dieu subsiste toujours. »

« La justice élève une nation, Mais le péché est la honte des peuples. [...] Opprimer le pauvre, c'est outrager Celui Qui l'a fait [Le Dieu Créateur] ; Mais avoir pitié de l'indigent, c'est L'honorer. Le méchant est renversé par sa méchanceté, Mais le juste trouve un refuge < reste plein de confiance > même en sa mort. »

Béni soit le Dieu juste, Ô Prince de la paix !

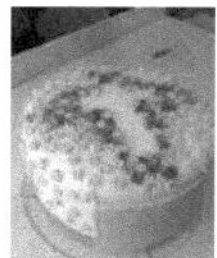

Défi(s) alimentaire(s) et promesses d'ailleurs...

J'ai vu, au restaurant, quelque ambiance de fête :
Un client attablé devant un plat énorme, entouré de curieux
S'apprêtant à manger plus qu'il n'en faut pour vivre heureux
Et rassasié de mets divers : oh ! c'est l'excès que je regrette...

Un tel peut avoir un souci de santé qui le rende un peu rond
Ou gourmand sur les bords, mais en tout, ne perdons de vue la tempérance ;
Fuyant la démesure et s'abstenant du mal, que chacun se contente de peu et d'Espérance,
En revanche aime à faire le plein, pour se fortifier soi et distribuer autour moult bénédictions.

La scène ainsi filmée par quelque vain media montrait ce personnage, difforme en sa nature, .../...

.../...
Sur le point d'engloutir assiettée presque plus imposante, oh ! que sa propre face, avec un chronomètre
À l'écran pour nous tous, un public enthousiaste et le défi du jour était d'observer qui du plat ou du client serait le maître,
Et vite, après grosses bouchées, croyez-moi, le visage frôlait l'écœurement pour le mangeur et pour des spectateurs, bien sûr...

Mais surchauffée, la salle applaudissait l'exploit qui avait cours ; allons, c'en était trop,
J'ai changé de programme – en ayant vu assez pour vous dire ceci : s'il est étrange qu'on s'amuse à voir souffrir
Et que l'on encourage à l'excès quelques-uns, qui risquent leur santé pour gagner des babioles et en faire un peu rire,
N'est-il plus grave encor d'oublier la détresse de personnes obèses et le manque des peuples affamés : voyons-nous leur douleur au mur sur les photos...

Ah ! Notre société fonctionne à l'envers et pis que sur la tête, elle ne marche plus même... Or on pourrait bien faire :
Guère de reste(s) en son plat, qu'on mange à satiété, au lieu de se servir à outrance... Et que les commerçants ou les consommateurs
Donnent à la charité ce dont ils n'ont besoin – tant que la chose est bonne, ils en seront bénis : on peut si simplement partager du bonheur... !
Telle part de nos ventes et de nos revenus pourrait bien revenir au pauvre de la rue, à quelque association et d'abord à l'église – corps du Christ sur la terre.

Citations bibliques (1 Pierre 4 : 1-9 ; Psaumes 41 : 2-4 ; Luc 16 : 13-15 et 19-31 ; Proverbes 22 : 9 ; Luc 21 : 32-36) : « Ainsi donc, Christ ayant souffert dans la chair, vous aussi armez-vous de la même pensée. Car celui qui a souffert dans la chair en a fini avec le péché, afin de vivre, non plus selon les convoitises des hommes, mais selon la volonté de Dieu, pendant le temps qui lui reste à vivre dans la chair.
C'est assez, en effet, d'avoir dans le temps passé accompli la volonté des païens < incroyants ou/et inconvertis >, en marchant dans la dissolution < le désordre >, les convoitises, l'ivrognerie, les excès du manger et du boire < les orgies et autres beuveries >, et les idolâtries criminelles.
Aussi trouvent-ils étrange que vous ne vous précipitiez pas avec eux dans le même débordement de débauche, et ils vous calomnient.
Ils rendront compte à Celui Qui est prêt à juger les vivants et les morts [Dieu Trois fois Saint, seul digne]. [...]
La fin de toutes choses est proche. Soyez donc sages et sobres, pour vaquer < vous livrer > à la prière.
Avant tout, ayez les uns pour les autres une ardente charité, car la charité couvre une multitude < l'amour couvrira une foule > de péchés.
Exercez l'hospitalité les uns envers les autres, sans murmures. »

« Heureux celui qui s'intéresse au pauvre ! Au jour du malheur l'Éternel le délivre ; »

« Nul serviteur ne peut servir deux maîtres. Car, ou il haïra l'un et aimera l'autre ; ou il s'attachera à l'un et méprisera l'autre. Vous ne pouvez servir Dieu et Mamon < l'argent, le dieu du hasard : Satan >.
Les pharisiens, qui étaient avares, écoutaient aussi tout cela, et ils se moquaient de Lui.
Jésus leur dit : Vous, vous cherchez à paraître justes devant les hommes, mais Dieu connaît vos cœurs ; car ce qui est élevé parmi les hommes est une abomination devant Dieu. [...]
Il y avait un homme riche, qui était vêtu de pourpre et de fin lin, et qui chaque jour menait joyeuse et brillante vie.
Un pauvre, nommé Lazare, était couché à sa porte, couvert d'ulcères, et désireux de se rassasier des miettes qui tombaient de la table du riche ; et même les chiens venaient encore lécher ses ulcères.
Le pauvre mourut, et il fut porté par les anges dans le sein d'Abraham. Le riche mourut aussi, et il fut enseveli.
Dans le séjour des morts, il leva les yeux ; et, tandis qu'il était en proie aux tourments < à une grande souffrance >, il vit de loin Abraham, et Lazare dans son sein.
Il s'écria : Père Abraham, aie pitié de moi, et envoie Lazare, pour qu'il trempe le bout de son doigt dans l'eau et me rafraîchisse la langue ; car je souffre cruellement dans cette flamme.
Abraham répondit : Mon enfant, souviens-toi que tu as reçu tes biens pendant ta vie, et que Lazare a eu les maux pendant la sienne ; maintenant il est ici consolé, et toi, tu souffres. .../...

.../...
D'ailleurs, il y a entre nous et vous un grand abîme, afin que ceux qui voudraient passer d'ici vers vous, ou de là vers nous, ne puissent le faire.
Le riche dit : Je te prie donc, père Abraham, d'envoyer Lazare dans la maison de mon père ; car j'ai cinq frères.
C'est pour qu'il leur atteste ces choses, afin qu'ils ne viennent pas aussi dans ce lieu de tourments.
Abraham répondit : Ils ont Moïse et les prophètes ; qu'ils les écoutent.
Et il dit : Non, père Abraham, mais si quelqu'un des morts va vers eux, ils se repentiront.
Et Abraham lui dit : S'ils n'écoutent pas Moïse et les prophètes, ils ne se laisseront pas persuader quand même quelqu'un des morts ressusciterait < même si quelqu'un ressuscite >. »

« L'homme dont le regard est bienveillant sera béni, Parce qu'il donne de son pain au pauvre »

« Je vous le dis en vérité, cette génération ne passera point, que tout cela n'arrive. Le ciel et la terre passeront, mais Mes paroles ne passeront point.
Prenez garde à vous-mêmes, de crainte que vos cœurs ne s'appesantissent par les excès du manger et du boire, et par les soucis de la vie, et que ce jour ne vienne sur vous à l'improviste ; car il viendra comme un filet sur tous ceux qui habitent sur la face de toute la terre.
Veillez donc et priez en tout temps, afin que vous ayez la force d'échapper à toutes ces choses qui arriveront, et de paraître debout devant le Fils de l'homme. »

Amen ! Maranatha < Ainsi soit-il. Jésus, le Maître, revient bientôt >.

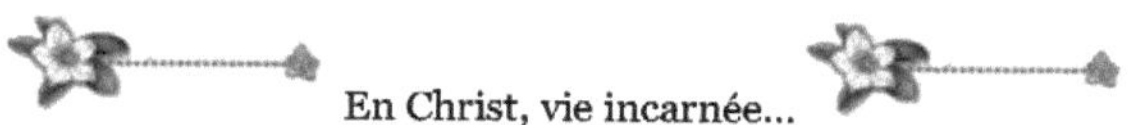

En Christ, vie incarnée...

"L'Éternel Dieu, pourquoi m'as-Tu repris la fille... ?" en son témoignage, avait-elle dit, hélas,
Dans sa douleur amère – et je songeai quand même qu'accuser Dieu du mal, oh ! c'était trop facile
Et injuste, si même au deuil on compatit... Sans toutefois blâmer cette mère fragile
Éprouvée par la perte, ne devrions-nous pas réfléchir à ce mot et qu'hormis la Parole, toute hérésie s'efface...

Lorsque Job dit son mot, ayant perdu pourtant richesses, enfants d'un coup, c'est pour glorifier Dieu, rappelant à son âme,
Au monde qui l'entoure, à nous tous partageant plus tard cette Parole, qu'il n'y a obligation à conserver les grâces
Reçues de main divine et qu'en s'y habituant, l'on ne pense y avoir droit, mais plutôt remercie, à chaque jour qui passe,
La Providence aimante pour Ses bienfaits immérités envers nous, pauvres hères et que pour Dieu, Son Œuvre, on garde toute flamme !

À travers le rituel ancien du sacrifice, Job consacrait à Dieu l'offrande de soi-même et continuellement, venait aux pieds du Maître,
Face à l'autel sacré, renouveler l'alliance qui lui garda la vie jusqu'en l'éternité... Mais que dire de la mort ? Car la Bible a parlé,
Mais les hommes du fait de la peur, la souffrance ont compris autre chose et imputèrent tous torts au Seigneur de bonté,
Même Job en sa prime ignorance, ne dit-il que Dieu donne bien et mal à la fois... En vérité, ce que de Sa main l'on reçoit peut déranger, mais demeure juste – et le dire est honnête.

C'est aussi ce que fit Son serviteur fidèle qui, ignorant les plans d'un ennemi retors – déguisé pour séduire en ange de lumière et calomniant le Roi –
Notre bien-aimé Job rendit gloire au Très-Haut, dans ses pires tourments, au bout desquels il sut la perfection de Dieu et même vit venir le divin Rédempteur.
Ainsi, que l'on s'endorme avant Son grand retour ou veille supportant la détresse annoncée, ce qui compte est qu'en Christ on soit trouvé fidèle à la fin, de tout cœur !
On ne sait quand la mort va frapper à la porte et à ce rendez-vous l'on doit se tenir prêt, aimant Dieu, son prochain et par la foi obéissant à la divine Loi. .../...

…/…
Notre Jésus pleura quand son ami Lazare ferma les yeux, avec sa famille dans les larmes et la consternation, or Il ressuscita ce frère, comme nous tous sortirons du caveau,
Soit pour monter en gloire, jusqu'au Ciel des élu(e)s, soit à l'avènement du Royaume sur la terre et l'exécution du jugement fixé. Ce n'est pas de gaîté de cœur,
Sachons-le bien, que périssent les hommes sous les regards du Père, Qui mieux que tous, en Christ mesura les effets du péché – détruisant les plus faibles y compris… Mais allons au Sauveur
Qui pardonne et nous change à salut ! Laissons-Le sanctifier nos âmes, Lui Qui reprit les clefs de la mort, nous propose d'effacer toute dette, nous couvrir de Son sceau.

Nous pouvons implorer, tel Ézéchias béni fit ouïr sa requête, afin que Dieu rajoute au nombre des années que Sa grâce nous donne ;
Et « toutefois Ta volonté, dit Christ, et non la mienne » alors, qu'on n'en profite, usant de ce cadeau, pas pour s'enorgueillir, le perdre en vanité et rater le salut,
Mais quel que soit le temps – faisons confiance à Dieu – imparti pour Son œuvre, qu'il soit utile au mieux, telle toute autre ressource afin que ces talents ô servent à Jésus !
S'il a fallu que Dieu livre au pouvoir rebelle Job et ce qui fut sien, qu'en est-il de ces âmes – sous le joug du péché – qui ne s'en sont remises au Christ de délivrance ? Ô pitié pour ces hommes…

Qu'eux-mêmes aient compassion de leur propre misère et voyant cette mort bientôt les engloutir, s'appuient sur le Rocher Qui S'offre à notre foi en soutien, en refuge et même en substitut d'un juste châtiment.
Merci pour avoir pris la mort à bras-le-corps et l'avoir à ma place à Golgotha subie… ! À présent, que ce corps de mort me soit ôté, à Ton glorieux retour :
Nous ne craignons la mort, qui perce, dès ce jour où l'on naît ici-bas, car "toutes les heures blessent et la dernière tue" disait l'ancienne horloge… Mais au-delà de tout, subsiste Ton amour,
Ô l'Éternel, merci pour l'immortalité dont seront revêtus les élus du Royaume. On sait que périront les méchants à mesure de leurs atrocités. Merci du temps de grâce qui nous porte en avant…

Citations bibliques (Romains 2 : 5-7 ; 1 Corinthiens 15 : 50-57 ; 2 Timothée 1 : 8-10 ; 1 Timothée 6 : 13-16 et cf. non cité : Job 1 : 1-22 et 42 : 10) : « […] juste jugement de Dieu, qui rendra à chacun selon ses œuvres ; réservant la vie éternelle à ceux qui, par la persévérance à bien faire, cherchent l'honneur, la gloire et l'immortalité ; »

« Ce que je dis, frères, c'est que la chair et le sang ne peuvent hériter le royaume de Dieu, et que la corruption n'hérite pas l'incorruptibilité. Voici, je vous dis un mystère : nous ne mourrons pas tous, mais tous nous serons changés, en un instant, en un clin d'œil, à la dernière trompette. La trompette sonnera, et les morts ressusciteront incorruptibles, et nous, nous serons changés. Car il faut que ce corps corruptible revête l'incorruptibilité, et que ce corps mortel revête l'immortalité. […] grâces soient rendues à Dieu, Qui nous donne la victoire par notre Seigneur Jésus-Christ ! »
« N'aie donc point honte du témoignage à rendre à notre Seigneur, […] Mais souffre avec moi pour l'Évangile, par la puissance de Dieu Qui nous a sauvés, et nous a adressé une sainte vocation, non à cause de nos œuvres, mais selon Son propre dessein, et selon la grâce qui nous a été donnée en Jésus-Christ avant les temps éternels, et qui a été manifestée maintenant par l'apparition de notre Sauveur Jésus-Christ, Qui a détruit la mort et a mis en évidence la vie et l'immortalité par l'Évangile. »

« Je te recommande, devant Dieu Qui donne la vie à toutes choses, et devant Jésus-Christ, Qui fit une belle confession devant Ponce Pilate, de garder le commandement, et de vivre sans tache, sans reproche, jusqu'à l'apparition de notre Seigneur Jésus Christ, Que manifestera en Son temps le bienheureux et seul Souverain, le Roi des rois, et le Seigneur des seigneurs, Qui seul possède l'immortalité, Qui habite une lumière inaccessible, Que nul homme n'a vu ni ne peut voir, à Qui appartiennent l'honneur et la puissance éternelle. Amen ! »

  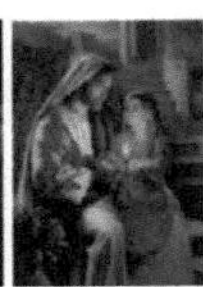   

Voyage(s) et réjouissance(s)...

Je prendrai de l'air pur et le goût des grands arbres, puisé
De par le vent sur la peau frémissante... Nous allons, d'un seul pas, cheminer
Propageant l'Évangile à travers la contrée ! Nos vies sont expression
D'une foi puissante qui s'en va partager, venues de Dieu même, les bénédictions...

Nous traversons en nos périples, des régions verdoyantes, et des lieux arides...
Mais quel que soit ce qu'a le monde à nous offrir, notre cœur fait écho, selon la Sainte Bible,
Avec Celui des hommes que Christ rachète, par nos prêches, au moyen de Son sang précieux :
Aussi sommes-nous tous enfants sanctifié(e)s par Sa grâce et pour Le servir bienheureux !

En la misère comme dans l'excès d'abondance, je m'en vais avec mon frère prêcher la sainte vérité,
Celle qui convient aux esprits les plus avisés de ce monde, la même qui ravive les cœurs affligés,
Une épée qui désarme les êtres belliqueux, un bouquet de fleurs tendres à la main de qui veut les offrir...
Ô je m'en vais répandre son parfum de mystère et délivrer de l'illusion les âmes assoiffées de plaisir !

Allons donc sortir des ténèbres les hommes ignorants de Jésus, qu'Îl aura placés sur nos routes :
Le trouble est infini dans la chair fatiguée de ces vicissitudes et l'esprit accablé s'enlise dans le doute...
Mais celui qui, suivant nos pas sanctifiés, laisse Dieu nous guider dans les chemins qu'Îl a choisis,
Prendra le meilleur à venir, oubliant les heures d'angoisse et en Christ saisira tel un présent la vie...

*Gloire au Seigneur !*

Vent salutaire du pardon

Donne-moi, Ô Jésus, de Ta force d'aimer
Ma moitié, quand ses mots ou ses silences blessent,
Mes ami(e)s, si de leur affection le souvenir passé
Se distance, à mesure que s'enfuient nos richesses...

Apprends-moi, Dieu vivant, le souffle de Ta grâce,
Afin qu'il soit laissé en mon pauvre cœur d'homme,
Tout ce qui vient de Toi faire au reste la chasse
Et que porte du fruit, en terre labourée, le bon grain que Tu donnes...

Permets, saint Elohim, que les persécuteurs de nos bureaux, commerces, lieux de service,
Les hypocrites en nos familles, les fossoyeurs méticuleux de cette République,
Qui de l'État de Droit firent vaine illusion et même les faux frères de l'église
Visible, soient de Ta main céleste corrigés à salut, instruits des prescriptions bibliques...

Amen. Maranatha < Ainsi soit-il. Le Seigneur Jésus revient bientôt ! >

## Le mystère du signe...

Je n'ai pu venir en Ton temple, Ô Dieu, avant ce jour saint du sabbat...
Quand je serai accablé(e) par la tâche et la pression du monde, promets-moi*
De rester toujours en ma présence au cœur de l'être même :
Sur le chemin de Ta maison, bien malgré moi s'écoule la rosée de ma peine...

Ces larmes que je verse sont la fine pluie balayant les embruns du matin,
Les vagues de colère et l'écume d'amour qui de sable recouvrent les rives du destin !
Dans un ballet continuel, l'ultime jour des semaines s'éloigne, puis revient, si cher
Au cœur des converti(e)s, il rappelle la paix gracieuse et l'essentiel aux sœurs et frères !

Comme la dîme est à l'offrande, que mon implication en Toi ne se limite au nécessaire,
Mais dans l'ouvrage et dans le temps, s'étende volontiers aux confins du vouloir et du faire :
Que ma passion se trouve en Toi et se révèle en toutes choses ! Accorde Ta clémence,
Ô Seigneur Christ, à l'enfant égaré que je suis sans Ton auguste bienveillance...

Au combat tout le jour, je n'ai pu venir en Ton temple, avant la trêve du sabbat ;
Le monde, qu'il me malmène ou capte les esprits, me ramène à Tes voies
Par l'effet du contraste : c'est qu'il a tant de haine et peu de sainteté...
Or puisque Ta grâce en mon âme a élu domicile, mon cœur est la maison de Ta sérénité.

Un jour, hélas, les temples voleront en éclats, sous le poids des sarcasmes,
Et la persécution des élu-e-s par la masse, fera suite au marasme.
Alors que la cité monnaiera les âmes, puisse-t-on, s'il faut, trouver un abri de campagne,
Que d'abord, nous prenions, Sauveur, en Toi asile et qu'aucun de nous ne se damne...

Citations bibliques (* Matthieu 28 : 16-20 ; Ézéchiel 20 : 7-12 ; Genèse 2 : 1-3 ; Luc 13 : 10 ; Actes 13 : 44 et 17 : 1-4 ; Exode 16 : 13-35 ; Ésaïe 66 : 22-23 et non cité : Jérémie 17 : 27 ; Marc 2 : 27-28) :
« Les onze disciples allèrent en Galilée, sur la montagne que Jésus leur avait désignée. Quand ils Le virent, ils se prosternèrent devant Lui. Mais quelques-uns eurent des doutes. Jésus, S'étant approché, leur parla ainsi : Tout pouvoir M'a été donné dans le ciel et sur la terre. Allez, faites de toutes les nations des disciples, les baptisant au Nom du Père, du Fils et du Saint-Esprit, et enseignez-leur à observer tout ce que Je vous ai prescrit. Et voici, Je suis avec vous tous les jours, jusqu'à la fin du monde. »

« Je leur dis : Rejetez chacun les abominations qui attirent vos regards, et ne vous souillez pas par les idoles de l'Égypte ! Je suis l'Éternel, votre Dieu. [...]
Et Je les fis sortir du pays d'Égypte, et Je les conduisis dans le désert.
Je leur donnai Mes lois et leur fis connaître Mes ordonnances, que l'homme doit mettre en pratique, afin de vivre par elles. Je leur donnai aussi Mes sabbats comme un signe entre Moi et eux, pour qu'ils connussent que Je suis l'Éternel Qui les sanctifie. »

« C'est ainsi que furent terminés le ciel et la terre et toute leur armée.
Le septième jour, Dieu mit un terme à Son travail de création. Il se reposa de toute son activité le septième jour. Dieu bénit le septième jour et en fit un jour saint, parce que ce jour-là Il se reposa de toute Son activité, de tout ce qu'Il avait créé. »
« Jésus enseignait dans une des synagogues, le jour du sabbat. »
« Le sabbat suivant, presque toute la ville se rassembla pour entendre la Parole de Dieu. »
« Paul et Silas [...] arrivèrent à Thessalonique, où les Juifs avaient une synagogue.
Paul y entra, selon sa coutume. Pendant trois sabbats, il discuta avec eux, d'après les Écritures, expliquant et établissant que le Christ devait souffrir et ressusciter des morts. Et Jésus Que je vous annonce, disait-il, c'est Lui Qui est le Christ. »

« [...] au matin, il y eut une couche de rosée autour du camp. Quand cette rosée fut dissipée, il y avait à la surface du désert quelque chose de menu comme des grains, quelque chose de menu < fin, petit > comme la gelée blanche sur la terre. Les enfants d'Israël regardèrent [...] .../...

.../...
Moïse leur dit : C'est le pain que L'Éternel vous donne pour nourriture [la Parole, Jésus].
Voici ce que l'Éternel a ordonné : Que chacun de vous en ramasse ce qu'il faut pour sa nourriture, un omer par tête < une mesure de deux litres par personne >, suivant le nombre de vos personnes ; chacun en prendra pour ceux qui sont dans sa tente. Les Ìsraélites firent ainsi ; [...] Moïse leur dit : Que personne n'en laisse jusqu'au matin. Ìls n'écoutèrent pas Moïse, et il y eut des gens qui en laissèrent jusqu'au matin ; mais il s'y mit des vers, et cela devint infect. Moïse fut irrité contre ces gens. Tous les matins, chacun ramassait ce qu'il fallait pour sa nourriture ; et quand venait la chaleur du soleil, cela fondait.
Le sixième jour, ils ramassèrent une quantité double de nourriture, deux omers pour chacun < 4 litres pour chacun >. Tous les principaux de l'assemblée vinrent le rapporter à Moïse.
Et Moïse leur dit : C'est ce que l'Éternel a ordonné. Demain est le jour du repos, le sabbat consacré à l'Éternel ; faites cuire ce que vous avez à faire cuire, faites bouillir ce que vous avez à faire bouillir, et mettez en réserve jusqu'au matin tout ce qui restera.
Ìls le laissèrent jusqu'au matin, comme Moïse l'avait ordonné ; et cela ne devint point infect, et il ne s'y mit point de vers. Moïse dit : Mangez-le aujourd'hui, car c'est le jour du sabbat ; aujourd'hui vous n'en trouverez point dans la campagne. Pendant six jours vous en ramasserez ; mais le septième jour, qui est le sabbat, il n'y en aura point.
Le septième jour, quelques-uns du peuple sortirent pour en ramasser, et ils n'en trouvèrent point. Alors l'Éternel dit à Moïse : Jusques à quand refuserez-vous d'observer Mes commandements et Mes lois ? Considérez que l'Éternel vous a donné le sabbat ; c'est pourquoi Ìl vous donne au sixième jour de la nourriture pour deux jours. Que chacun reste à sa place, et que personne ne sorte du lieu où il est au septième jour.
Et le peuple se reposa le septième jour.
La maison d'Ìsraël donna à cette nourriture le nom de manne. Elle ressemblait à de la graine de coriandre ; elle était blanche, et avait le goût d'un gâteau au miel.
Moïse dit : Voici ce que l'Éternel a ordonné : Qu'un omer rempli de manne soit conservé pour vos descendants, afin qu'ils voient le pain que Je vous ai fait manger dans le désert, après vous avoir fait sortir du pays d'Égypte. Et Moïse dit à Aaron : Prends un vase, mets-y de la manne plein un omer, et dépose-le devant l'Éternel, afin qu'il soit conservé pour vos descendants. Suivant l'ordre donné par l'Éternel à Moïse, Aaron le déposa devant le témoignage, afin qu'il fût conservé.
Les enfants d'Ìsraël mangèrent la manne pendant quarante ans, jusqu'à leur arrivée dans un pays habité ; ils mangèrent la manne jusqu'à leur arrivée aux frontières du pays de Canaan. »

« Car, comme les cieux nouveaux et la terre nouvelle que Je vais créer, subsisteront devant Moi, dit l'Éternel, ainsi subsisteront votre postérité et votre nom. Et de mois en mois, et de sabbat en sabbat, toute chair viendra se prosterner devant Moi, dit l'Éternel. »

*Maranatha* < Jésus revient bientôt >!

 Déversons la Parole miraculeuse 

Le péché comme la lèpre, hélas, plus ou moins vite, creuse des plaies à vif :
S'immisçant dans la chair, il tourmente le corps et dessèche l'âme aussi.
Le péché a un prix, qui nous cause une dette d'un variable tarif,
Comme une maladie, de prime abord bénigne, va mener à la ruine et même à la folie !

Ainsi telle la lèpre, le chancre de l'iniquité se fait-il plus profond,
À mesure que la contamination ravage les sujets... D'une tache assez pale,
Nous rendant insensible au contact du réel, suivant son processus, la chose se répand
Pour recouvrir de meurtrissures sa victime, qui s'avère isolée et qui se sent bien sale...

De quelque intensité, la faute met à nu l'homme qu'elle déshonore,
Pour le couvrir d'effroi, telle une plaie béante venue
D'une écorchure qu'il se serait causée : voyez-vous qu'il en sort
Un venin douloureux et sanglant, à l'instar du poison que notre homme avait bu !

C'est le mal incarné qui coule dans sa chair et remplit ses tissus ;
Ìl en vicie les fibres au rythme d'un cancer : il semble que ce corps .../...

…/…
N'ait plus de résistance, hélas, à l'ennemi qui le ronge… Il ne reconnaît plus
Ni sa vitalité d'antan, ni les heures destinées au repos : il s'en va à la mort…

Car il est encor temps, œuvrons ensemble, que ce malade implore un secours salutaire :
S'il se laisse toucher par Sa main guérissante, il aura de Jésus le précieux appui,
Jusqu'à l'effacement de ses plaies les plus vives ! L'homme ainsi relevé en Christ se réjouit
De boire, comme un vin nouveau, cette Parole : prions qu'il accepte le soin à sa vie nécessaire…

Citations bibliques (Néhémie 9 : 5-36 ; Ésaïe 59 : 1-8 ; Psaume 51 : 1-19 ; Marc 1 : 40-42 ; Romains 2 : 13-14 ; Ésaïe 30 : 1-3 ; Job 19 : 4 ; Romains 6 : 1-4 ; Proverbes 8 : 12-36 ; Daniel 9 : 3-20 ; Psaumes 32 : 1-2 ; 1 Pierre 5 : 6-11 et non cité Proverbes 5 : 22-23) :

« Levez-vous, bénissez l'Éternel, votre Dieu! Il existe d'éternité en éternité. Que l'on bénisse Ton Nom glorieux ! Il dépasse ce que toute bénédiction et toute louange peuvent en exprimer.

C'est Toi, Éternel, c'est Toi seul Qui as fait le ciel, les cieux des cieux et toute leur armée, la terre et tout ce qu'elle porte, les mers et tout ce qu'elles contiennent < renferment >.

C'est Toi Qui donnes la vie à tout cela, et les corps célestes se prosternent devant Toi.

C'est Toi, Éternel Dieu, Qui as choisi Abram, Qui l'as fait sortir d'Ur en Chaldée, et Qui lui as donné le nom d'Abraham. Tu trouvas son cœur fidèle devant toi, Tu fis alliance avec lui, et Tu promis de donner à sa postérité le pays […] Et Tu as tenu Ta parole, car Tu es juste.

Tu vis l'affliction de nos pères en Égypte, et Tu entendis leurs cris vers la mer Rouge.

Tu opéras des miracles et des prodiges contre Pharaon, contre tous ses serviteurs et contre tout le peuple de son pays, parce que Tu savais avec quelle méchanceté ils avaient traité nos pères, et Tu fis paraître Ta gloire comme elle paraît aujourd'hui.

Tu fendis la mer devant eux, et ils passèrent à sec au milieu de la mer ; mais Tu précipitas dans l'abîme, comme une pierre au fond des eaux, ceux qui marchaient à leur poursuite.

Tu les guidas le jour par une colonne de nuée, et la nuit par une colonne de feu qui les éclairait dans le chemin qu'ils avaient à suivre.

Tu descendis sur la montagne de Sinaï, Tu leur parlas du haut des cieux, et Tu leur donnas des ordonnances justes, des lois de vérité, des préceptes et des commandements excellents. Tu leur fis connaître Ton saint sabbat, et Tu leur prescrivis par Moïse, Ton serviteur, des commandements, des préceptes et une loi. Tu leur donnas, du haut des cieux, du pain quand ils avaient faim, et Tu fis sortir de l'eau du rocher quand ils avaient soif. Et Tu leur dis d'entrer en possession du pays que Tu avais juré de leur donner.

Mais nos pères se livrèrent à l'orgueil et raidirent leur cou. Ils n'écoutèrent point Tes commandements, ils refusèrent d'obéir, et ils mirent en oubli les merveilles que Tu avais faites en leur faveur. Ils raidirent leur cou ; et, dans leur rébellion, ils se donnèrent un chef pour retourner à leur servitude. Mais Toi, Tu es un Dieu prêt à pardonner, compatissant et miséricordieux, lent à la colère et riche en bonté, et Tu ne les abandonnas pas, même quand ils se firent un veau en fonte et dirent : Voici ton Dieu qui t'a fait sortir d'Egypte, et qu'ils se livrèrent envers Toi à de grands outrages.

Dans Ton immense miséricorde, Tu ne les abandonnas pas au désert, et la colonne de nuée ne cessa point de les guider le jour dans leur chemin, ni la colonne de feu de les éclairer la nuit dans le chemin qu'ils avaient à suivre. Tu leur donnas Ton bon Esprit pour les rendre sages, Tu ne refusas point ta manne à leur bouche, et Tu leur fournis de l'eau pour leur soif. Pendant quarante ans, Tu pourvus à leur entretien dans le désert, et ils ne manquèrent de rien, leurs vêtements ne s'usèrent point, et leurs pieds ne s'enflèrent point. Tu leur livras des royaumes et des peuples, dont Tu partageas entre eux les contrées, et ils possédèrent le pays […]

Tu multiplias leurs fils comme les étoiles des cieux, et Tu les fis entrer dans le pays dont Tu avais dit à leurs pères qu'ils prendraient possession. […]

Ils devinrent maîtres de villes fortifiées et de terres fertiles ; ils possédèrent des maisons remplies de toutes sortes de biens, des citernes creusées, des vignes, des oliviers, et des arbres fruitiers en abondance ; ils mangèrent, ils se rassasièrent, ils s'engraissèrent, et ils vécurent dans les délices par ta grande bonté.

Néanmoins, ils se soulevèrent et se révoltèrent contre Toi. Ils jetèrent Ta loi derrière leur dos, ils tuèrent Tes prophètes qui les conjuraient de revenir à Toi, et ils se livrèrent envers Toi à de grands outrages. Alors Tu les abandonnas entre les mains de leurs ennemis, qui les opprimèrent. Mais, au temps de leur détresse, ils crièrent à Toi ; et Toi, Tu les entendis du haut des cieux, et, dans Ta grande miséricorde, Tu leur donnas des libérateurs qui les sauvèrent de la main de leurs ennemis.

Quand ils eurent du repos, ils recommencèrent à faire le mal devant Toi. Alors Tu les abandonnas entre les mains de leurs ennemis, qui les dominèrent. Mais, de nouveau, ils crièrent à Toi ; Et Toi, Tu les entendis du haut des cieux, Et, dans Ta grande miséricorde, Tu les délivras maintes fois.

…/…

.../...
Tu les conjuras de revenir à Ta loi ; et ils persévérèrent dans l'orgueil, ils n'écoutèrent point Tes commandements, ils péchèrent contre Tes ordonnances, qui font vivre celui qui les met en pratique [...], ils eurent une épaule rebelle, ils raidirent leur cou, et ils n'obéirent point.
Tu les supportas de nombreuses années, Tu leur donnas des avertissements par Ton Esprit, par Tes prophètes ; et ils ne prêtèrent point l'oreille. Alors Tu les livras entre les mains des peuples étrangers. Mais, dans Ta grande miséricorde, Tu ne les anéantis pas, et Tu ne les abandonnas pas, car Tu es un Dieu compatissant et miséricordieux.
Et maintenant, Ô notre Dieu, Dieu grand, puissant et redoutable, Toi qui gardes Ton alliance et Qui exerces la miséricorde, ne regarde pas comme peu de chose toutes les souffrances que nous avons éprouvées, nous, nos rois, nos chefs, nos sacrificateurs, nos prophètes, nos pères et tout Ton peuple, depuis le temps [...] jusqu'à ce jour.
Tu as été juste dans tout ce qui nous est arrivé, car Tu T'es montré fidèle, et nous avons fait le mal. Nos rois, nos chefs, nos sacrificateurs < prêtres > et nos pères n'ont point observé Ta loi, et ils n'ont été attentifs ni à Tes commandements ni aux avertissements que Tu leur adressais. [...] Et aujourd'hui, nous voici esclaves ! [...]. »

« Non, le bras de l'Éternel n'est pas devenu trop court pour sauver, ni Son oreille trop dure pour entendre, mais ce sont vos fautes qui ont fait séparation entre vous et votre Dieu, ce sont vos péchés qui vous L'ont caché et L'ont empêché de vous écouter. [...]
Ils ne commettent que l'injustice et leurs mains sont pleines d'actes de violence. Leurs pieds courent au mal et s'empressent de verser le sang innocent. Leurs pensées sont orientées vers l'injustice, la destruction et le malheur marquent leur passage. Ils ne connaissent pas le chemin de la paix et le droit est absent de leur parcours. »

« Ô Dieu ! aie pitié de moi dans Ta bonté ; Selon Ta grande miséricorde, efface mes transgressions ;
Lave-moi complètement de mon iniquité, Et purifie-moi de mon péché. Car je reconnais mes transgressions, Et mon péché est constamment devant moi.
J'ai péché contre Toi seul, Et j'ai fait ce qui est mal à Tes yeux, En sorte que Tu seras juste dans Ta sentence, Sans reproche dans Ton jugement. [...] Mais Tu veux que la vérité soit au fond du cœur : Fais donc pénétrer la sagesse au-dedans de moi ! [...] Lave-moi, et je serai plus blanc que la neige. Annonce-moi l'allégresse et la joie, Et les os que Tu as brisés se réjouiront.
Détourne Ton regard de mes péchés, Efface toutes mes iniquités. Ô Dieu ! crée en moi un cœur pur, Renouvelle en moi un esprit bien disposé. Ne me rejette Pas loin de Ta face, Ne me retire pas Ton Esprit-Saint. Rends-moi la joie de Ton salut, Et qu'un esprit de bonne volonté me soutienne !
J'enseignerai Tes voies à ceux qui les transgressent, Et les pécheurs reviendront à Toi. Ô Dieu, Dieu de mon salut ! délivre-moi du sang versé, Et ma langue célébrera Ta miséricorde. [...]
Les sacrifices qui sont agréables à Dieu, c'est un esprit brisé : Ô Dieu ! Tu ne dédaignes Pas un cœur brisé et contrit. »

[Premier miracle de Jésus décrit par l'Évangile – symbolisant la purification du péché et la victoire de Dieu sur l'impossible] : « Un lépreux vint à Lui ; et, se jetant à genoux, il Lui dit d'un ton suppliant : Si Tu le veux, Tu peux me rendre pur. Jésus, ému de compassion, étendit la main, le toucha, et dit : Je le veux, sois pur. Aussitôt la lèpre le quitta, et il fut purifié. »

« Tous ceux qui ont péché sans la loi périront aussi sans la loi, et tous ceux qui ont péché avec la loi seront jugés par la loi. Ce ne sont pas, en effet, ceux qui écoutent la loi qui sont justes devant Dieu, mais ce sont ceux qui la mettent en pratique qui seront justifiés. »

« Malheur, dit l'Éternel, aux enfants rebelles, Qui prennent des résolutions sans Moi, Et qui font des alliances sans Ma volonté, Pour accumuler péché sur péché ! [...] »
« Si réellement j'ai péché, seul j'en suis responsable. »

« Que dirons-nous donc ? Demeurerions-nous dans le péché, afin que la grâce abonde ?
Loin de là ! Nous qui sommes morts au péché, comment vivrions-nous encore dans le péché ?
Ignorez-vous que nous tous qui avons été baptisés en Jésus-Christ, c'est en Sa mort que nous avons été baptisés ? Nous avons donc été ensevelis avec Lui par le baptême en Sa mort, afin que, comme Christ est ressuscité des morts par la gloire du Père, de même nous aussi nous marchions en nouveauté de vie. »

« Moi, la sagesse, j'ai pour demeure le discernement, Et je possède la science de la réflexion. La crainte de l'Éternel, c'est la haine du mal ; .../...

.../...
l'arrogance et l'orgueil, la voie du mal, Et la bouche perverse, voilà ce que je hais. [...]
L'Éternel m'a créée la première [...], Avant Ses œuvres les plus anciennes. J'ai été établie depuis l'éternité, Dès le commencement, avant l'origine de la terre. [...]
Et maintenant, mes fils, écoutez-moi, Et heureux ceux qui observent mes voies !
Écoutez l'instruction, pour devenir sages, Ne la rejetez pas. Heureux l'homme qui M'écoute, [...]
Car celui qui Me trouve a trouvé la vie, Et il obtient la faveur de l'Éternel.
Mais celui qui pèche contre moi nuit à son âme ; Tous ceux qui me haïssent aiment la mort. »

« Je tournai ma face vers le Seigneur Dieu, afin de recourir à la prière et aux supplications, en jeûnant et en prenant le sac et la cendre.
Je priai l'Éternel, mon Dieu, et je lui fis cette confession : Seigneur, Dieu grand et redoutable, Toi Qui gardes Ton alliance et Qui fais miséricorde à ceux qui T'aiment et qui observent Tes commandements !
Nous avons péché, [...] Nous n'avons pas écouté Tes serviteurs, les prophètes, qui ont parlé en Ton nom à nos rois, à nos chefs, à nos pères, et à tout le peuple du pays.
À Toi, Seigneur, est la justice, et à nous la confusion de face, [...] parce que nous avons péché contre Toi.
Auprès du Seigneur, notre Dieu, la miséricorde et le pardon, car nous avons été rebelles envers Lui.
Nous n'avons pas écouté la voix de l'Éternel, notre Dieu, pour suivre Ses lois qu'Îl avait mises devant nous par Ses serviteurs, les prophètes. [...]
Comme cela est écrit dans la loi de Moïse, toute cette calamité est venue sur nous < Tout ce malheur nous a frappés conformément à ce qui était écrit dans la Loi de Moïse > ; et nous n'avons pas imploré l'Éternel, notre Dieu, nous ne nous sommes pas détournés de nos iniquités < fautes >, nous n'avons pas été attentifs à Ta vérité.

[...] l'Éternel, notre Dieu, Est juste dans toutes les choses qu'Îl a faites, mais nous n'avons pas écouté Sa voix.
[...] nous avons péché, nous avons commis l'iniquité.
Seigneur, selon Ta grande miséricorde, que Ta colère et Ta fureur se détournent [...]
Maintenant donc, Ô notre Dieu, écoute la prière et les supplications de Ton serviteur, et, pour l'amour du Seigneur, fais briller Ta face sur Ton sanctuaire dévasté < désolé > ! [...]
Car ce n'est pas à cause de notre justice < ce n'est pas en nous appuyant sur nos actions justes > que nous Te présentons nos supplications, c'est à cause de Tes grandes compassions.
Seigneur, écoute ! Seigneur, pardonne ! Seigneur, sois attentif ! agis et ne tarde pas, par amour pour Toi, Ô mon Dieu ! Car Ton Nom est invoqué sur Ta ville et sur Ton peuple.
Je parlais encore, je priais, je confessais mon péché et le péché de mon peuple d'Îsraël, et je présentais mes supplications à l'Éternel, mon Dieu, en faveur de la sainte montagne de mon Dieu ; [...] »

« Heureux celui à qui la transgression est remise, à qui le péché est pardonné !
Heureux l'homme à qui l'Éternel n'impute pas d'iniquité, Et dans l'esprit duquel il n'y a point de fraude ! »

« Humiliez-vous donc sous la puissante main de Dieu, afin qu'Îl vous élève au temps convenable ; et déchargez-vous sur Lui de tous vos soucis, car Lui-même prend soin de vous.
Soyez sobres, veillez. Votre adversaire, le diable, rôde comme un lion rugissant, cherchant qui il dévorera.
Résistez-lui avec une foi ferme, sachant que les mêmes souffrances sont imposées à vos frères dans le monde.
Le Dieu de toute grâce, Qui vous a appelés en Jésus-Christ à Sa gloire éternelle, après que vous aurez souffert un peu de temps, vous perfectionnera Lui-même, vous affermira, vous fortifiera, vous rendra inébranlables. À Lui soit la puissance aux siècles des siècles ! Amen ! »

## L'onction de piété

En ce doux soir de prêche, où je l'avais requis pour une intercession, l'ancien me dit :
"Je vais prier, mais ne lutte pas..." – ce qui d'abord au cœur me parut sibyllin,
Avant que l'Esprit-Saint n'ajoute à ce bon mot de faire ainsi, en ayant saisi le sens assez bien.
J'étais venu(e) à lui partageant mon fardeau, ne voulant plus porter bijoux, choses du monde, avoir une "double vie"...
.../...

.../...
Car allant à l'église en souvenir de ceux qui m'y avaient conduit(e), je venais sobrement, sans fol accoutrement,
Puis au lieu de service, ailleurs et en semaine, je couvrais de paillettes ce corps qu'on savait nu,
Comme d'autres se parent de tenues vaines, en strass ou jugées plus seyantes, espérant qu'on n'ait vu
Ce double jeu, qui n'est pas franc envers les hommes et ne peut tromper Dieu... Que chacun se présente comme il le doit vraiment !

Non, cessons de penser que la relation compte jusqu'au point où commence le droit de mal paraître, déshonorer le nom
De chrétien qu'on arbore – tout au moins dans le cercle de la communauté, en circonstances précises et non d'éternité...
Cette intimité noble avec Christ nous invite à soumettre à Sa Loi tous les pans de ma vie... Tout comme l'Écriture l'a déclaré,
Voici, j'ai renoncé à ce qui n'avait d'importance : au lieu d'objets de luxe au pis démonisés, j'ai revêtu la robe d'alliance pure et sobre avec Christ, Roi de Sion !

Citations bibliques (Genèse 3 : 6-8, 21 ; Exode 24 : 15-16 et 33 : 3-6, 21-23 ; Nombres 16 : 41, 42 ; Deutéronome 32 : 36-40 ; Ésaïe 3 : 13-26 ; Psaume 85 : 2-3 ; Proverbes 3 : 21-26 ; 1 Pierre 3 : 3, 4) :
« La femme vit que l'arbre était bon à manger et agréable à la vue, et qu'il était précieux pour ouvrir l'intelligence ; elle prit de son fruit, et en mangea ; elle en donna aussi à son mari, qui était auprès d'elle, et il en mangea.
Les yeux de l'un et de l'autre s'ouvrirent, ils connurent qu'ils étaient nus, et ayant cousu des feuilles de figuier, ils s'en firent des ceintures.
Alors ils entendirent la voix de l'Éternel Dieu, qui parcourait le jardin vers le soir, et l'homme et sa femme se cachèrent loin de la face de l'Éternel Dieu, au milieu des arbres du jardin. »
« L'Éternel Dieu fit à Adam et à sa femme des habits de peau, et Il les en revêtit. »

« Moïse monta sur la montagne, et la nuée couvrit la montagne. La gloire de l'Éternel reposa sur la montagne de Sinaï, et la nuée la couvrit pendant six jours. Le septième jour, l'Éternel appela Moïse du milieu de la nuée. »
« L'Éternel dit à Moïse : Va, pars d'ici, toi et le peuple que tu as fait sortir du pays d'Égypte ; monte vers le pays que J'ai juré de donner à Abraham, à Isaac et à Jacob, en disant : Je le donnerai à ta postérité. J'enverrai devant toi un ange, et Je chasserai les Cananéens, les Amoréens, les Héthiens, les Phéréziens, les Héviens et les Jébusiens. Monte vers ce pays où coulent le lait et le miel. Mais Je ne monterai point au milieu de toi < Pour Moi, Je n'irai pas au milieu de vous >, de peur que Je ne te consume en chemin, car tu es un peuple au cou roide < rebelle >. Lorsque le peuple eut entendu ces sinistres paroles, il fut dans la désolation, et personne ne mit ses ornements. Et l'Éternel dit à Moïse : Dis aux enfants d'Ìsraël : Vous êtes un peuple au cou roide ; si Je montais un seul instant au milieu de toi, Je te consumerais. Ôte maintenant tes ornements de dessus toi, et Je verrai ce que Je te ferai. Les enfants d'Ìsraël se dépouillèrent de leurs ornements, en s'éloignant du mont Horeb. »

« L'Éternel dit : Voici un lieu près de Moi ; tu te tiendras sur le rocher. Quand Ma gloire passera, Je te mettrai dans un creux du rocher [symbole de Jésus-Christ], et Je te couvrirai de Ma main jusqu'à ce que J'aie passé. Et lorsque Je retournerai Ma main, tu Me verras par derrière, mais Ma face ne pourra pas être vue. »

« Dès le lendemain, toute l'assemblée des enfants d'Ìsraël murmura contre Moïse et Aaron, en disant : Vous avez fait mourir le peuple de l'Éternel. Comme l'assemblée se formait contre Moïse et Aaron, et comme ils tournaient les regards vers la tente d'assignation, voici, la nuée la couvrit, et la gloire de l'Éternel apparut. »

« L'Éternel jugera Son peuple ; Mais Ìl aura pitié de Ses serviteurs, En voyant que leur force est épuisée, Et qu'il n'y a plus ni esclave ni homme libre. Ìl dira : Où sont leurs dieux, Le rocher qui leur servait de refuge, Ces dieux qui mangeaient la graisse de leurs victimes, qui buvaient le vin de leurs libations ? Qu'ils se lèvent, qu'ils vous secourent, Qu'ils vous couvrent de leur protection ! Sachez donc que c'est Moi Qui suis Dieu, Et qu'il n'y a point de dieu près de Moi; Je fais vivre et Je fais mourir, Je blesse et Je guéris, Et personne ne délivre de Ma main.
Car Je lève Ma main vers le ciel, Et Je dis : Je vis éternellement ! »

« L'Éternel Se présente pour plaider, Ìl est debout pour juger les peuples. L'Éternel entre en jugement Avec les anciens de Son peuple et avec ses chefs : Vous avez brouté la vigne ! .../...

.../...
La dépouille du pauvre est dans vos maisons ! De quel droit foulez-vous Mon peuple, Et écrasez-vous la face des pauvres ? Dit le Seigneur, l'Éternel des armées.
L'Éternel dit : Parce que les filles de Sion sont orgueilleuses, Et qu'elles marchent le cou tendu Et les regards effrontés, Parce qu'elles vont à petits pas, Et qu'elles font résonner les boucles de leurs pieds, Le Seigneur rendra chauve le sommet de la tête des filles de Sion, L'Éternel découvrira leur nudité. En ce jour, le Seigneur ôtera les boucles qui servent d'ornement à leurs pieds, Et les filets et les croissants ; Les pendants d'oreilles, les bracelets et les voiles ;
Les diadèmes, les chaînettes des pieds et les ceintures, Les boîtes de senteur et les amulettes ; Les bagues et les anneaux du nez ; Les vêtements précieux et les larges tuniques, Les manteaux et les gibecières ; Les miroirs et les chemises fines, Les turbans et les surtouts légers. Au lieu de parfum, il y aura de l'infection; Au lieu de ceinture, une corde ; Au lieu de cheveux bouclés, une tête chauve ; Au lieu d'un large manteau, un sac étroit ; Une marque flétrissante, au lieu de beauté. Tes hommes tomberont sous le glaive, Et tes héros dans le combat.
Les portes de Sion gémiront et seront dans le deuil ; Dépouillée, elle s'assiéra par terre. »

« Tu as été favorable à Ton pays, Ô Éternel ! Tu as ramené les captifs de Jacob ;
Tu as pardonné l'iniquité de Ton peuple, Tu as couvert tous ses péchés ; »

« Mon fils, que ces enseignements ne s'éloignent pas de tes yeux, Garde la sagesse et la réflexion : Elles seront la vie de ton âme, Et l'ornement de ton cou. Alors tu marcheras avec assurance dans ton chemin, Et ton pied ne heurtera pas. Si tu te couches, tu seras sans crainte ; Et quand tu seras couché, ton sommeil sera doux. »

« Ne redoute ni une terreur soudaine, Ni une attaque de la part des méchants ; Car l'Éternel sera ton assurance, Et Il préservera ton pied de toute embûche. »

« Ayez, non cette parure extérieure qui consiste dans les cheveux tressés, les ornements d'or, ou les habits qu'on revêt, mais la parure intérieure et cachée dans le cœur, la pureté incorruptible d'un esprit doux et paisible, qui est d'un grand prix devant Dieu.
< Recherchez non pas la beauté que donne une parure extérieure : cheveux habilement tressés, bijoux en or, toilettes élégantes, mais celle qui émane de l'être intérieur : la beauté impérissable d'un esprit doux et paisible, à laquelle Dieu attache un grand prix > ou < que votre parure ne soit pas une parure extérieure - cheveux tressés, ornements d'or ou vêtements élégants - mais plutôt celle intérieure et cachée du cœur, la pureté incorruptible d'un esprit doux et paisible, qui est d'une grande valeur devant Dieu > »

Ci-après, 1 Pierre 1 : 1-4 (autres versions bibliques, en extraits manifestement applicables aux deux sexes et à tous, sauf signes utilitaires : alliance, montre et prescriptions bibliques d'ornements sacrés) : « afin que même s'il y en a qui n'obéissent point à la parole, ils soient gagnés sans la parole, par [votre] conduite [...] lorsqu'ils auront vu la pureté de votre conduite, accompagnée de crainte. < lorsqu'ils verront votre conduite chaste et respectueuse. >
Et que leur ornement ne soit point celui de dehors, qui consiste dans la frisure des cheveux, dans une parure d'or, et dans la magnificence des habits ;
< Que votre parure ne soit point celle du dehors, l'entrelacement des cheveux, les ornements d'or ou l'ajustement des habits, > Mais l'homme caché dans le cœur, l'incorruptibilité d'un esprit doux et paisible, qui est d'un grand prix devant Dieu. »

Gloire au Seigneur !

Le cadeau de Sa vie

Donne-moi de T'aimer, sans cesser de T'entendre...
Quand je suis près de Toi, le péché ne m'inquiète !
C'est si bon d'aller après Christ, dans les combats comme à la fête,
Qu'on ne devrait pas s'écarter, cherchant en vain à tout comprendre.

Si je fais ma propre justice, elle est trop vive et blesse un homme
Que Ta grâce aurait converti et rallié, sans peine, à ma cause...
Je puis ainsi lutter, dans l'ombre : dès lors que Ta lumière ne repose .../...

.../...
Sur moi, que vaudraient mes efforts ? Courbé(e), je trimerais, telle une bête de somme...

Mais si j'incline le corps et soumets mon esprit à Ta toute-puissance,
Sans crainte, je pourrais contempler sous les eaux de ma peine, le tourbillon
Des heures passées dans Ton refuge, à jouir du repos qu'offre Ta sainte onction !
Car Tu m'as donné d'ouïr Ta voix aimante et demeurer, toujours, au cœur de Ta présence.

Gloire au Seigneur !

*Veillez et priez**

Un peuple a annoncé, en leur calendrier, qu'on irait entrant dans l'autre monde et pour un jour donné,
Des flots de catastrophes et l'ère du péril : que devions-nous penser des sombres prédictions
Auxquelles des chrétiens même donnaient foi quelque peu... ? Leur crédibilité au regard de la science ou d'autres prophéties, leur réalisation
Pour autant seraient-elles motif suffisant pour nier au paganisme des croyances et pratiques où le diable en personne se trouvait adoré...

Hélas, n'est-il assez calculateur cynique, en dépit de l'accueil qu'on fait à son folklore, pour annoncer le mal
Qu'il va causer soi-même et qu'on prête crédit, par suite, à ses suppôts – astrologues et sorciers qui vendent l'hérésie...
Un jour est redouté, qui n'est pas celui dit dans la Sainte Écriture**, mais prédit par un peuple ayant versé le sang et méprisé la vie !
Des tribus ancestrales ou colons médiévaux n'ont-ils commis de même d'odieux sacrifices humains et suivi une voie qui leur serait fatale...

C'est la peur, l'ignorance qui conduisent à l'horreur : on voudrait apaiser des puissances inconnues redoutant que tarissent
Les ressources utiles aux besoins des familles, egos et sociétés. Mais il faut se confier au juste Dieu d'amour, dont les prédictions
Sont bienheureuses et claires. N'est-il un comble, allons, de polluer ces réserves d'eau propres en y jetant des corps par contamination... ?
Cela souligne comme les valeurs de ce monde sèment la confusion : que l'Esprit du Dieu Saint nous libère et bénisse !

Le jour si redoutable, heureux pour les chrétiens, est celui du retour du Messie glorieux – dont la date à cette heure n'est connue,
Mais les signes se multiplient, afin qu'on s'y apprête tous, pour inviter les âmes à suivre Sa Parole, se réconciliant avec Dieu, le prochain ;
Qu'on ne mente ou s'affole, n'ampute son budget en prévision d'un jour dont la Bible ne parle et dont plutôt la peur fait le jeu du malin... !
On construit des abris, on s'arme et se retranche derrière ses richesses ou fortifications : n'oublions que seul Christ a la clef du salut.

Citations bibliques (Éphésiens 6 : 18 ; Matthieu 25 : 13 ; Marc 13 : 29-37 ; 2 Timothée 4 : 1-5 ;
Luc 17 : 20-37 et Luc 21 : 34-36 et non cité : Marc 14 : 38, 1 Timothée 4 : 1-3) :
« Faites en tout temps par l'Esprit toutes sortes de prières et de supplications. Veillez à cela avec une entière persévérance, et priez pour tous les saints. »

**« Veillez donc, puisque vous ne savez ni le jour, ni l'heure. »
*« De même, quand vous verrez ces choses arriver, sachez que le Fils de l'homme est proche, à la porte. Je vous le dis en vérité, cette génération ne passera point, que tout cela n'arrive. .../...

.../...
Le ciel et la terre passeront, mais Mes paroles ne passeront point.
Pour ce qui est du jour ou de l'heure, personne ne le sait, ni les anges dans le ciel, ni le Fils, mais le Père seul.
Prenez garde, veillez et priez ; car vous ne savez quand ce temps viendra.
Il en sera comme d'un homme qui, partant pour un voyage, laisse sa maison, remet l'autorité à ses serviteurs, indique à chacun sa tâche, et ordonne au portier de veiller.
Veillez donc, car vous ne savez quand viendra le maître de la maison, ou le soir, ou au milieu de la nuit, ou au chant du coq, ou le matin ; craignez qu'il ne vous trouve endormis, à son arrivée soudaine. Ce que je vous dis, je le dis à tous : Veillez. »

« C'est pourquoi, devant Dieu et devant Jésus-Christ, Qui va juger les vivants et les morts, et dans la perspective de Sa venue et de Son règne, je te le recommande solennellement < je t'en conjure > : proclame la Parole, insiste, que l'occasion soit favorable ou non, convaincs, réprimande, encourage par ton enseignement, avec une patience inlassable < reprends, censure, exhorte avec toute douceur et en instruisant >.
Car le temps viendra où les hommes ne voudront plus rien savoir de l'enseignement authentique < ne supporteront pas la saine doctrine >. Au contraire, ayant la démangeaison d'entendre des choses agréables, ils se donneront une foule de maîtres < enseignants, docteurs > conformes à leurs propres désirs. Ils détourneront l'oreille de la vérité pour écouter des récits de pure invention < fables >.
Mais toi, garde, en toute circonstance, le contrôle de toi-même < sois sobre en tout >, supporte les souffrances, accomplis la tâche d'un évangéliste, remplis bien ton ministère. »

« Les pharisiens demandèrent à Jésus quand viendrait le royaume de Dieu. Il leur répondit : Le royaume de Dieu ne vient pas de manière à frapper les regards.
On ne dira point : Il est ici, ou : Il est là. Car voici, le royaume de Dieu est au milieu de vous.
Et Il dit aux disciples : Des jours viendront où vous désirerez voir l'un des jours du Fils de l'homme, et vous ne le verrez point. On vous dira : Il est ici, Il est là. N'y allez pas, ne courez pas après. Car, comme l'éclair resplendit et brille d'une extrémité du ciel à l'autre, ainsi sera le Fils de l'homme en Son jour. Mais il faut auparavant qu'Il souffre beaucoup, et qu'Il soit rejeté par cette génération.
Ce qui arriva du temps de Noé arrivera de même aux jours du Fils de l'homme. Les hommes mangeaient, buvaient, se mariaient et mariaient leurs enfants, jusqu'au jour où Noé entra dans l'arche ; le déluge vint, et les fit tous périr. Ce qui arriva du temps de Lot arrivera pareillement. Les hommes mangeaient, buvaient, achetaient, vendaient, plantaient, bâtissaient ; mais le jour où Lot sortit de Sodome, une pluie de feu et de soufre tomba du ciel, et les fit tous périr.
Il en sera de même le jour où le Fils de l'homme paraîtra.
En ce jour-là, que celui qui sera sur le toit, et qui aura ses effets dans la maison, ne descende pas pour les prendre ; et que celui qui sera dans les champs ne retourne pas non plus en arrière.
Souvenez-vous de la femme de Lot. Celui qui cherchera à sauver sa vie la perdra, et celui qui la perdra la retrouvera.
Je vous le dis, en cette nuit-là, de deux personnes qui seront dans un même lit, l'une sera prise et l'autre laissée ; de deux femmes qui moudront ensemble < seront en train de tourner ensemble la pierre de meule [travailler] >, l'une sera prise et l'autre laissée. De deux hommes qui seront dans un champ, l'un sera pris et l'autre laissé. Les disciples lui dirent : Où sera-ce, Seigneur ? Et Il répondit : Où sera le corps, là s'assembleront les aigles. »

« Prenez garde à vous-mêmes, de crainte que vos cœurs ne s'appesantissent par les excès du manger et du boire, et par les soucis de la vie, et que ce jour ne vienne sur vous à l'improviste ; car il viendra comme un filet sur tous ceux qui habitent sur la face de toute la terre. Veillez donc et priez en tout temps, afin que vous ayez la force d'échapper à toutes ces choses qui arriveront, et de paraître debout devant le Fils de l'homme. »

Amen. Maranatha < Ainsi soit-il. Le Seigneur Jésus revient bientôt > !

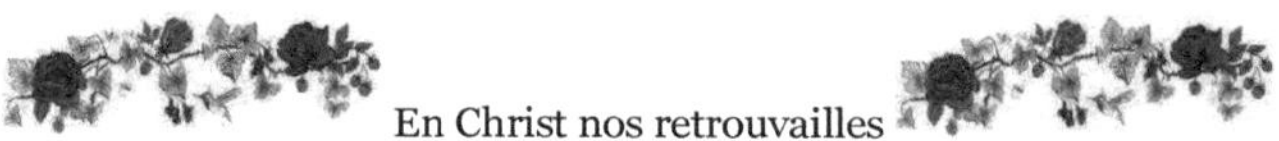
En Christ nos retrouvailles

Qu'est-ce que le péché**, frère : j'entends des choses étranges... Quel que soit l'usage aujourd'hui, on m'a dit des bijoux
Qu'on porte sur son corps – sauf la montre et l'alliance – qu'il était préférable de s'en abstenir certes, .../...

.../...
En vertu des conseils bibliques à ce sujet. Idem pour le mariage avec un incroyant : pour sûr, mon Dieu jaloux
Fit périr qui s'était fourvoyé en Son peuple par quelque union avec qui du malin ou d'autres confessions s'étaient hélas fait les adeptes*...

*Transgression de la Loi***, le péché brise l'accord, la paix, la relation unissant l'homme au Ciel :
Ainsi quand je me fais dieu aux yeux de mes frères, écoutant l'expression de ma volonté propre au lieu de l'Évangile,
J'amorce alors la Chute pour tout le genre humain, tels nos premiers parents qui à l'ordre divin se rendirent infidèles,
Par l'attraction des sens et un curieux orgueil, pour satisfaire le ventre, on se perd dans le doute et glisse vers l'abîme – l'âme sombre et fragile...

Voyez, dès qu'on s'éloigne en connaissance de la Loi, du droit chemin, déjà le cœur s'égare, devant payer le prix des choix
Qu'il a posés – s'il n'y perd le salut, sa santé ou la paix de ses jours ici-bas, hélas n'en seront-elles de ce fait compromises...
Ami(e), ton Dieu désire le plein bonheur, tu sais, comme dit Sa Parole et toute gratuité en ta faveur, pourvu que par la foi
Je vive ainsi qu'Il me conseille, ordonne ou recommande. Si certains points s'imposent, d'autres tout aussi clairs sont donnés à l'Église...

Qu'est-ce que le péché, frère, ô ma sœur bien-aimé(e) ? Si la violation de prescriptions sacrées ne fait l'objet de quelque mesure
Et que d'autres sont mises en avant par ceux qui exercent discipline et prêchent le message, notre Bible est entière, il faut honorer Dieu,
Lui accordant vraiment la place la première. On gagne récompense et bénédiction-s à suivre, en toutes choses, le Dieu des Écritures ;
Autrement, c'est pécher par quelque idolâtrie, en dépit des bontés et célestes grandeurs, la Parole déclare et plus que tout, attend de nous ce qu'il est mieux...

Cf. non cités : *Esdras 10 : 1-17, 44 et Néhémie 13 : 23-27 ; ** 1 Jean 3 : 1-15 et Romains 2 : 19-24 ;
Citation biblique (Philippiens 3 : 17-21) : « Soyez tous mes imitateurs, frères, et portez les regards sur ceux qui marchent selon le modèle que vous avez en nous. Car il en est plusieurs qui marchent en ennemis de la croix de Christ, je vous en ai souvent parlé, et j'en parle maintenant encore en pleurant. Leur fin sera la perdition ; ils ont pour dieu leur ventre [symbolisant nourriture, sexualité, toute consommation charnelle ou matérielle], ils mettent leur gloire dans ce qui fait leur honte, ils ne pensent qu'aux choses de la terre.
Mais notre cité à nous est dans les cieux, d'où nous attendons aussi comme Sauveur le Seigneur Jésus-Christ, Qui transformera le corps de notre humiliation, en le rendant semblable au corps de Sa gloire, par le pouvoir qu'Il a de S'assujettir toutes choses. »

Louange au Roi d'amour !

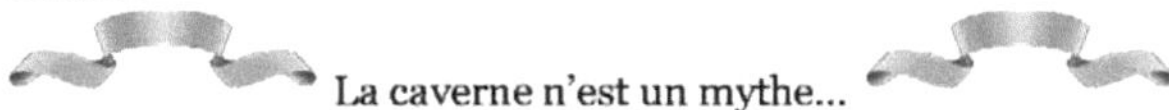

La caverne n'est un mythe...

J'ai vu la statue d'or luisant au creux d'un roc :
Elle n'était pas si grande, mais brillait tellement...
Et comme elle fit l'objet de l'orgueil des nations,
J'étais triste au matin, méditant sur son socle...

En pure perte, l'or coulant telle fontaine aux pépites de miel,
Ah ! fut donné à l'homme, qui ne sut le gérer, mais je voyais
Autour de la statue, clarté au creux d'un Roc si grand, doux et parfait ;
Je voyais qu'elle était au-dedans et baignée, bien plus haut, de lumière éternelle.

Cette pierre qui vient te remplacer t'avale, tu n'étais qu'un trésor en Son sein, .../...

.../...
Statue d'or, Il t'a fait disparaître – Ô mon Roc salutaire Que chante la Parole,
Il t'a reprise et cache au rang des souvenirs et joyaux de l'Histoire : que s'exhorte et console,
Au pied de la croix sainte, mon âme avec la tienne : abritons-nous en Christ scellant notre destin !

Citations bibliques (Deutéronome 16 : 19-22 ; Daniel 2 : 1-47 et non cité : Daniel 3 : 1-28) :
« Tu ne porteras atteinte à aucun droit, tu n'auras point égard à l'apparence des personnes, et tu ne recevras point de présent, car les présents aveuglent les yeux des sages et corrompent les paroles des justes. Tu suivras exactement la justice, afin que tu vives et que tu possèdes le pays que l'Éternel, ton Dieu, te donne.
Tu ne fixeras aucune idole de bois à côté de l'autel que tu élèveras à l'Éternel, ton Dieu.
Tu ne dresseras point des statues, qui sont en aversion à l'Éternel, ton Dieu. »

« La seconde année du règne de Nebucadnetsar, Nebucadnetsar eut des songes. Il avait l'esprit agité, et ne pouvait dormir. Le roi fit appeler les magiciens, les astrologues, les enchanteurs et les Chaldéens, pour qu'ils lui disent ses songes. Ils vinrent, et se présentèrent devant le roi. Le roi leur dit : J'ai eu un songe ; mon esprit est agité, et je voudrais connaître ce songe. Les Chaldéens répondirent au roi en langue araméenne : Ô roi, vis éternellement ! dis le songe à tes serviteurs, et nous en donnerons l'explication.
Le roi reprit la parole et dit aux Chaldéens : La chose m'a échappé ; si vous ne me faites connaître le songe et son explication, vous serez mis en pièces, Et vos maisons seront réduites en un tas d'immondices. [...] Les Chaldéens répondirent au roi : Il n'est personne sur la terre qui puisse dire ce que demande le roi ; aussi jamais roi, quelque grand et puissant qu'il ait été, n'a exigé une pareille chose d'aucun magicien, astrologue ou Chaldéen.
Ce que le roi demande est difficile ; il n'y a personne qui puisse le dire au roi, excepté les dieux, dont la demeure n'est pas parmi les hommes. [...] Alors le secret fut révélé à Daniel dans une vision pendant la nuit. Et Daniel bénit le Dieu des cieux. Daniel prit la parole et dit : Béni soit le Nom de Dieu, d'éternité en éternité ! À Lui appartiennent la sagesse et la force.
C'est Lui Qui change les temps et les circonstances, Qui renverse et Qui établit les rois, Qui donne la sagesse aux sages et la science à ceux qui ont de l'intelligence.
Il révèle ce qui est profond et caché, Il connaît ce qui est dans les ténèbres, et la lumière demeure avec lui.
Dieu de mes pères, je Te glorifie et je Te loue de ce que Tu m'as donné la sagesse et la force, Et de ce que Tu m'as fait connaître ce que nous T'avons demandé, de ce que Tu nous as révélé le secret du roi. [...]
Daniel répondit en présence du roi et dit : Ce que le roi demande est un secret que les sages, les astrologues, les magiciens et les devins, ne sont pas capables de découvrir au roi.
Mais il y a dans les cieux un Dieu Qui révèle les secrets, et Qui a fait connaître au roi Nebucadnetsar ce qui arrivera dans la suite des temps. Voici ton songe et les visions que tu as eues sur ta couche.
Sur ta couche, ô roi, il t'est monté des pensées touchant ce qui sera après ce temps-ci ; et Celui Qui révèle les secrets t'a fait connaître ce qui arrivera.
Si ce secret m'a été révélé, ce n'est point qu'il y ait en moi une sagesse supérieure à celle de tous les vivants ; mais c'est afin que l'explication soit donnée au roi, et que tu connaisses les pensées de ton cœur.
Ô roi, tu regardais, et tu voyais une grande statue ; cette statue était immense, et d'une splendeur extraordinaire ; Elle était debout devant toi, et son aspect était terrible.
La tête de cette statue était d'or pur ; sa poitrine et ses bras étaient d'argent ; son ventre et ses cuisses étaient d'airain ; ses jambes, de fer ; ses pieds, en partie de fer et en partie d'argile.
Tu regardais, lorsqu'une pierre se détacha sans le secours d'aucune main, frappa les pieds de fer et d'argile de la statue, et les mit en pièces.
Alors le fer, l'argile, l'airain, l'argent et l'or, furent brisés ensemble, et devinrent comme la balle qui s'échappe d'une aire en été ; le vent les emporta, et nulle trace n'en fut retrouvée. Mais la pierre qui avait frappé la statue devint une grande montagne, et remplit toute la terre.
Voilà le songe. Nous en donnerons l'explication devant le roi. Ô roi, tu es le roi des rois, car le Dieu des cieux t'a donné l'empire, la puissance, la force et la gloire ; Il a remis entre tes mains, en quelque lieu qu'ils habitent, les enfants des hommes, les bêtes des champs et les oiseaux du ciel, et Il t'a fait dominer sur eux tous : c'est toi qui es la tête d'or [Babylone ou Assyrie].
Après toi, il s'élèvera un autre royaume, moindre que le tien [les Mèdes et les Perses]; puis un troisième royaume [l'empire grec d'Alexandre Le Grand], qui sera d'airain, et qui dominera sur toute la terre.
Il y aura un quatrième royaume, fort comme du fer [l'empire romain] ; de même que le fer brise et rompt tout, il brisera et rompra tout, comme le fer qui met tout en pièces.
Et comme tu as vu les pieds et les orteils en partie d'argile de potier et en partie de fer, ce royaume sera divisé ; mais il y aura en lui quelque chose de la force du fer, parce que tu as vu le fer mêlé avec l'argile.
.../...

.../...
Et comme les doigts des pieds étaient en partie de fer et en partie d'argile, ce royaume sera en partie fort et en partie fragile [malgré toutes tentatives, aucun empire mondial depuis Rome].
Tu as vu le fer mêlé avec l'argile, parce qu'ils se mêleront par des alliances humaines ; mais ils ne seront point unis l'un à l'autre, de même que le fer ne s'allie point avec l'argile.
Dans le temps de ces rois, le Dieu des cieux suscitera un royaume qui ne sera jamais détruit, et qui ne passera point sous la domination d'un autre peuple ; il brisera et anéantira tous ces royaumes-là, et lui-même subsistera éternellement.
C'est ce qu'indique la pierre que tu as vue [Jésus-Christ] se détacher de la montagne sans le secours d'aucune main, Et qui a brisé le fer, l'airain, l'argile, l'argent et l'or. Le grand Dieu a fait connaître au roi ce qui doit arriver après cela. Le songe est véritable, et son explication est certaine.
Alors le roi Nebucadnetsar tomba sur sa face et se prosterna devant Daniel, et il ordonna qu'on lui offrît des sacrifices et des parfums.
Le roi adressa la parole à Daniel et dit : En vérité, votre Dieu est le Dieu des dieux et le Seigneur des rois, et Il révèle les secrets, puisque tu as pu découvrir ce secret. »

Amen. Maranatha < Ainsi soit-il. Bientôt, revient Jésus, le Maître > !

 Les péchés d'Amatsia

Le doute, les vains calculs, l'orgueil ne semblent-ils à votre entendement ce qui nuisit, hélas, au jeune roi de Juda,
Sans plus s'améliorer au temps de l'âge mûr, mais aussi ce qui ruine ce monde dit moderne et à bien des égards,
Barbare et décadent... Voyons comment opère la chose au cœur des hommes : que l'Esprit-Saint m'éclaire et nous mène à Sa gloire,
Loin de ces turpitudes et mensonges ambiants... Ainsi, dans les Chroniques, un chapitre entier nous relate l'histoire d'un roi qu'on oublia.

Hélas, pour n'avoir pas confié l'autorité de son gouvernement, ni sa vie même au Père des cieux et de la Terre Créateur Éternel, ni péché comme Achab, ni s'être repenti,
Mais pour faire partie de la masse anonyme des pécheurs réfractaires au Dieu de vérité et préférant suivre viles inclinations, ce roi dans la poursuite mourut,
Sous la férule ennemie, sans laisser même souvenir, héritage ou rien de mémorable.
Au début, n'est-il dit qu' « il fit ce qui est droit, mais d'un cœur partagé » : c'est écrit...
Ah ! Séduction cruelle, qui montre l'illusion de la sainteté forte, alors qu'ostentatoire, elle couvre d'apparat un « sépulcre blanchi » refusant le salut.

Toi qui, prompt-e à l'église et zélé-e au service, occupes plusieurs postes, toi qu'on admire et vante en toute activité, veux-tu plaire à ces hommes ou à Jésus plutôt... ?
Recherches-tu l'honneur ou la satisfaction d'un social conformisme, en l'univers qui juge en ses normes faussées, ou le code biblique est-il ta référence
En ton chemin de croix qui t'amène en Esprit, en vérité, à suivre le Seigneur de nos âmes... ? Or si tu ne le fais, tu te verrais trahir par quelque œuvre infidèle, quelque mot déplacé : ah ! quel ressort soutient la piété d'apparence... ?
Le monde est tentation-s, lutte(s) et férocité : si son ressort n'est apte et de la rouille exempt, que telle âme s'écroule – déclame l'adversaire... Dans le doute croissant, qu'elle se prépare, hélas, à affronter tous maux.

Dans quel état d'esprit renonces-tu aux biens, aux plaisirs et passions de ce qui nous entoure – dans un pari perdu, qui n'a pas d'autre mise ou persuadé de vaincre, animé de la foi... ? .../...

…/…

Voyez quand Amatsia, malgré la solde auparavant versée aux soldats qui n'auraient la victoire en Jésus, se fit par le prophète expliquer qu'avec eux pour alliés, il tomberait assurément,
Le roi songea au bénéfice et non à obéir… Puisque l'homme de Dieu répondit : « l'Éternel peut te donner bien plus que cela », notre roi se défit de ces troupes, en colère, mais en Éphraïm retournant,
Tandis qu'Amatsia, lui, « affermit son pouvoir, conduisit son peuple et battit dix mille hommes (…) ». Alors la cruauté fit rage en Son royaume et le culte aux faux dieux n'y avait point cessé. Sans piété sincère, un cœur enfreint la Loi…

Jeune en nos Sections, Femme du Ministère, Ancien-s, Pasteur(s) d'église-s, accomplissons dans l'œuvre ce que Christ recommande, non par vaine habitude ou quelque tradition, par honte du passé ou peur de l'avenir,
Mais dans la confiance en Ses glorieux mérites et radieuses promesses ! Amatsia put hélas, calculer meilleur gain et suivit le plan divin par intérêt, qui rapporterait plus,
mais adhère, toi, au camp juste, pour cause de ses valeurs
Et si le bien triomphe, car en lui le pouvoir ne connaît de limite et donne le succès aux justes en partage, rendons grâces au Dieu Saint ! Soutient-on une équipe, un combattant du fait de ponctuelles victoires ou pour notre bonheur
À les voir compétir, espérer avec eux, pour les principes qui de leur sport se dégagent… ? Un financier cupide serait tôt démasqué, feignant au mieux de croire à plus qu'en son profit : on garde l'entraîneur, on chérit la groupie que l'on sent avec cœur à vos côtés agir !

Sinon, le masque tombe : l'imposteur désarmé s'égare en sa déroute… Et n'ayant pas saisi la clef de sa victoire, le roi se fourvoya en rites idolâtres – approchant les hauts lieux et fétiches ennemis,
Les statues de démons, parfums et sortilèges, en son cœur partagé surent trouver leur place or le bon sens lui-même démentait ce calcul… Voyez, les stratégies lucratives ne mènent guère au bon choix.
Amatsia, menaçant envers le saint prophète, continuait ses pratiques, ah ! ne réalisant que les faux dieux d'un peuple vaincu de sa main n'étaient à rechercher et qu'il eût fallu croire en la toute-puissance et l'œuvre du Grand Roi.
Outre la foi, pis la duplicité, la vanité des cœurs sévit et guette encore… Le prophète de Dieu a son autorité et point ne nécessite quelque nomination de vos comités d'hommes ou roitelets futiles, mais par Ses serviteurs nous parle le Rabbi.

Humblement, qu'on écoute et sans a priori, la parole inspirée, qui nous fera du bien selon les Écritures, et s'abstenant de jugements hâtifs envers autrui, conformons mieux nos vies au conseil du Très-Haut !
Or Amatsia reçut l'hypocrite soutien de conseillers cupides, à son image un peu… Il s'en alla combattre Joas, roi d'Israël et pécheur tel que lui, mais il n'eut la sagesse d'y renoncer encor…
Sa défaite, aussi vive que son obstination, lui vint de l'Éternel, en Sa pure justice : il refusa l'alliance et sans plus de raison, se livra au combat – y perdant la face et otages et de sa maison tous trésors…
Constatons-le ensemble et grâce aux Lettres Saintes : indécis à servir les plans de l'Éternel, on finit par céder aux ruses du malin, tomber dans ses filets. Amatsia, traqué par ses pairs, succomba…
Alors lisant cela, qu'auriez-vous fait plutôt ?

Amen < Ainsi soit-il >. Béni soit le Dieu Trois fois Saint !

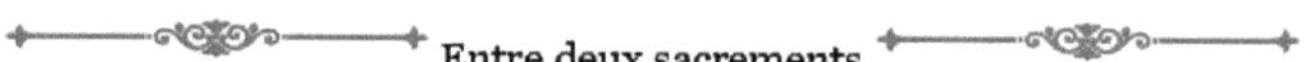

## Entre deux sacrements

Une semaine écoulée depuis la Sainte Cène et nous voici parti(e)s en retard pour l'église…
N'avons-nous ce matin évoqué, accompli quelques vanités, au sabbat néanmoins,
Et ces jours derniers n'ont-ils été témoins de nos insuffisances et d'un manque d'entrain
Envers la noble cause, qui nous mène à prier la nuit, œuvrer le jour au service du Christ…

…/…

.../...
Nous avons communié ensemble, en notre temple, après le lavement de nos pieds* entre frères,
Entre sœurs de tous âges, dans les couples mariés, tel un signe chéri de sainte humilité,
Par Ton Esprit, Ô Dieu – heureusement que Tu pardonnes et que cela m'invite, en craignant Ton pouvoir, à la fidélité...
Mais le vieil homme* insiste et ne veut abdiquer ! Qu'en Jésus notre cœur s'éveille à la Lumière...

Oui, revenant de nos jardins, terrasse(s) ou salles attenantes, les membres se sont dirigé-e-s, comme à chaque fin de trimestre, vers le lieu de culte à nouveau,
Où se poursuivrait le partage autour des merveilles de Dieu : Sa Parole, nos pieux témoignages, hymnes et prières, Ô Son Corps offert – ici symbolisé
Par Sa chair sans péché, Son sang versé pour le salut de ceux qui croient – comme en Égypte, İl nous délivra de la mort
Jusqu'en l'éternité, joyau de Sa promesse... Nous célébrons ainsi la Pâque, en Son amour, à intervalles réguliers, mais Lui confions tous les jours – car İl est Christ – nos vœux et maux.

* Citations bibliques (Éphésiens 4 : 20-24, Colossiens 3 :9, Romains 6 : 3-9, Jean 13 : 1-17, 1 Corinthiens 10 : 14-17, 21-22, Jean 6 : 32-40 et non cité : 1 Corinthiens 11 : 23-32) : « Mais vous, ce n'est pas ainsi que vous avez appris < à connaître > Christ, si du moins vous l'avez entendu < écouté >, et si, conformément à la vérité qui est en Jésus, c'est en Lui que vous avez été instruits à vous dépouiller, eu égard à votre vie passée, du vieil homme qui se corrompt par les convoitises trompeuses, à être renouvelés dans l'esprit de votre intelligence, et à revêtir l'homme nouveau, créé selon Dieu dans une justice et une sainteté que produit la vérité.
< Mais vous, ce n'est pas ainsi que vous avez appris ce que signifie pour vous le Christ, puisque vous avez compris ce qu'İl est et qu'on vous a enseigné, à vous qui êtes chrétiens, ce qui est conforme à la vérité qui est en Jésus. Cela consiste à vous débarrasser de votre ancienne manière de vivre, celle de l'homme que vous étiez autrefois, et que les désirs trompeurs mènent à la ruine < savoir que vous dépouilliez le vieil homme, lequel se corrompt par les convoitises qui séduisent >, à être renouvelés par le changement de ce qui oriente votre pensée < à vous laisser renouveler par l'Esprit dans votre intelligence >, et à vous revêtir de l'homme nouveau, créé conformément à la pensée de Dieu < créé à l'image de Dieu >, pour mener la vie juste et sainte que produit la vérité. > »

« Ne mentez pas les uns aux autres, vous étant dépouillés du vieil homme et de ses œuvres, et ayant revêtu l'homme nouveau, qui se renouvelle, dans la connaissance, selon l'image de Celui Qui l'a créé < car vous vous êtes dépouillés de l'homme que vous étiez autrefois avec tous ses agissements, et vous vous êtes revêtus de l'homme nouveau. Celui-ci se renouvelle pour être l'image de son Créateur afin de parvenir à la pleine connaissance >. »

« İgnorez-vous que nous tous qui avons été baptisés en Jésus-Christ, c'est en Sa mort que nous avons été baptisés ? Nous avons donc été ensevelis avec Lui par le baptême en Sa mort, afin que, comme Christ est ressuscité des morts par la gloire du Père, de même nous aussi nous marchions en nouveauté de vie.
En effet, si nous sommes devenus une même plante avec Lui par la conformité à Sa mort, nous le serons aussi par la conformité à Sa résurrection, sachant que notre vieil homme a été crucifié avec Lui, afin que le corps du péché fût détruit, pour que nous ne soyons plus esclaves du péché ; < Comprenons donc que l'homme que nous étions autrefois a été crucifié avec le Christ afin que le péché dans ce qui fait sa force soit réduit à l'impuissance et que nous ne servions plus le péché comme des esclaves. > »
« Avant la fête de Pâque, Jésus, sachant que Son heure était venue de passer de ce monde au Père, et ayant aimé les Siens qui étaient dans le monde, mit le comble à Son amour pour eux.
Pendant le souper, lorsque le diable avait déjà inspiré au cœur de Judas Iscariot, fils de Simon, le dessein de Le livrer, Jésus, Qui savait que le Père avait remis toutes choses entre Ses mains, qu'İl était venu de Dieu, et qu'İl S'en allait à Dieu, Se leva de table, ôta Ses vêtements, et prit un linge, dont İl Se ceignit.
Ensuite İl versa de l'eau dans un bassin, et İl Se mit à laver les pieds des disciples, et à les essuyer avec le linge dont İl était ceint. İl vint donc à Simon Pierre ; et Pierre Lui dit : Toi, Seigneur, Tu me laves les pieds ! Jésus lui répondit : Ce que Je fais, tu ne le comprends pas maintenant, mais tu le comprendras bientôt. Pierre Lui dit : Non, jamais Tu ne me laveras les pieds. Jésus lui répondit : Si Je ne te lave, tu n'auras point de part avec Moi. Simon Pierre Lui dit : Seigneur, non seulement les pieds, mais encore les mains et la tête. Jésus lui dit : Celui qui est lavé [par les eaux du baptême et le sang de l'Agneau] n'a besoin que de se laver les pieds pour être entièrement pur ; et vous êtes purs, mais non pas tous. Car İl connaissait celui qui Le livrait [Judas, présent parmi eux] ; c'est pourquoi İl dit : Vous n'êtes pas tous purs. .../...

…/…
Après qu'Îl leur eut lavé les pieds, et qu'Îl eut pris Ses vêtements, Îl se remit à table, et leur dit : Comprenez-vous ce que Je vous ai fait ? Vous M'appelez Maître et Seigneur ; et vous dites bien, car Je le suis.
Si donc je vous ai lavé les pieds, Moi, le Seigneur et le Maître, vous devez aussi vous laver les pieds les uns aux autres ; car Je vous ai donné un exemple, afin que vous fassiez comme je vous ai fait. En vérité, en vérité, je vous le dis, le serviteur n'est pas plus grand que son seigneur, ni l'apôtre plus grand que celui qui l'a envoyé.
Si vous savez ces choses, vous êtes heureux, pourvu que vous les pratiquiez. »
« C'est pourquoi, mes bien-aimés, fuyez l'idolâtrie. Je parle comme à des hommes intelligents < Je vous parle là comme à des gens raisonnables > ; jugez vous-mêmes de ce que je dis.
La coupe de bénédiction que nous bénissons, n'est-elle pas la communion au sang de Christ ? Le pain que nous rompons, n'est-il pas la communion au corps de Christ ? Puisqu'il y a un seul pain, nous qui sommes plusieurs, nous formons un seul corps ; car nous participons tous à un même pain. [ …] Vous ne pouvez boire la coupe du Seigneur, et la coupe des démons ; vous ne pouvez participer à la table du Seigneur, et à la table des démons. Voulons-nous provoquer la jalousie du Seigneur ? Sommes-nous plus forts que Lui ? »
« Jésus leur dit : En vérité, en vérité, Je vous le dis, Moïse ne vous a pas donné le pain du ciel, mais Mon Père vous donne le vrai pain du ciel ; car le pain de Dieu, c'est celui qui descend du ciel et qui donne la vie au monde. Îls lui dirent : Seigneur, donne-nous toujours ce pain. Jésus leur dit : Je suis le pain de vie. Celui qui vient à Moi n'aura jamais faim, et celui qui croit en Moi n'aura jamais soif. Mais, Je vous l'ai dit, vous M'avez vu, et vous ne croyez point. Tous ceux que le Père Me donne viendront à Moi, et Je ne mettrai pas dehors celui qui vient à Moi ; »

Louange à l'Emmanuel !

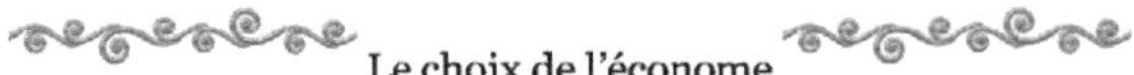

## Le choix de l'économe

Entre tes mains, l'argent s'écoule :
Tu "n'arrives rien à en faire"…
La vie pour tout, te semble chère ;
Ton désir d'acheter enfle vite et te saoule.

Îl y a tant de choses à tester :
On veut les acquérir en hâte !
Tout se monnaye, le temps s'échappe…
Faut-il vil(s) plaisir(s) consommer… ?

À tout prix, tu veux réjouir ton âme
D'objets et de consommation rapide :
Tandis que décline ce corps encore valide,
Plusieurs gavent la chair d'illusion(s) et de charme !

Îl y a nombre d'hommes et de femmes comme toi
Qui abattu-e-s par les jours de labeur, veulent tuer le temps,
Flairent bon le loisir, en jugeant par les sens,
Le moyen de bien vivre sans chercher d'autres voies.

Or si l'on doit vieillir en santé suffisante, prends ce corps
Au sérieux, garde le revenu que dans le vice on dilapide,
Aide ta famille et l'église, car l'appel de ce monde est perfide…
Donne dîme et offrandes, au lieu de courir vers la mort !

Îl te faut sanctifier ta vie, qui en ta chair pulse et s'écoule,
Sans jamais remonter le temps. N'offre pas de victoire à la détresse
Ni au remords ! Qu'en toute circonstance ainsi, bannissant la tristesse,
Ton cœur humblement s'affermisse, pour fondre au creux d'un meilleur moule.

Oui, nous devons construire avec foi, ce qui peut abriter nos rêves :
Un cadre plus spirituel que physique, à même de nous faire évoluer.
Pourquoi dois-je grandir ? Hélas, ce qui n'avance pas se condamne à baisser – …/…

.../...
À reculons, jusqu'au point de s'anéantir... Stop, on doit obtenir une trêve !

İl faut qu'un Homme vienne au secours de mon existence,
Comme İl aura soin de la tienne : mon âme expire à satiété ;
Tu n'en peux plus dans la tourmente, car on mène un rythme effréné...
Sans la grâce venue d'en-Haut, notre parcours n'a pas de sens !

Moi dans l'église et toi dehors, on navigue à contre-courant !
Toutefois, sans l'amour du Christ, nous sommes deux êtres sans défense
Autour desquels l'ennemi tourne, poursuivant habile, sa danse
Jusqu'à nous faire chuter ! Gloire à Dieu, Qui toujours me couvre de Son Sang...

Tu vois, İl est venu, cet homme délivrer un peuple asservi à ce monde :
C'est Lui Qui prodigant Sa grâce au travers de la bienfaisance ôte la considération
Que se croyant apte ou bien-né(e), l'on tire vainement de ces statuts quelconques,
Qui de la terre font le système... Bien sûr, on a nombre de choses immondes...

İl y a des malheurs en pagaille, de la boue sur le cœur et la pollution dans les champs,
Tant de violence en nos cités – mais la planète encor respire, en un souffle régénéré !
C'est qu'à chaque instant, Dieu soutient la course, qui en son temps, va s'achever,
Pour le répit du plus grand nombre... Christ est l'Homme immolé, Qui vint offrir Son Sang.

Que sont dîme et offrande en comparaison de Sa grâce... Par le miracle de Son Nom,
Je tâche de rester fidèle à la Loi qu'İl nous donne. Comme je mettais trop d'efforts
À Le suivre, İl m'a soulevé(e) par la main, pour me conduire en lieu sûr ! Viens dans Sa maison
Me trouver : pas une cause ni aucun bien ne parviendrai(en)t au seuil du Trône de Celui Qui détient le sort.

Citations bibliques (Actes 20 : 32-35 ; Deutéronome 14 : 22 ; 1 Corinthiens 9 : 13-14 ; Proverbes 13 : 11 et 15 : 16 ; Luc 12 : 33-34 ; 2 Corinthiens 9 : 6-9 et non cité : Lévitique 27 : 30-32 ; Nombres 5 : 5-10 et 18 : 8-21 ; Deutéronome 14 : 25 ; Actes 8 : 14-25) : « Et maintenant je vous recommande à Dieu et à la parole de Sa grâce, à Celui Qui peut édifier et donner l'héritage avec tous les sanctifiés. Je n'ai désiré ni l'argent, ni l'or, ni les vêtements de personne. Vous savez vous-mêmes que ces mains ont pourvu à mes besoins et à ceux des personnes qui étaient avec moi. Je vous ai montré de toutes manières que c'est en travaillant ainsi qu'il faut soutenir les faibles, et se rappeler les paroles du Seigneur, Qui a dit Lui-même : İl y a plus de bonheur à donner qu'à recevoir. »
« Tu lèveras la dîme de tout ce que produira ta semence, de ce que rapportera ton champ chaque année. »
« Ne savez-vous pas que ceux qui remplissent les fonctions sacrées sont nourris par le temple, que ceux qui servent à l'autel ont part à l'autel ? De même aussi, le Seigneur a ordonné à ceux qui annoncent l'Évangile de vivre de l'Évangile. »
« La richesse mal acquise diminue, Mais celui qui amasse peu à peu l'augmente. »
« Mieux vaut peu, avec la crainte de l'Éternel, Qu'un grand trésor, avec le trouble. »

« Vendez ce que vous possédez, et donnez-le en aumônes. Faites-vous des bourses qui ne s'usent point, un trésor inépuisable dans les cieux, où le voleur n'approche point, et où la teigne ne détruit point < ni aucune mite ne peut l'entamer >. Car là où est votre trésor, là aussi sera votre cœur. »
« Jésus, S'étant assis vis-à-vis du tronc, regardait comment la foule y mettait de l'argent. Plusieurs riches mettaient beaucoup. İl vint aussi une pauvre veuve, elle y mit deux petites pièces, faisant un quart de sou. Alors Jésus, ayant appelé Ses disciples, leur dit : Je vous le dis en vérité, cette pauvre veuve a donné plus qu'aucun de ceux qui ont mis dans le tronc ; car tous ont mis de leur superflu, mais elle a mis de son nécessaire, tout ce qu'elle possédait, tout ce qu'elle avait pour vivre. »
« Sachez-le, celui qui sème peu moissonnera peu, et celui qui sème abondamment moissonnera abondamment. Que chacun donne comme il l'a résolu en son cœur, sans tristesse ni contrainte ; car Dieu aime celui qui donne avec joie. [...] »

Gloire au Seigneur !

 L'école des disciples 

Moniteur, lève-toi, car le Maître t'appelle
À chanter et prier, à prêcher Son message :
Ô que la joie vivace arrivant droit du Ciel,
Par la grâce de Dieu, te rende à Son image !

Nourrie de la Parole, ô fût-ce par ta bouche, inondée de l'Esprit,
Que ton œuvre, en ce temple, au service du Roi de tous seigneurs,
S'inscrive au saint registre et révèle la gloire du meilleur des amis :
Oui, le Sauveur des hommes a tracé, pour nos vies, le chemin du bonheur !

Des questions n'aie pas peur : le débat s'enrichit ; ne nous faut-il ensemble
Acclamer le salut, au pied de l'invisible Rabbi, mort pour le monde, Ô Prince d'Ephrata...
Que chacun par ses mots, sa lecture ou sa voix, rende un culte à Jésus : c'est que le mal en tremble ;
Chassons-le de nos cœurs ; dans la justice et le partage, corrigeons-nous, mes frères : moniteur, lève-toi !

De l'excellence, devoir chrétien : ô vraie satisfaction...

Au culte, un beau matin de sabbat, bible en main, l'ancien
Exalta l'Agneau, le Bon Berger : gloire au Christ, vainqueur du Malin !
L'ancien rappela que cantonnés à Gosen, le peuple de bergers – tenus pour des vauriens –
Prospéra, grâce à Dieu, en nombre et en ressources, pour avoir confié au Seigneur leur destin...

Alors je m'offusquai du mépris égyptien : pourquoi honnir un peuple dévot et travailleur,
Pieux malgré son exil, riche de sa différence et noble vocation, il ne craint le rejet ni le rude labeur,
Doté de moult talents, divers corps de métiers, il avance paisible autant qu'on ne l'embête, œuvrant avec ardeur,
Dans la force et la gloire venant du Ciel... Pourquoi le mot « berger » pour désigner le Christ : pour nourrir et guider le troupeau du Seigneur !

L'Éternel me permet de « ne manquer de rien » qui ne soit nécessaire au plein salut d'abord ; Il accorde à mon âme repos et paix du cœur,
Il nous mène à bon port jusqu'aux vallées fertiles, abreuvant ma conscience de l'Esprit vivifiant...
Sa restauration sûre est baume de douceur,
Qui du mal calme la fureur et panse mes blessures... Mais Christ vint pour servir, ne Se nourrissant pas de la chair de Ses ouailles, Il S'est sacrifié en humble et grand Sauveur !
Ainsi, homme de Dieu, femme et jeune en Sa vigne, on ne devrait chercher à se servir, plaire à sa chair, mais vivre pour Jésus et en faire son bonheur...

Amen. Maranatha < Ainsi soit-il. Reviens-nous, Maître, Ô Jésus-Christ > !

 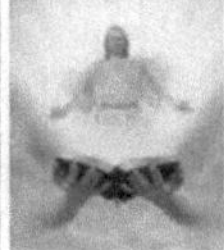  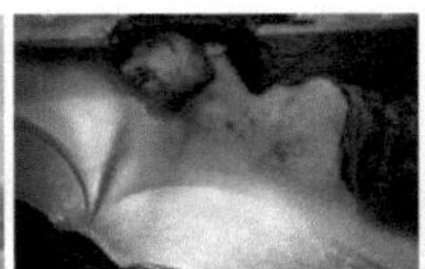 

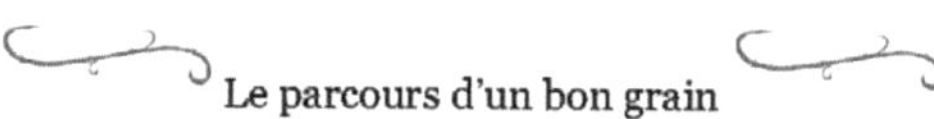

## Le parcours d'un bon grain

Ìls appellent le Réveil, ils le veulent ; ils ont soif ;
Qu'est-ce donc : voient-ils bien que les vierges sommeillent
En attendant le Maître, tous se sont assoupis... Peuple, veille
Comme aux heures précédant le Calvaire, tu t'endors, te relâches...

Or voici le moment bientôt si fatidique : le départ annoncé,
Le jugement final... Mais non, chacun s'enfuit dans ses occupations,
Vers son propre destin, tandis qu'il n'en est point hors de l'éternité :
Certes, au pied de la Croix sans une foi profonde, aucun élan ne tient, nulle résolution.

Ce qui vaut, c'est de croire en acceptant la grâce que tout bienfait provient du Ciel
Et y retourne par la gloire à Lui rendre et le Ciel, c'est Jésus, mais encor le meilleur que la terre ait porté,
Le seul qui vaille en fait... Écoutez ce que dit la fleur qu'on a fanée, le tison qu'on écrase à coups de vanité,
De mépris et de doute : ah ! qu'ils soient pardonné(e)s, mais si leurs cœurs ne changent, ont tant fait pour m'éteindre, et je reste fidèle...

Ô monde qui m'entoure, passants – fils de l'abîme et ennemi(e)s d'un jour, militants des ténèbres, esclaves inconscients –
Tous, si l'on ne vient à Christ, sont condamné(e)s, par le péché miné(e)s, attiré(e)s vers la fosse – comme on attache, hélas
Un cadavre à celui que l'on torture ainsi – dans l'ancienne pratique et selon l'expression chère à l'apôtre Paul, recherchant du Seigneur la face
Ô nous devons du « vieil homme » nous affranchir et vivre, laissant l'Esprit du Christ vaincre l'iniquité en nos vies défaillantes et dans nos cœurs méchants...

Voyez si par nos actes et propos contrôlés, point ne se manifeste ce qui n'est pas de Dieu, néanmoins nos pensées et abstentions surtout
Reflètent cette chair qui se veut égoïste, amie des biens terrestres et trop intéressée : trouve-t-on comme on doit, notre réel plaisir à faire Sa volonté –
Celle de l'Esprit-Saint et non du corps mortel... ! A-t-on assez de foi vraiment pour renoncer à ce que nul ne blâme, petits travers à côté
Qu'on ignore ou tolère et qui ne cadrent pas avec les Écritures, avec les exigences de Qui a tout donné et ne veut que le diable en réclame certains envers et contre tout...

Alors Ìl enverra l'Esprit en abondance et que la pluie d'arrière-saison nous qualifie : ayant reçu en Christ la semence de vie, criblé(e)s de main de maître, ô que nous portions fruit
Pour nourrir le Seigneur et non point l'ennemi, pour combler les convives du Royaume à venir : déjà nos sœurs et frères s'enfuient de Babylone, quand hélas d'autres semblent s'écarter de la vigne...
Or les usurpateurs tel Achab gagneraient au repentir sincère et même à restituer l'objet de leur gâchis – soit en exhortation, en prière, en ressources et tous moyens possibles : oh ! rachetons le temps, optimisant nos vies.
Bien-aimé(e)s, la pluie vient et pour la reconnaître, ah ! jouissons des rosées dont l'Esprit-Saint abreuve chaque jour nos cœurs faibles, charnels, endoloris :
Pratiquons l'Évangile afin que de l'appel messianique être digne(s) !

Et cette parabole est profonde, à l'instar de toute l'Écriture : ô certes, le Semeur a-t-Ìl tant partagé : rouleaux d'enseignement et Sagesse incarnée, par de puissants miracles Ìl a redonné vie,
Par Sa Parole en Christ à nos ossements secs... Mais les oiseaux voyagent, certains de vil augure et loin de nos esprits écartent l'instruction : dès lors affamé, l'un va manger du pain noir, comme nos premiers parents se sont saisis du fruit interdit,
.../...

.../...
Condisciples, enfants de lumière, ô qu'on ne réitère les péchés du passé, que la semence germe en nos âmes fertiles en dépit des soucis, richesses et séductions déployé(e)s par le monde et le tyran qu'il sert... Que nos plants
Par la foi jettent fermes racines au cœur d'un bon terreau – assaini et humide, arrosé de l'Esprit, nourri de la Parole vive. Ami-e-s, laissons le grain multiplier en nous et que cette abondance au service d'autrui honore le Tout-Puissant !

Citations bibliques (Luc 18 : 1-8 ; Matthieu 25 : 1-13 ; Marc 4 : 14-20 ; Hébreux 11 : 1-3 ; Matthieu 25 : 14-30 et 31-46 et non cité : Matthieu 7 : 21-28) : « Jésus leur adressa une parabole, pour montrer qu'il faut toujours prier, et ne point se relâcher. Ïl dit : Ïl y avait dans une ville un juge qui ne craignait point Dieu et qui n'avait d'égard pour personne. Ïl y avait aussi dans cette ville une veuve qui venait lui dire : Fais-moi justice de ma partie adverse < Défends mon droit contre mon adversaire >.
Pendant longtemps il refusa. Mais ensuite il dit en lui-même : Quoique je ne craigne point Dieu et que je n'aie d'égard < de considération > pour personne, néanmoins, parce que cette veuve m'importune, je lui ferai justice, afin qu'elle ne vienne pas sans cesse me rompre < casser > la tête.
Le Seigneur ajouta : Entendez ce que dit le juge inique < injuste, plein d'iniquité >. Et Dieu ne fera-t-Ïl pas justice à Ses élus, qui crient à Lui jour et nuit, et tardera-t-Ïl à leur égard < quoique par amour, Ïl use de patience avant de les venger > ? Je vous le dis, Ïl leur fera promptement justice < les vengera, défendra leur droit >. Mais, quand le Fils de l'homme viendra, trouvera-t-Ïl la foi sur la terre ? »

« Alors le royaume des cieux sera semblable à dix vierges qui, ayant pris leurs lampes, allèrent à la rencontre de l'Époux [Jésus-Christ]. Cinq d'entre elles étaient folles, et cinq sages.
Les folles, en prenant leurs lampes, ne prirent point d'huile [symbole de l'onction du Saint-Esprit] avec elles ; mais les sages prirent, avec leurs lampes, de l'huile dans des vases.
Comme l'époux tardait, toutes s'assoupirent et s'endormirent.
Au milieu de la nuit, on cria : Voici l'Époux, allez à Sa rencontre !
Alors toutes ces vierges [églises et leurs membres] se réveillèrent, et préparèrent leurs lampes.
Les folles dirent aux sages : Donnez-nous de votre huile, car nos lampes s'éteignent.
Les sages répondirent : Non ; il n'y en aurait pas assez pour nous et pour vous ; allez plutôt chez ceux qui en vendent, et achetez-en pour vous.
Pendant qu'elles allaient en acheter, l'Époux arriva < vint le marié > ; celles qui étaient prêtes entrèrent avec Lui dans la salle des noces, et la porte fut fermée.
Plus tard, les autres vierges vinrent, et dirent : Seigneur, Seigneur, ouvre-nous.
Mais Ïl répondit : Je vous le dis en vérité, Je ne vous connais pas.
Veillez donc, puisque vous ne savez ni le jour, ni l'heure. »

« Le semeur sème la Parole. Les uns sont le long du chemin, où la Parole est semée ; quand ils l'ont entendue, aussitôt Satan vient et enlève la parole qui a été semée en eux. »

« Les autres, pareillement, reçoivent la semence dans les endroits pierreux ; quand ils entendent la Parole, ils la reçoivent d'abord avec joie ; mais ils n'ont pas de racine en eux-mêmes, ils manquent de persistance, et, dès que survient une tribulation ou une persécution à cause de la Parole, ils y trouvent une occasion de chute.
D'autres reçoivent la semence parmi les épines ; ce sont ceux qui entendent la Parole, mais en qui les soucis du siècle, la séduction < l'attrait trompeur > des richesses et l'invasion des autres convoitises < toutes autres passions >, étouffent la parole, et la rendent infructueuse < empêchent qu'elle porte du fruit >.
D'autres reçoivent la semence dans la bonne terre ; ce sont ceux qui entendent la parole, la reçoivent, et portent du fruit, trente, soixante, et cent pour un. »

« Or la foi est une ferme assurance des choses qu'on espère, une démonstration de celles qu'on ne voit pas. Pour l'avoir possédée, les anciens ont obtenu un témoignage favorable. C'est par la foi que nous reconnaissons que le monde a été formé par la parole de Dieu, en sorte que ce qu'on voit n'a pas été fait de choses visibles. »

« Ïl en sera comme d'un homme [Jésus-Christ] qui, partant pour un voyage, appela ses serviteurs, et leur remit ses biens. Ïl donna cinq talents < lingots > à l'un, deux à l'autre, et un au troisième, à chacun selon sa capacité, et il partit. Aussitôt celui qui avait reçu les cinq talents < sacs d'or / trésors / aptitudes > s'en alla, les fit valoir, et il gagna cinq autres talents. De même, celui qui avait reçu les deux talents en gagna deux autres.
Celui qui n'en avait reçu qu'un alla faire un creux dans la terre, et cacha l'argent de son maître. .../...

.../...
Longtemps après, le maître de ces serviteurs revint, et leur fit rendre compte.
Celui qui avait reçu les cinq talents s'approcha, en apportant cinq autres talents, et il dit : Seigneur, tu m'as remis cinq talents ; voici, j'en ai gagné cinq autres.
Son maître lui dit : C'est bien, bon et fidèle serviteur ; tu as été fidèle en peu de chose, je te confierai beaucoup ; entre dans la joie de ton maître.
Celui qui avait reçu les deux talents s'approcha aussi, et il dit : Seigneur, tu m'as remis deux talents ; voici, j'en ai gagné deux autres. Son maître lui dit : C'est bien, bon et fidèle serviteur; tu as été fidèle en peu de chose, je te confierai beaucoup ; entre dans la joie de ton maître.
Celui qui n'avait reçu qu'un talent < une ressource > s'approcha ensuite, et il dit : Seigneur, je savais que tu es un homme dur, qui moissonnes où tu n'as pas semé, et qui amasses où tu n'as pas vanné ; j'ai eu peur, et je suis allé cacher ton talent dans la terre ; voici, prends ce qui est à toi.
Son maître lui répondit : Serviteur méchant et paresseux, tu savais que je moissonne où je n'ai pas semé, et que j'amasse où je n'ai pas vanné ; il te fallait donc remettre mon argent aux banquiers, et, à mon retour, j'aurais retiré ce qui est à moi avec un intérêt.
Ôtez-lui donc le talent, et donnez-le à celui qui a les dix talents. Car on donnera à celui qui a, et il sera dans l'abondance, mais à celui qui n'a pas on ôtera même ce qu'il a. Et le serviteur inutile, jetez-le dans les ténèbres du dehors, où il y aura des pleurs et des grincements de dents. »
« Lorsque le Fils de l'homme viendra dans Sa gloire, avec tous les anges, Il S'assiéra sur le trône de Sa gloire. Toutes les nations seront assemblées devant Lui. Il séparera les uns d'avec les autres, comme le berger sépare les brebis d'avec les boucs ; et Il mettra les brebis à Sa droite, et les boucs à Sa gauche.
Alors le Roi dira à ceux qui seront à Sa droite : Venez, vous qui êtes bénis de Mon Père ; prenez possession du royaume qui vous a été préparé dès la fondation du monde. Car J'ai eu faim, et vous M'avez donné à manger ; J'ai eu soif, et vous M'avez donné à boire ; J'étais étranger, et vous M'avez recueilli ; J'étais nu, et vous M'avez vêtu ; J'étais malade, et vous M'avez visité ; J'étais en prison, et vous êtes venus vers Moi.
Les justes Lui répondront : Seigneur, quand T'avons-nous vu avoir faim, et T'avons-nous donné à manger ; ou avoir soif, et T'avons-nous donné à boire ? Quand T'avons-nous vu étranger, et T'avons-nous recueilli ; ou nu, et T'avons-nous vêtu ? Quand T'avons-nous vu malade, ou en prison, et sommes-nous allés vers Toi ?
Et le Roi leur répondra : Je vous le dis en vérité, toutes les fois que vous avez fait ces choses à l'un de ces plus petits de Mes frères, c'est à Moi que vous les avez faites.
Ensuite Il dira à ceux qui seront à Sa gauche : Retirez-vous de Moi, maudits ; allez dans le feu éternel qui a été préparé pour le diable et pour ses anges. Car J'ai eu faim, et vous ne M'avez pas donné à manger ; J'ai eu soif, et vous ne M'avez pas donné à boire ; J'étais étranger, et vous ne M'avez pas recueilli ; J'étais nu, et vous ne M'avez pas vêtu ; j'étais malade et en prison, et vous ne M'avez pas visité.
Ils répondront aussi : Seigneur, quand T'avons-nous vu ayant faim, ou ayant soif, ou étranger, ou nu, ou malade, ou en prison, et ne T'avons-nous pas assisté ?
Et Il leur répondra : Je vous le dis en vérité, toutes les fois que vous n'avez pas fait ces choses à l'un de ces plus petits, c'est à moi que vous ne les avez pas faites.
Et ceux-ci iront au châtiment éternel, mais les justes à la vie éternelle. »

« Vous tous qui avez soif, venez aux eaux, Même celui qui n'a pas d'argent ! Venez, achetez et mangez, [...] sans argent, sans rien payer !
Pourquoi pesez-vous de l'argent pour ce qui ne nourrit pas ? Pourquoi travaillez-vous pour ce qui ne rassasie pas ? Écoutez-Moi donc, et vous mangerez ce qui est bon, Et votre âme se délectera de mets succulents.
Prêtez l'oreille, et venez à Moi, Écoutez, et votre âme vivra : Je traiterai avec vous une alliance éternelle, Pour rendre durables Mes faveurs envers David.
Voici, Je l'ai établi comme témoin auprès des peuples, Comme chef et dominateur des peuples. Voici, tu appelleras des nations que tu ne connais pas, Et les nations qui ne te connaissent pas accourront vers toi, À cause de l'Éternel, ton Dieu, Du Saint d'Israël, Qui te glorifie.
Cherchez l'Éternel pendant qu'Il se trouve ; Invoquez-Le, tandis qu'Il est près.
Que le méchant abandonne sa voie, Et l'homme d'iniquité ses pensées ; Qu'il retourne à l'Éternel, Qui aura pitié de lui, À notre Dieu, Qui ne Se lasse pas de pardonner.
Car Mes pensées ne sont pas vos pensées, Et vos voies ne sont pas Mes voies, Dit l'Éternel.
Autant les cieux sont élevés au-dessus de la terre, Autant Mes voies sont élevées au-dessus de vos voies, Et Mes pensées au-dessus de vos pensées.
Comme la pluie et la neige descendent des cieux, Et n'y retournent pas Sans avoir arrosé, fécondé la terre, et fait germer les plantes, Sans avoir donné de la semence au semeur Et du pain à celui qui mange,
Ainsi en est-il de Ma parole, qui sort de Ma bouche : Elle ne retourne point à Moi sans effet, Sans avoir exécuté Ma volonté Et accompli Mes desseins. .../...

…/…
Oui, vous sortirez avec joie, Et vous serez conduits en paix ; Les montagnes et les collines éclateront d'allégresse < en cris de joie > devant vous, Et tous les arbres de la campagne battront des mains < applaudiront >.
Au lieu de l'épine s'élèvera le cyprès, Au lieu de la ronce croîtra le myrte ; Et ce sera pour l'Éternel une gloire, Un monument perpétuel, impérissable < un nom, un signe éternel >. »

Honneur au Dieu de majesté !

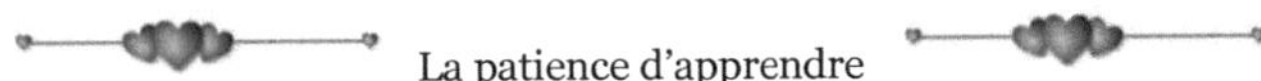

## La patience d'apprendre

Combien autour de moi se sont mis en peine ou colère, avant que je n'accepte en mon cœur l'Évangile ?
Des pleurs d'hommes ont coulé et des anges ont œuvré, afin que le message parvienne jusqu'à moi…
Pour d'autres, un(e) ami-e a souffert, des parents regretté la présence furtive, l'apparence docile
Ou l'attitude amère d'un jeune suivant, sans conviction, les pas de sa famille, en honorant la Loi –
Du bout des lèvres, comme on goûte un bon mets sans oser en parler, pour n'avoir connu sa saveur !
Alors si nous voyons quelque invité rebelle, un enfant trop boudeur, un senior acariâtre,
C'est qu'il nous faut ensemble partager ce repas… C'est au festin du Roi qu'abreuvée de douceur,
L'âme apprend à cerner lumières et parfums ; le convive sourit en plongeant, comme en la bonne pâte,
Des crocs affamés dans le juste moelleux du pain de vie. C'est l'amour fraternel, des louanges s'élèvent
Et l'esprit, sans mesure est ivre de bonté ! Mais la chair se réjouit que rien ne l'asservisse ;
Elle ignore la folie de l'alcool ou des drogues, les plaisirs éphémères qui suscitent la honte et imposent une trêve,
Alors que le répit point ne vient pour l'esclave ! Au repas des élu(e)s, on chante la joie pure et non l'attrait du vice !
Or certains n'ont pas faim de la chair qui nourrit ; le palais se gaspille à goûter quelque grain, telles des friandises…
Nous acclamons notre Hôte et buvons à Sa coupe, le nectar dont il a écarté tout poison, pour proposer un sain calice ;
Loin de nous l'euphorie des rencontres hâtives ou trop conventionnelles : par la grâce de Christ, que l'illusion se brise !
Il demeure plutôt l'image de la Cène : Jésus offrant Sa vie aux disciples émus, comme un Père attendri se penche sur Son Fils…

Citations bibliques (Psaume 34 : 2-10 ; Jean 6 : 53-58 ; Psaume 37 : 1-13 ; Deutéronome 16 : 10-12 ; Psaume 119 : 11-16 ; 1 Chroniques 29 :9 ; 2 Chroniques 15 : 14-15 et Néhémie 8 : 12 ; Psaume 20 : 6 et non cité : Deutéronome 12 : 12) : « Je bénirai l'Éternel en tout temps ; Sa louange sera toujours dans ma bouche.
Que mon âme se glorifie en l'Éternel ! Que les malheureux écoutent et se réjouissent !
Exaltez avec moi l'Éternel ! Célébrons tous Son Nom !
J'ai cherché l'Éternel, et Il m'a répondu ; Il m'a délivré de toutes mes frayeurs. Quand on tourne vers Lui les regards, on est rayonnant de joie, Et le visage ne se couvre pas de honte. Quand un malheureux crie, l'Éternel entend, Et Il le sauve de toutes ses détresses.
L'ange de l'Eternel campe autour de ceux qui Le craignent, Et Il les arrache au danger. Sentez et voyez combien l'Éternel est bon ! Heureux l'homme qui cherche en Lui son refuge !
Craignez l'Éternel, vous Ses saints ! Car rien ne manque à ceux qui Le craignent.
Les lionceaux éprouvent la disette et la faim, Mais ceux qui cherchent l'Éternel ne sont privés d'aucun bien. »

« Jésus leur dit : En vérité, en vérité, Je vous le dis, si vous ne mangez la chair du Fils de l'homme, et si vous ne buvez Son sang, vous n'avez point la vie en vous-mêmes. Celui qui mange Ma chair et qui boit Mon sang a la vie éternelle ; et Je le ressusciterai au dernier jour. […] Comme le Père Qui est vivant M'a envoyé, et que Je vis par le Père, ainsi celui qui Me mange vivra par Moi. C'est ici le pain qui est descendu du ciel. Il n'en est pas comme de vos pères qui ont mangé la manne et qui sont morts : celui qui mange ce pain vivra éternellement. »
…/…

.../...

« Ne t'irrite pas contre les méchants, N'envie pas ceux qui font le mal.
Car ils sont fauchés aussi vite que l'herbe, Et ils se flétrissent comme le gazon vert.
Confie-toi en l'Éternel, et pratique le bien ; Aie le pays pour demeure et la fidélité pour pâture. Fais de l'Éternel tes délices, Et Ȋl te donnera ce que ton cœur désire. Recommande ton sort à l'Éternel, Mets en Lui ta confiance, et Ȋl agira. Ȋl fera paraître ta justice comme la lumière, Et ton droit comme le soleil à son midi. Garde le silence devant l'Éternel, et espère en Lui ; Ne t'irrite pas contre celui qui réussit dans ses voies, Contre l'homme qui vient à bout de ses mauvais desseins. [...] abandonne la fureur [...] ce serait mal faire. Car les méchants < ceux qui font le mal > seront retranchés < périront >, Et ceux qui espèrent en l'Eternel posséderont le pays. [...] ils jouissent abondamment de la paix. Le méchant forme des projets contre le juste, Et il grince des dents contre lui. Le Seigneur Se rit du méchant, Car Ȋl voit que son jour arrive. »

« [...] tu feras des offrandes volontaires, selon les bénédictions que l'Éternel, ton Dieu, t'aura accordées. Tu te réjouiras devant l'Éternel, ton Dieu, dans le lieu que l'Éternel, ton Dieu, choisira pour y faire résider Son nom, toi, ton fils et ta fille, ton serviteur et ta servante, le Lévite qui sera dans tes portes, et l'étranger, l'orphelin et la veuve qui seront au milieu de toi. Tu te souviendras que tu as été esclave en Égypte, et tu observeras et mettras ces lois en pratique. »

« Je serre Ta parole dans mon cœur, Afin de ne pas pécher contre Toi.
Béni sois-Tu, Ô Éternel ! Enseigne-moi tes statuts ! De mes lèvres j'énumère Toutes les sentences de Ta bouche. Je me réjouis en suivant Tes préceptes, Comme si je possédais tous les trésors. Je médite Tes ordonnances, J'ai Tes sentiers sous les yeux. Je fais mes délices de Tes statuts, Je n'oublie point Ta parole. »
« Le peuple se réjouit de leurs offrandes volontaires, car c'était avec un cœur bien disposé qu'ils les faisaient à l'Éternel ; et le roi David en eut aussi une grande joie. »
« Ȋls jurèrent fidélité à l'Éternel à voix haute, avec des cris de joie, et au son des trompettes et des cors ; tout Juda se réjouit de ce serment, car ils avaient juré de tout leur cœur, ils avaient cherché l'Éternel de plein gré, et ils L'avaient trouvé, et l'Éternel leur donna du repos de tous côtés. »

« Tout le peuple fut attentif à la lecture du livre de la loi. [...] Esdras bénit l'Éternel, le grand Dieu, et tout le peuple répondit, en levant les mains : Amen ! amen ! Et ils s'inclinèrent et se prosternèrent devant l'Éternel, le visage contre terre. [...] tout le peuple Pleurait en entendant les paroles de la loi. Ȋls leur dirent : Allez, mangez [...] et buvez [...], et envoyez des portions à ceux qui n'ont rien de préparé, car ce jour est consacré à notre Seigneur ; ne vous affligez pas, car la joie de l'Éternel sera votre force. [...].
Et tout le peuple s'en alla pour manger et boire, pour envoyer des portions, et pour se livrer à de grandes réjouissances. Car ils avaient compris les paroles qu'on leur avait expliquées. »

« Nous nous réjouirons de ton salut, Nous lèverons l'étendard au Nom de notre Dieu ; L'Éternel exaucera tous tes vœux. »

Béni soit l'Éternel des armées !

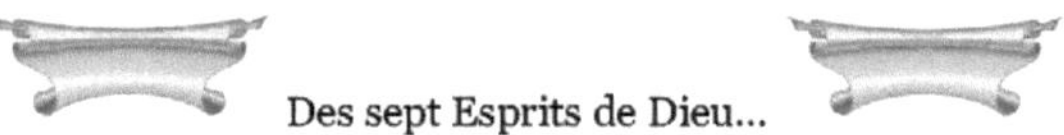

Des sept Esprits de Dieu...

Ȋl est devant le Trône un mystère, Éternel,
Toi dont l'essence est riche au point qu'on n'en sait dire ;
La Bible, psalmodiant, distille perles si belles :
Oui, *sept* est plénitude et Dieu seul point de mire !

Le Seigneur est unique, mais riche en ministère(s),
Ȋnfini dans Ses voies, pluriel en Son pouvoir,
Sa grâce et Ses missions ; si l'homme pour mieux faire
Délègue autorité, les myriades du Roi ensemble œuvrent à Sa gloire.

Toutefois, quand l'humain déconcentre et divise,
Dieu Se retrouve et nous Le rencontrons sans cesse,
En l'unité et l'harmonie de tous. Libre à sa guise,
En Christ, Son serviteur s'exprime en allégresse... .../...

.../...
Faisant Sa volonté, tous ami(e)s et disciples avec Dieu
Ne rechignent à marcher et Lui dire au fond du cœur
Ce qui les dérange ou effraie, et à les rendre heureux,
Le Très-Haut Se complaît exauçant nos bons vœux, dans Son plan le meilleur.

Alors me direz-vous, sept Esprits : pourquoi donc ?
La Bible est poésie, mystère et majesté,
Mais montre un chemin sûr au milieu des joncs :
Sachons l'aimer, saisir à salut quelques clefs...

Voici, n'est-il écrit, spécialement aux psaumes,
Que sainteté, justice, bonté, fidélité s'embrassent
De toute éternité, base du divin Trône,
Culminant à la Croix et bourgeons de la grâce...

Oui, voyez la semence de vie partagée
Dans l'univers, témoin du précieux Sacrifice
En Jésus accompli : voudra-t-on l'accepter,
Pour renaître à Sa Loi et grandir avec Christ... ?

Notre Dieu Créateur est omniscient, Sagesse ;
Il est tout-puissant Roi, omniprésent : Amen !
Trois fois tout, juste et bon, fidèle en Ses promesses
Et de sainteté source : ô perfection suprême...

Citations bibliques (Apocalypse 1 : 4, 5 et 3 : 1, Apocalypse 4 : 5 et 5 : 6 ; Psaume 119 : 142 et Psaume 85 : 9-14, Psaume 98 : 1-2, Psaume 30 : 5 ; Ésaïe 52 : 9-10 ; Psaume 89 : 2, 3 ; Ésaïe 42 : 1-8) :
« Jean aux sept Églises qui sont en Asie : que la grâce et la paix vous soient données de la part de Celui Qui est, Qui était, et Qui vient, et de la part des sept esprits qui sont devant Son trône, et de la part de Jésus-Christ, le Témoin fidèle, [...] »
« [...] Voici ce que dit Celui Qui a les sept esprits de Dieu et les sept étoiles [...] »
« Du trône sortent des éclairs, des voix et des tonnerres. Devant le trône brûlent sept lampes ardentes, qui sont les sept esprits de Dieu. »
« Et je vis, au milieu du trône et des quatre êtres vivants et au milieu des vieillards, un Agneau Qui était là comme immolé. Il avait sept cornes et sept yeux, qui sont les sept esprits de Dieu envoyés par toute la terre. »

« Ta justice est une justice éternelle, Et ta loi est la vérité. »

« J'écouterai ce que dit Dieu, l'Éternel; Car Il parle de paix à Son peuple et à Ses fidèles, Pourvu qu'ils ne retombent Pas dans la folie. Oui, Son salut est près de ceux qui Le craignent, Afin que la gloire habite dans notre pays. La bonté et la fidélité se rencontrent, La justice et la paix s'embrassent ; La fidélité germe de la terre, Et la justice regarde du haut des cieux.
L'Éternel aussi accordera le bonheur, Et notre terre donnera ses fruits.
La justice marchera devant Lui, Et imprimera Ses pas sur le chemin. »

« Chantez à l'Éternel un cantique nouveau ! Car Il a fait des prodiges. Sa droite et Son bras saint Lui sont venus en aide. L'Éternel a manifesté Son salut, Il a révélé Sa justice aux yeux des nations. Il S'est souvenu de Sa bonté et de Sa fidélité envers la maison d'Israël, Toutes les extrémités de la terre ont vu le salut de notre Dieu. »

« Chantez à l'Éternel, vous qui L'aimez, Célébrez par vos louanges Sa sainteté ! »

« [...] l'Éternel console Son peuple, Il rachète Jérusalem. L'Éternel découvre le bras de Sa sainteté, Aux yeux de toutes les nations ; Et toutes les extrémités de la terre verront Le salut de notre Dieu. »

« Je chanterai toujours les bontés de l'Éternel ; Ma bouche fera connaître à jamais Ta fidélité. Car je dis : La bonté a des fondements éternels ; Tu établis Ta fidélité dans les cieux. »
« Mon cœur est affermi, Ô Dieu ! [...] Je réveillerai l'aurore. Je Te louerai Parmi les peuples, Éternel ! .../...

.../...

Je Te chanterai parmi les nations. Car Ta bonté s'élève au-dessus des cieux, Et Ta fidélité jusqu'aux nues. < Élève-toi > Ô Dieu, manifeste Ta grandeur au-dessus des cieux ! Et que Ta gloire soit sur toute la terre ! »

« Voici Mon serviteur, que Je soutiendrai, Mon élu, en Qui Mon âme prend plaisir. J'ai mis Mon Esprit sur Lui [Jésus-Christ, fils d'Îsraël et de David] ; Îl annoncera la justice aux nations.
Îl ne criera point, Îl n'élèvera point la voix, Et ne la fera point entendre dans les rues.
Il ne brisera point le roseau cassé, Et Îl n'éteindra point la mèche qui brûle encore ; Îl annoncera la justice selon la vérité. Îl ne Se découragera point et ne Se relâchera point, Jusqu'à ce qu'Îl ait établi la justice sur la terre, Et que les îles espèrent en Sa loi.
Ainsi parle Dieu, l'Éternel, Qui a créé les cieux et Qui les a déployés, Qui a étendu la terre et ses productions, Qui a donné la respiration à ceux qui la peuplent, Et le souffle à ceux qui y marchent.
Moi, l'Éternel, Je T'ai appelé pour le salut, Et Je Te prendrai par la main, Je Te garderai, et Je T'établirai pour traiter alliance avec le peuple, Pour être la lumière des nations, Pour ouvrir les yeux des aveugles, Pour faire sortir de prison le captif, Et de leur cachot ceux qui habitent dans les ténèbres. Je suis l'Éternel, c'est là Mon Nom ; Et Je ne donnerai pas Ma gloire à un autre, Ni Mon honneur aux idoles. »

Béni soit le Nom de Yahvé !

Îl passe dans les rangs...

Ôte tes ornements du saint temple de Dieu ;
Retire ces bijoux et donne la victoire
*Au cœur*, qui en Jésus, brille de mille feux !
Avons-nous tant besoin de ce qui se fait voir,
Pour donner en pâture aux yeux de l'ennemi,
Notre chair, à l'apparat du monde richement asservie...

Pourquoi faut-il encor assortir de parure ce qui périt –
Au feu, sans la grâce divine – et qui, sur cette terre,
Par le temps ravagé, retourne à la poussière,
Après avoir connu souillure-s et mépris ?

Ôte tes ornements du saint temple de Dieu,
Mais aussi le foulard qui dévoile ton sein,
Pour t'en couvrir la tête, puis, d'un geste pieux,
Revêts de toile épaisse tes courbes et tes reins.

Retire ces bijoux et ton fard coloré qui font pâlir la grâce...
Combien de temps perdu pour que tes mèches frisent et combien
Est détruit ton corps par cet onguent... Au miroir, tu contemples hélas,
Ton revenu dispersé dans le vent, tandis que ta silhouette ici, distrait les tiens !

Or *ici est le temple*, où le culte se tient sous les si bons auspices
D'un Père Qui nous voit tous, sonde l'âme au plus profond : .../...

.../...
Viens le cœur repenti, couvre ton corps sans artifice ;
À ta sœur de misère donne une main heureuse et ensemble prions.

Communions dans la gloire de Celui Qui nous aime, ô fils d'homme,
Offrons-Lui toute vie, "l'ornement" d'un culte empli d'onction !
Qu'à l'autel des parfums, notre foi salutaire de Sa grâce embaume ;
Suivant cette attitude, c'est bien Dieu que nous honorons !
Or si ma main n'œuvre à Sa tâche, le mal est enfoui dans ma paume ;
L'adversaire ne veut-il inscrire hélas, sa folie sur mon front ?
Que ma chair de femme, au lieu saint, n'agite pas les sens des hommes...
Ainsi dévots et sobres, racheté-e-s et élu(e)s servent Dieu, par millions.

Gloire au Souverain Roi !

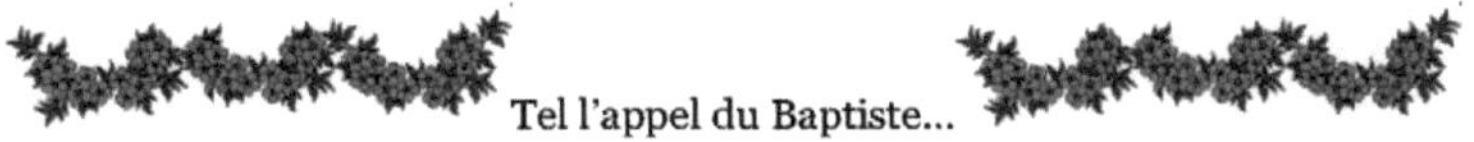

Tel l'appel du Baptiste...

**H**alte aux richesses, au règne, aux crimes des sorciers qui dirigent ce monde :

**I**nsolente est leur ruse et si grand leur péché, manifeste ou caché, qui sévit à la ronde.

**L**ourd est l'odieux tribut par leurs forfaits creusé, dont ils ne se déchargent à la Croix du Sauveur...

**L**ongue et aimante à souhait, la patience de Dieu sur l'œuvre de nos mains, la pensée de nos cœurs,

**A**ttentive aux réponses qui Lui reviennent, veille jusqu'au grand jugement. Sorciers et puissants,

**R**epentez-vous : le Ciel nous offre peu de temps encor et vient tarir la gloire des méchants !

**Y**eux, bouche, poches et bras, ouvrez donc toute porte à répandre le message de vie : que Sa Lumière abonde...

Maranatha < Bientôt revient Jésus, le Maître > !

Contre l'Histoire ésotérique ou la science du mal

Une amie de passage à qui je précisais, à sa demande, avoir connu l'église
Depuis ma tendre aïeule, alors que je voulais souligner cette grâce
Et le grand intérêt à poursuivre l'alliance, s'écria en un mot me laissant indécise :
« Ah ! oui, c'est dans le sang... » Or si j'ai éprouvé, cheminant sur Ses traces,
Le bonheur de servir le Dieu de ma grand-mère, c'est toujours au Seigneur qu'en revient le mérite et le seul sang qui sauve est bien Celui du Christ !

La bienveillance envers mille générations succédant au contrit qui donne sa vie, son cœur et toute intelligence
À l'Auteur de nos jours est promesse certaine, depuis les temps anciens. Toutefois, le pécheur est passible de mort,
.../...

.../...
Nous dit la Bible aussi ; le coupable est connu et nul homme innocent, si ce n'est par l'effort du Christ ayant pour nous subi la pénitence.
Chacun ne doit-il, selon la lumière reçue, s'employer à la diffuser à l'entour et s'il marche en chrétien, proclamer dans l'épreuve : « qu'il est heureux, mon sort »...

Que dire alors du *code* et d'éminents sectaires et de leurs partisans ayant pignon sur rue ?
Pensez-vous que le Roi, venu pour tous les hommes, ait d'autre épouse que Son Église ici-bas...
Oui, elle vit et reste, ô noble descendance : peuples de toute race, acceptant le salut,
Individus valides, handicapés, malades, pauvres ou fortunés, de toute éducation : Jésus reprend pour fils tous ceux qui L'aiment et croient !

Croyez donc, de pied ferme, en la sainte Parole et qu'aucune hérésie ne soit vaine boussole,
Comme autant de doctrines erronées, comme autant de fables médiatiques d'influence maligne...
Prenons garde aux rajouts, aux interprétations abusives qui mêlent bribes des Écritures à de sorciers symboles !
Je choisis et j'assume un Dieu universel, pour Qui la seule foi laisse couler en soi le sang qui nous fait vivre et le péché décime.

Citations bibliques (Exode 20 : 5, 6 et 34 : 4-11 ; 2 Samuel 12 : 13-14 ; 1 Chroniques 16 : 14-18 ; Ézéchiel 18 : 1-4, 19-24, 31-32 ; Ésaïe 55 : 3-7 et Romains 15 : 7-12 et non cité Ézéchiel 33 : 14) :
« [...] car Moi, l'Éternel, ton Dieu, Je suis un Dieu jaloux, Qui punis l'iniquité des pères sur les enfants jusqu'à la troisième et la quatrième génération de ceux qui Me haïssent, et Qui fais miséricorde jusqu'en mille générations à ceux qui M'aiment et qui gardent Mes commandements. »
« Moïse tailla deux tables de pierre comme les premières ; il se leva de bon matin, et monta sur la montagne de Sinaï, selon l'ordre que l'Éternel lui avait donné, et il prit dans sa main les deux tables de pierre. L'Éternel descendit dans une nuée, Se tint là auprès de lui, et proclama le Nom de l'Éternel. Et l'Éternel passa devant lui, et S'écria : L'Éternel, l'Éternel, Dieu miséricordieux et compatissant, lent à la colère, riche en bonté et en fidélité, Qui conserve Son amour jusqu'à mille générations, Qui pardonne l'iniquité, la rébellion et le péché, mais Qui ne tient point le coupable pour innocent, et Qui punit l'iniquité des pères sur les enfants et sur les enfants des enfants jusqu'à la troisième et à la quatrième génération !
Aussitôt Moïse s'inclina à terre et se prosterna. Il dit : Seigneur, si j'ai trouvé grâce à Tes yeux, que le Seigneur marche au milieu de nous, car < je sais que > c'est un peuple au cou roide < rebelle, réfractaire > ; < mais > pardonne < donc > nos iniquités < fautes > et nos péchés, et prends-nous pour Ta possession < veuille accepter que nous T'appartenions >.
L'Éternel répondit : Voici, Je traite une alliance. Je ferai, en présence de tout ton peuple, des prodiges qui n'ont eu lieu dans aucun pays et chez aucune nation ; tout le peuple qui t'environne verra l'œuvre de l'Eternel, et c'est par toi que J'accomplirai des choses terribles. Prends garde à ce que Je t'ordonne aujourd'hui. »

« David dit à Nathan : j'ai péché contre l'Éternel ! Et Nathan dit à David : L'Éternel pardonne ton péché, tu ne mourras point. Mais, parce que tu as fait blasphémer les ennemis de l'Éternel, en commettant cette action, le fils qui t'est né mourra [comme par la suite, l'innocent Jésus-Christ]. »

« L'Éternel est notre Dieu ; Ses jugements s'exercent sur toute la terre. Rappelez-vous à toujours Son alliance, Ses promesses pour mille générations, L'alliance qu'Il a traitée avec Abraham, Et le serment qu'Il a fait à Isaac ; Il l'a érigée pour Jacob en loi, Pour Israël en alliance éternelle, Disant : Je te donnerai le pays de Canaan Comme l'héritage qui vous est échu. »

« La parole de l'Éternel me fut adressée, en ces mots : Pourquoi dites-vous ce proverbe dans le pays d'Israël : Les pères ont mangé des raisins verts, et les dents des enfants en ont été agacées ? Je suis vivant ! dit le Seigneur, l'Éternel, vous n'aurez plus lieu de dire ce proverbe en Israël. Voici, toutes les âmes sont à Moi ; l'âme du fils comme l'âme du père, l'une et l'autre sont à Moi ; l'âme qui pèche, c'est celle qui mourra. »

« Vous dites : Pourquoi le fils ne porte-t-il pas l'iniquité de son père < ne paie-t-il pas pour les fautes de son père >? C'est que le fils a agi selon la droiture et la justice, c'est qu'il a observé et mis en pratique toutes Mes lois ; il vivra.
L'âme qui pèche, c'est celle qui mourra. Le fils ne portera pas l'iniquité de son père, et le père ne portera pas l'iniquité de son fils. La justice du juste sera sur lui, et la méchanceté du méchant sera sur lui. .../...

.../...
Si le méchant revient de tous les péchés qu'il a commis, s'il observe toutes Mes lois et pratique la droiture et la justice, il vivra, il ne mourra pas. Toutes les transgressions qu'il a commises seront oubliées ; il vivra, à cause de la justice qu'il a pratiquée.
Ce que je désire, est-ce que le méchant meure ? dit le Seigneur, l'Éternel. N'est-ce pas qu'il change de conduite et qu'il vive ?
Si le juste se détourne de sa justice et commet l'iniquité, s'il imite toutes les abominations du méchant, vivra-t-il ? Toute sa justice sera oubliée, parce qu'il s'est livré à l'iniquité et au péché ; à cause de cela, il mourra. »

«Rejetez loin de vous toutes les transgressions par lesquelles vous avez péché ; faites-vous un cœur nouveau et un esprit nouveau. Pourquoi mourriez-vous, maison d'Ìsraël ?
Car Je ne désire pas la mort de celui qui meurt, dit le Seigneur, l'Éternel. Convertissez-vous donc, et vivez. »

« Prêtez l'oreille, et venez à Moi, Écoutez, et votre âme vivra : Je traiterai avec vous une alliance éternelle, Pour rendre durables Mes faveurs envers David. Voici, Je l'ai établi comme témoin auprès des peuples, Comme chef et dominateur des peuples. Voici, tu appelleras des nations que tu ne connais pas, Et les nations qui ne te connaissent pas accourront vers toi, À cause de l'Éternel, ton Dieu, Du Saint d'Ìsraël, Qui te glorifie.
Cherchez l'Éternel pendant qu'il se trouve ; Ìnvoquez-le, tandis qu'il est près. Que le méchant abandonne sa voie, Et l'homme d'iniquité ses pensées ; Qu'il retourne à l'Éternel, Qui aura pitié de lui, À notre Dieu, Qui ne se lasse pas de pardonner. »

« Accueillez-vous donc les uns les autres, comme Christ vous a accueillis, pour la gloire de Dieu.
Je dis, en effet, que Christ a été serviteur des circoncis, pour prouver la véracité de Dieu en confirmant les promesses faites aux pères, tandis que les païens glorifient Dieu à cause de Sa miséricorde, selon qu'il est écrit : C'est pourquoi je Te louerai parmi les nations, Et je chanterai à la gloire de Ton Nom.
Ìl est dit encore : Nations, réjouissez-vous avec Son peuple ! Et encore : Louez le Seigneur, vous toutes les nations, Célébrez-le, vous tous les peuples !
Ésaïe dit aussi : Ìl sortira d'Ìsaï un rejeton, qui se lèvera pour régner sur les nations ; Les nations espéreront en lui. »

Cf. ci-dessous, Deutéronome 30 : 1-6 ; 1 Rois 11 : 1-39 ; et non cité : Hébreux 7 : 3 et Tite 3 : 9 :
« Lorsque toutes ces choses t'arriveront, la bénédiction et la malédiction que Je mets devant toi, si tu les prends à cœur au milieu de toutes les nations chez lesquelles l'Éternel, ton Dieu, t'aura chassé, si tu reviens à l'Éternel, ton Dieu, et si tu obéis à Sa voix de tout ton cœur et de toute ton âme, toi et tes enfants, selon tout ce que Je te prescris aujourd'hui, alors l'Éternel, ton Dieu, ramènera tes captifs et aura compassion de toi, Ìl te rassemblera encore du milieu de tous les peuples chez lesquels l'Éternel, ton Dieu, t'aura dispersé.
Quand tu serais exilé à l'autre extrémité du ciel, l'Éternel, ton Dieu, te rassemblera de là, et c'est là qu'Ìl t'ira chercher. L'Éternel, ton Dieu, te ramènera dans le pays que possédaient tes pères, et tu le posséderas ; Ìl te fera du bien, et te rendra plus nombreux que tes pères.
L'Éternel, ton Dieu, circoncira ton cœur et le cœur de ta postérité, et tu aimeras l'Éternel, ton Dieu, de tout ton cœur et de toute ton âme, afin que tu vives. »

« Le roi Salomon aima beaucoup de femmes étrangères, outre la fille de Pharaon [...] appartenant aux nations dont l'Éternel avait dit aux enfants d'Ìsraël : Vous n'irez point chez elles, et elles ne viendront point chez vous ; elles tourneraient certainement vos cœurs du côté de leurs dieux. Ce fut à ces nations que s'attacha Salomon, entraîné par l'amour. Ìl eut sept cents princesses pour femmes et trois cents concubines ; et ses femmes détournèrent son cœur. À l'époque de la vieillesse de Salomon, ses femmes inclinèrent son cœur vers d'autres dieux; et son cœur ne fut point tout entier à l'Eternel, son Dieu, comme l'avait été le cœur de David, son père. [...] L'Éternel fut irrité contre Salomon, parce qu'il avait détourné son cœur de l'Éternel, le Dieu d'Ìsraël, Qui lui était apparu deux fois. Ìl lui avait à cet égard défendu d'aller après d'autres dieux ; mais Salomon n'observa point les ordres de l'Éternel.
Et l'Éternel dit à Salomon : Puisque tu as agi de la sorte, et que tu n'as point observé Mon alliance et Mes lois que Je t'avais prescrites, Je déchirerai le royaume de dessus toi et Je le donnerai à ton serviteur. Seulement, Je ne le ferai point pendant ta vie, à cause de David, ton père. C'est de la main de ton fils que Je l'arracherai. Je n'arracherai cependant pas tout le royaume ; Je laisserai une tribu à ton fils, à cause de David, Mon serviteur, et à cause de Jérusalem, que J'ai choisie. [...]
Dans ce temps-là, Jéroboam, étant sorti de Jérusalem, fut rencontré en chemin par le prophète Achija de Silo, revêtu d'un manteau neuf. Ìls étaient tous deux seuls dans les champs.
.../...

.../...
Achija saisit le manteau neuf qu'il avait sur lui, le déchira en douze morceaux, et dit à Jéroboam : Prends pour toi dix morceaux ! Car ainsi parle l'Éternel, le Dieu d'Ísraël : Voici, Je vais arracher le royaume de la main de Salomon, et Je te donnerai dix tribus. [...]
Je te prendrai, et tu régneras sur tout ce que ton âme désirera, tu seras roi d'Ísraël. Si tu obéis à tout ce que Je t'ordonnerai, si tu marches dans Mes voies et si tu fais ce qui est droit à Mes yeux, en observant Mes lois et Mes commandements, comme l'a fait David, Mon serviteur, Je serai avec toi, Je te bâtirai une maison stable, comme J'en ai bâti une à David, et Je te donnerai Ísraël. J'humilierai par là la postérité de David, mais ce ne sera pas pour toujours. »

Honneur au Tout-Puissant !

Par la prophétie, j'ai repos dans le sanctuaire...

**A**mis, quelle est l'église* hors d'un odieux tumulte :

**D**écrivez-moi, tout comme en ont rêvé certains, l'assemblée

**V**ive et sobre, la dénomination où suivant la Parole, mon cœur est édifié ;

**E**mmenez-moi depuis l'entrée au lieu très saint jusqu'où notre âme exulte,

**N**on de ces vains plaisirs, illusoires trésors, mais d'une riche joie en Christ

**T**oujours basée, témoignant de Sa grâce qui sanctifie mon être...

**Í**lluminant d'amour et d'un pur zèle quiconque L'accepte,

**S**auveur du monde, le Prescripteur du Décalogue, Ô Père, Esprit-Saint, noble Fils

**T**raversant les cieux, comme Íl revient nous prendre, a montré le chemin et mourut à ma place !

**E**mmanuel, merci pour la résurrection partagée en triomphe : de T'attendre et servir que point je ne me lasse.

* *Adventiste(s)* : se dit de celui, celle, du peuple qui « *de toute nation, tribu, langue* », attend dans la fidélité aux Dix Commandements, l'avènement du Messie, le retour de Jésus-Christ.

Amen. Maranatha < Ainsi soit-il. Reviens-nous, Ô Seigneur Jésus > !

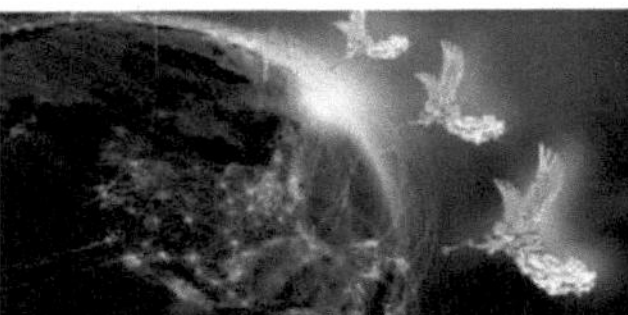

## Postface ou épilogue

« Je fais tout à cause de l'Evangile, afin d'y avoir part. » (1 Corinthiens 9 : 23, La Sainte Bible). Amen ! Exhortons-nous réciproquement par ces bons mots de l'Écriture, se rappelant pour être honnêtes que lorsqu'en nos péchés, on a fait autrement, quand il nous arrive de faiblir ou chuter, ce ne sont point les meilleures choses qu'on ait réalisées ou même subies... Le Seigneur en Sa grâce nous pardonne afin de *parvenir au top de soi-même* et dans la perfection de Son Œuvre ! Bien-aimé-e-s, le ministère poétique, comme le lecteur peut s'en apercevoir, est une "planque" idéale, une douce couverture pour regrouper d'autres fonctions qui correspondent *au but et aux vertus de cet ouvrage*, savoir entre autres : le ministère prophétique ou l'art d'annoncer en fidèle messager les oracles de l'Éternel, Qui désire nous éclairer sur Sa Parole, face aux réalités et défis modernes, nous révéler ce qu'Il attend de nous, apprécie et déplore, afin que nos regards et comportements se conforment aux exigences de l'Esprit-Saint.

Le ministère du poète (judéo-)chrétien implique *une vie de louange, de prière et de sanctification à l'écoute et au service du Maître adoré* Qui, je le redis, tient et innerve la plume... Que les lecteurs dévots et volontaires prient afin que ceux et celles leur ayant annoncé l'Évangile soient au nombre des élu-e-s sur la mer de verre et non réprouvé(e)s en particulier pour avoir... joué avec les cordes du vice, qui pourraient nous briser et souiller, telles des chaînes... Pardon de la dureté de ces paroles, comme on l'avait dit à Jésus, mais je viens de vivre une expérience me rappelant le danger du discours ambiant et de maintes pratiques à la mode, qui s'éloignent tant des prescriptions sacrées et du chemin du vrai bonheur – en particulier pour les personnes et institutions se croyant averties, mais se faisant une idée fausse de la vérité biblique et la juste signification de l'amour de Dieu, qui n'altère en rien Sa justice... !

Chers Ami-e-s et Lecteurs, permettez que je vous exhorte suivant des versets bibliques bien connus à « ne point aimer le monde ni ce qui est dans le monde » et « ne pas attrister le Saint-Esprit de Dieu, par Lequel vous avez été scellés pour le jour de la rédemption » : soumettons-nous volontiers et entièrement aux voies du Seigneur, sans compromis avec les idées, habitudes et fréquentations qui nous entourent...

Mais face aux tentations de ce monde perfide et aux attaques du diable voulant affaiblir notre foi, prenons toutes « les armes de Dieu » (Éphésiens 6 : 10-18) et ayons bien « la pensée de Christ », au plus profond de notre cœur et dans tous les aspects de nos vies... On ne peut totalement faire abstraction des us et clichés modernes, pas plus que de la réalité à l'œuvre non seulement à l'entour, mais qui impacte nos familles, lieux de service, administrations, nos règles de vie commune en église ou ailleurs... « Seulement, conduisez-vous d'une manière digne de l'Évangile de Christ, afin que [...] j'entende dire de vous que vous demeurez fermes dans un même esprit, combattant d'une même âme pour la foi de l'Évangile, sans vous laisser aucunement effrayer par les adversaires, ce qui est pour eux une preuve de perdition, mais pour vous de salut ; et cela de la part de Dieu, [...] » (Philippiens 1 : 27-28). Alors, il nous faut davantage encore appeler l'Esprit de grâce à agir chacun-e en soi-même et cultiver Sa présence pour qu'elle rayonne tout autour de Ses enfants, afin d'apporter, comme la lumière, pureté, réconfort, éclairage, tout simplement la vie !

Petite anecdote : une passagère d'âge mûr monte, chargée de provisions dans un bus, dont le chauffeur, sans la saluer, ne répond pas à sa question réitérée trois fois en vue de vérifier la destination du véhicule, alors qu'une nouvelle signalétique sur la vitre pouvait prêter à confusion : certains s'en insurgent et pour calmer le jeu, je lance que "comme vous savez, Dieu jugera toutes choses" ; aussitôt une autre dame dit : "Vraiment, pour ça, vous pensez qu'Il jugera aussi ... ?" Et j'ai dû ajouter : "Oui, Madame, même s'Il pardonne, mais assurément l'Éternel a autorité pour statuer et jugera toute chose – grande ou petite à nos yeux... On peut comprendre qu'à la première question, on n'ait pas entendu, qu'à la seconde fois, on ne soit guère attentif, mais qu'à la troisième, on garde le silence toujours en regardant l'autre au fond des yeux, avec ses verres fumés, c'est fait exprès... Je vous signale que c'est à la fois impoli et non professionnel. Or si nous vivions davantage en craignant Dieu, dont les saints anges notent tout soigneusement, certainement on ne se comporterait pas n'importe comment..." Une autre personne renchérit hochant la tête, regrettant que ce conducteur en ait l'habitude et ne réponde jamais à son "bonjour" puis quelqu'un murmure : "ce chauffeur, en plus, il est à l'Évangile..." Et à mon petit rappel sur le jugement à venir et la nécessité pour nous tous de nous repentir de nos divers péchés et s'en remettre à Dieu pour changer d'orientation, la passagère répond : "Ah, c'est sûr..." et souriant à sa descente du bus, conclut par "Que le Seigneur vous accompagne !" en me regardant – ce à quoi je dis : "Merci. Amen..."

Donc cela m'a fait songer à l'une des pires stratégies de l'ennemi : la Loi divine s'avérant si parfaite et bénéfique, le malin s'est beaucoup efforcé d'en réduire *le champ d'application* : soit à une époque révolue, un contexte géographique précis, un peuple déterminé (notamment Israël selon la chair, alors que les élu-e-s de tous univers sont Israël en Esprit), depuis quelque temps on relativise fortement la portée des Écritures et donc leur pertinence à régir notre vie ici-bas, réduisant la possibilité au plan individuel, privé, même selon des croyants, pour le « Tout-Puissant et Roi des rois » que Ses prescriptions interfèrent dans nos choix, analyses et nos décisions au quotidien comme à des moments-clefs (mariage, achat important, accoutrement, participation à un programme, choix des consommations, ami-e-s, voire petit-e-s ami-e-s...). .../...

.../...

Pourtant, si la prise en compte du contexte historique, des coutumes locales ou de la vie personnelle d'un écrivain biblique est précieuse pour mieux comprendre son propos, cependant *toute écriture biblique* garde un aspect intemporel, universel, magnifiquement précis et général au plus haut point, si bien que compris dans son ensemble et employé avec la sagesse que donne l'Esprit-Saint, le Texte sacré s'avère apte à résoudre au mieux toute situation passée, moderne ou à venir.

C'est pourquoi depuis quelque temps, un terme semble à la mode : on parle de démarche *holistique* au sujet de la capacité de l'Évangile à envisager une question et la guérison d'un sujet, du point de vue de la spiritualité mais aussi la psychosociologie, l'aspect éducatif, culturel, l'alimentation, la santé – mentale, émotionnelle, physique, économique... Cela explique aussi qu'un pasteur ayant reçu une formation digne de ce nom étudie tant de matières diverses et complémentaires, pour mieux appréhender les difficultés qui se présentent à ses membres, églises et ministères et tâcher d'y apporter des solutions idoines...

Or l'un des pièges de notre société dite "laïque" est de cantonner la religion à gérer des sphères de plus en plus réduites et en petit nombre, même dans la vie de celles et ceux ayant fait profession d'être "relié-e-s" au Dieu des cieux... Mais d'aucuns – mal intentionnés car vivant dans le vice, abusant de leurs semblables plus faibles et ignorants, voire souvent affilié(e)s à des cercles obscurs – veillent plutôt à ce que la mentalité séculière régisse notre façon de pensée et de nous comporter, ceux-ci œuvrant en ennemi.e.s de la vraie foi, sous le masque de philosophie(s), de technique(s) de méditation, qu'on fait passer en cours d'accouchement sans douleur, en séances de détente pour cadres et étudiants stressés ou pour solidariser des équipes de travail, et j'en passe...

La (l'anti-) religion qui ne dit pas son nom ne devient-elle alors ce système de pensée et ce mode de vie qui promeut la licence et non la vraie liberté, le pouvoir du fort, du plus nanti et manipulateur sur les masses exploitées... ? Or la Bible définit *la véritable religion et ce qu'elle implique* (Jacques 1 : 27).

Tantôt Satan, « père du mensonge » insinue le doute quant à véracité des commandements et interdits sacrés, comme le serpent fit avec Ève ou du moins quant à notre juste entendement de ce qu'ils signifient, tantôt, surtout face aux plus avisé(e)s – se croyant « bien-portants » au point de s'aventurer sur des sentiers de traverse, au risque de se perdre – tantôt l'adversaire de nos âmes minimise *l'impact de nos transgressions et en même temps, de l'ordre divin*, le limitant par exemple à des questions plus graves... Certains se croient autorisé-e-s à dévier du chemin tracé par l'Évangile, comme en zone de non-droit, au prétexte qu'il s'agit d'un sujet intime ou anodin comme en matière de sexualité, de consommation-s, de loisirs... D'autres s'imaginent encore que de nouvelles habitudes, inventions ou technologies ne peuvent être concernées par le message éternel, alors que les principes donnés s'appliquent de toute façon possible et qu'un peu de bon sens suffit à trouver la solution, grâce au Saint-Esprit Qui nous éclaire en toute difficulté.

À la traditionnelle religion présentée comme "l'opium du peuple" (à tort ou à raison...) on a substitué de pitoyables ersatz qui ne donnent espérance, vérité ni consolation, comme seul peut y pourvoir le message d'un Dieu Créateur, Qui en Christ sacrifia Sa vie pour les vils pécheurs que nous sommes – pourvu qu'au lieu d'ingratitude, on puisse accepter cette offrande et Lui laisser l'entier contrôle afin qu'Il régénère et sanctifie nos cœurs et tant de vies !

La marche vers la céleste Canaan est un processus requérant *une foi fermement attachée à la Parole, fertile en bonnes œuvres et persévérante* jusqu'au bout de la course. Puissions-nous chacun fonder sa maison en Jésus-Christ : sur le Rocher de notre salut et non les sables de ce monde illusoire et frivole, veuillons enraciner nos positions sur l'Évangile éternel et point sur les modes, courants de pensée propres à « l'homme animal » (cf. 1 Corinthiens 2 : 12-15) dont trompeuse, la "spiritualité" est fatalement vaine si elle n'a, hélas, pour source le Seigneur, seul appui Qui demeure la vérité et l'unique chemin vers le Ciel...

J'espère que vous avez été agréablement édifié-e-s à la lecture de ce recueil ; à défaut, vous pourriez sans doute... recommencer l'opération : sans rire, on est si souvent habitué-e à tel style d'expression, voire à quelque formatage de la pensée, que nous pouvons être surpris par certaines approches... Or n'ayons point la « démangeaison » de ce qui seulement plaît à nos sens (2 Timothée 4 : 1-5), mais d'abord l'amour de la vérité !

Ainsi le ministère poétique, représentant un sérieux défi, est aussi un tendre refuge – comme tout ce que nous pouvons entreprendre par et pour Christ et mener à bien dans Sa grâce... Un pasteur adventiste eut l'occasion de dire que si nous sommes des « ambassadeurs » et « lettres ouvertes » portant le message éternel de la Bonne Nouvelle du salut en Christ, offert à « toute nation, tribu, toute langue » aux quatre coins du monde et depuis le péché d'Adam, alors l'Évangile, c'est vous et moi, dirions-nous : c'est Jésus Lui-même, selon ce qu'affirma Paul, l'apôtre des Gentils ou païens, en Galates 2 : 20 : « [...]si je vis, ce n'est plus moi qui vis, c'est Christ Qui vit en moi ; »... Crucifions volontiers le péché dans la chair et vivons par l'Esprit ! En humble et fervente prière, concluons ce recueil par Galates 1 : 11 : « Je vous déclare, frères, que l'Évangile qui a été annoncé par moi n'est pas de l'homme ; car je ne l'ai ni reçu ni appris d'un homme, mais par une révélation de Jésus-Christ. » Amen. Maranatha !

Printed by Books on Demand GmbH, Norderstedt / Germany